영어듣기 모의고사

CooL
LISTENING

1

DARAKWON

저자 선생님

조금배
- Hawaii Pacific University TESL 학사 및 석사
- 서강대학교 대학원 영어영문학과 언어학 박사 과정
- 〈Hot Listening〉, 〈Cool Grammar〉 시리즈 등 공저

백영실
- 미국 Liberty University 졸업
- 〈Hot Listening〉, 〈절대어휘 5100〉 시리즈 등 공저

김정인
- 캐나다 Mount Saint Vincent University 영어교육학 석사
- 현 캐나다 온타리오주 공인회계사 (CPA)

영어듣기 모의고사

저자 조금배, 백영실, 김정인
펴낸이 정규도
펴낸곳 (주)다락원

초판 2쇄 발행 2023년 9월 8일

편집 정연순, 서정아, 안혜원
디자인 구수정, 정규옥
삽화 김주연
영문 감수 Michael A. Putlack

다락원 경기도 파주시 문발로 211
내용문의 (02) 736-2031 내선 501, 503, 532
구입문의 (02) 736-2031 내선 250~252
Fax (02) 732-2037
출판등록 1977년 9월 16일 제406-2008-000007호

ISBN 978-89-277-8020-5 54740
       978-89-277-8016-8 54740(set)

http://www.darakwon.co.kr

다락원 홈페이지를 방문하시면 상세한 출판 정보와 함께 MP3 자료 등의 다양한 어학 정보를 얻으실 수 있습니다.

STRUCTURES & FEATURES
구성과 특징

TEST
실전 모의고사

CooL LISTENING 시리즈는 시·도 교육청 영어듣기평가를 비롯한 다양한 듣기 시험 문제 유형을 분석·반영한 실전 모의고사 20회를 수록했습니다. 다양한 유형의 실전 문제와 실생활에서 사용하는 주제들로 대화 및 담화가 구성되어 있어 실전 감각을 키우고 듣기 실력을 향상시키는 데 도움이 될 것입니다.

DICTATION
받아쓰기

중요 어휘·표현 및 헷갈릴 수 있는 발음을 점검하고 학습할 수 있도록 받아쓰기를 구성했습니다. 모의고사 전 지문의 받아쓰기를 통해서 대화 및 담화 내용을 한 번 더 익히고, 중요 표현을 복습할 수 있습니다.

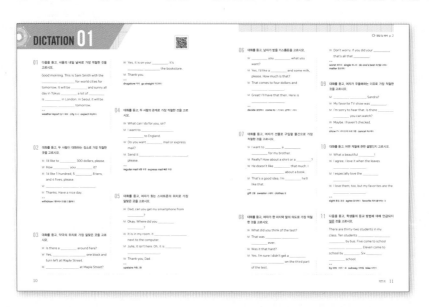

REVIEW TEST
리뷰 테스트

모의고사에서 나온 중요 어휘와 문장을 복습할 수 있는 리뷰 테스트를 수록했습니다.
어휘를 듣고 어휘 및 우리말 뜻 쓰기와, 문장 빈칸 채우기를 통해서 핵심 어휘와 표현을 확실하게 복습할 수 있습니다.

ANSWERS
& SCRIPTS
정답 및 해석

한눈에 들어오는 정답 및 해석으로 편리하게 정답, 대본, 중요 어휘를 확인할 수 있습니다.

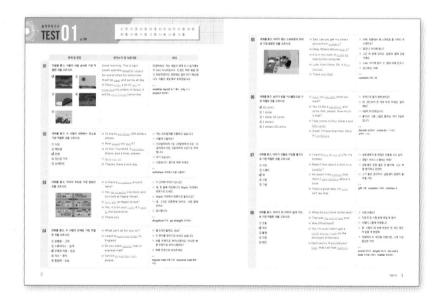

온라인 부가자료 www.darakwon.co.kr
다락원 홈페이지에서 무료로 부가자료를 다운로드하거나 웹에서 이용할 수 있습니다.
· 다양한 MP3 파일 제공: TEST별(0.8배속 / 1.0배속 / 1.2배속) & 문항별
· 어휘 리스트 & 어휘 테스트

CONTENTS
목차

TEST
실전 모의고사

01 다음을 듣고, 서울의 내일 날씨로 가장 적절한 것을 고르시오.

① 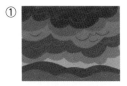 ②

③  ④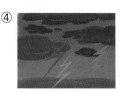

⑤

02 대화를 듣고, 두 사람이 대화하는 장소로 가장 적절한 곳을 고르시오.

① 식당   ② 백화점
③ 은행   ④ 장난감 가게
⑤ 슈퍼마켓

03 대화를 듣고, 약국의 위치로 가장 알맞은 곳을 고르시오.

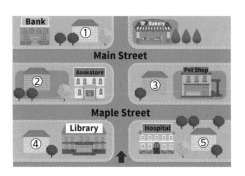

04 대화를 듣고, 두 사람의 관계로 가장 적절한 것을 고르시오.

① 은행원 – 고객   ② 스튜어디스 – 승객
③ 우체국 직원 – 손님   ④ 의사 – 환자
⑤ 종업원 – 손님

05 대화를 듣고, 여자가 찾는 스마트폰의 위치로 가장 알맞은 곳을 고르시오.

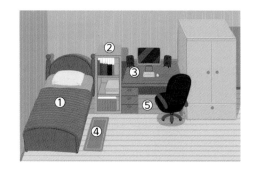

06 대화를 듣고, 남자가 받을 거스름돈을 고르시오.

① 50 cents   ② 1 dollar
③ 1 dollar 50 cents ④ 2 dollars
⑤ 2 dollars 50 cents

07 대화를 듣고, 여자가 선물로 구입할 물건으로 가장 적절한 것을 고르시오.

① 셔츠   ② 스웨터
③ 책   ④ 신발
⑤ 가방

08 대화를 듣고, 여자가 한 마지막 말의 의도로 가장 적절한 것을 고르시오.

① 조롱
② 격려
③ 불평
④ 걱정
⑤ 제안

09 대화를 듣고, 여자가 우울해하는 이유로 가장 적절한 것을 고르시오.

① TV가 고장 나서
② 밖에 비가 내려서
③ TV를 볼 시간이 없어서
④ 좋아하는 TV 프로그램 시간을 놓쳐서
⑤ 좋아하는 TV 프로그램의 방영이 취소되어서

10 대화를 듣고, 어떤 계절에 관한 설명인지 고르시오.

① 봄
② 초여름
③ 여름
④ 가을
⑤ 겨울

11 다음을 듣고, 학생들의 등교 방법에 대해 언급되지 않은 것을 고르시오.

① 도보
② 버스
③ 자가용
④ 지하철
⑤ 자전거

12 대화를 듣고, 여자가 대화 직후에 할 일로 가장 적절한 것을 고르시오.

① 은행에 가기
② 식당에 예약하기
③ 남자에게 돈을 빌리기
④ 혼자 점심 먹으러 가기
⑤ 남자에게 돈을 빌려주기

13 대화를 듣고, 대화 내용과 일치하지 않는 것을 고르시오.

① 내일 날씨는 따뜻하고 화창할 것이다.
② 여자는 내일 뉴욕에 갈 것이다.
③ 여자는 남자에게 동행을 제안했다.
④ 남자는 오늘 집들이를 했다.
⑤ 여자는 남자가 이사한 것을 몰랐다.

14 대화를 듣고, 남자의 마지막 말에 이어질 여자의 말로 가장 적절한 것을 고르시오.

① We're closed.
② I'm just looking around.
③ I'll buy it if it's 10 dollars.
④ Yes, we do. Try this one.
⑤ No, thanks. It's too expensive.

15 대화를 듣고, 여자의 마지막 말에 이어질 남자의 말로 가장 적절한 것을 고르시오.

① Terrific!
② I'll be staying for a week.
③ Have a nice trip.
④ Please open your bag.
⑤ I'll be staying at the Maya Hotel.

01 다음을 듣고, 서울의 내일 날씨로 가장 적절한 것을 고르시오.

Good morning. This is Sam Smith with the
_____ _____ for world cities for
tomorrow. It will be _____ and sunny all
day in Tokyo _____ a lot of _____
is _____ in London. In Seoul, it will be
_____ _____ tomorrow.

•• **weather report** 일기 예보 **city** 도시 **expect** 예상하다

02 대화를 듣고, 두 사람이 대화하는 장소로 가장 적절한 곳을 고르시오.

M I'd like to _____ 300 dollars, please.

W How _____ you _____ it?

M I'd like 1 hundred, 5 _____, 8 tens,
and 4 fives, please.

W _____ _____ _____.

M Thanks. Have a nice day.

•• **withdraw** (계좌에서 돈을) 인출하다

03 대화를 듣고, 약국의 위치로 가장 알맞은 곳을 고르시오.

M Is there a _____ around here?

W Yes, _____ _____ one block and
turn left at Maple Street.

M _____ _____ at Maple Street?

W Yes, it is on your _____. It's
_____ _____ the bookstore.

M Thank you.

•• **drugstore** 약국 **go straight** 직진하다

04 대화를 듣고, 두 사람의 관계로 가장 적절한 것을 고르시오.

W What can I do for you, sir?

M I want to _____ _____
_____ to England.

W Do you want _____ mail or express
mail?

M Send it _____ _____ _____,
please.

•• **regular mail** 보통 우편 **express mail** 빠른 우편

05 대화를 듣고, 여자가 찾는 스마트폰의 위치로 가장 알맞은 곳을 고르시오.

W Dad, can you get my smartphone from
_____?

M Okay. Where did you _____
_____?

W It is in my room. It _____
next to the computer.

M Julie, it isn't here. Oh, it is _____
_____ _____.

W Thank you, Dad.

•• **upstairs** 위층, 2층

06 대화를 듣고, 남자가 받을 거스름돈을 고르시오.

W _____ you _____ what you want?

M Yes, I'd like a _____ and some milk, please. How much is that?

W That comes to four dollars and _____ _____ .

M Great! I'll have that then. Here is _____ _____ .

••
decide 결정하다 **come to** ~가 되다, 금액이 ~이다

07 대화를 듣고, 여자가 선물로 구입할 물건으로 가장 적절한 것을 고르시오.

W I want to _____ a _____ _____ for my brother.

M Really? How about a shirt or a _____ ?

W He doesn't like _____ that much. I _____ _____ about a book.

M That's a good idea. I'm _____ he'll like that.

••
gift 선물 **sweater** 스웨터 **clothes** 옷

08 대화를 듣고, 여자가 한 마지막 말의 의도로 가장 적절한 것을 고르시오.

W What did you think of the test?

M That was _____ _____ _____ ever.

W Was it that hard?

M Yes. I'm sure I didn't get a _____ _____ on the third part of the test.

W Don't worry. If you did your _____ , that's all that _____ .

••
worst 최악의 **single** 하나의 **do one's best** 최선을 다하다 **matter** 중요하다

09 대화를 듣고, 여자가 우울해하는 이유로 가장 적절한 것을 고르시오.

M _____ _____ , Sandra?

W My favorite TV show was _____ .

M I'm sorry to hear that. Is there _____ _____ you can watch?

W Maybe. I haven't checked.

••
show (TV, 라디오의) 프로그램 **cancel** 취소하다

10 대화를 듣고, 어떤 계절에 관한 설명인지 고르시오.

M What a beautiful _____ !

W I agree. I love it when the leaves _____ _____ .

M I especially love the _____ _____ .

W I love them, too, but my favorites are the _____ _____ .

••
sight 풍경, 광경 **agree** 동의하다 **favorite** 특히 좋아하는 것

11 다음을 듣고, 학생들의 등교 방법에 대해 언급되지 <u>않은</u> 것을 고르시오.

There are thirty-two students in my class. Ten students _____ _____ _____ by bus. Five come to school _____ _____ . Eleven come to school by _____ . Six _____ _____ school.

••
by (방법·수단) ~로 **subway** 지하철 **bike** 자전거

12 대화를 듣고, 여자가 대화 직후에 할 일로 가장 적절한 것을 고르시오.

W Do you want to _____ _____?

M Yeah, I'd love to. Uh-oh. I don't have _____ _____ on me. Could I _____ 10 dollars?

W Sure.

M I will _____ you _____ tomorrow. Is that okay?

W No problem.

•• **have lunch** 점심 식사하다 **cash** 현금 **borrow** 빌리다 **pay back** (돈을) 갚다

13 대화를 듣고, 대화 내용과 일치하지 <u>않는</u> 것을 고르시오.

W What's _____ _____?

M It is going to be warm and sunny.

W I'm going to _____ _____ _____ New York tomorrow. Do you want to _____ _____ me?

M I'd love to, but I can't. Some of my friends are _____ _____ for my _____ party.

W Oh, you _____ _____ a new house. I didn't know that.

•• **come over** (누구의 집에) 오다 **housewarming party** 집들이

14 대화를 듣고, 남자의 마지막 말에 이어질 여자의 말로 가장 적절한 것을 고르시오.

W Can I help you?

M Yes, I'm _____ _____ _____ _____.

W How about this one?

M I like it. Can I _____ _____ _____?

W Yes, of course. Is the size okay?

M No, it's too big. Do you have a _____ _____?

W <u>Yes, we do. Try this one.</u>

•• **look for** ~을 찾다 **try on** 입어보다

15 대화를 듣고, 여자의 마지막 말에 이어질 남자의 말로 가장 적절한 것을 고르시오.

W May I see _____ _____ and ticket, please?

M Yes, here you are.

W What is the _____ of your visit?

M I'm _____ _____ for a few days.

W Is this your first visit to this country?

M Yes, it is.

W _____ will you _____ _____ _____?

M <u>I'll be staying at the Maya Hotel.</u>

•• **passport** 여권 **purpose** 목적 **sightseeing** 관광

A 다음을 듣고, 어휘와 우리말 뜻을 쓰시오.

① _____ _____
② _____ _____
③ _____ _____
④ _____ _____
⑤ _____ _____
⑥ _____ _____
⑦ _____ _____
⑧ _____ _____
⑨ _____ _____
⑩ _____ _____
⑪ _____ _____
⑫ _____ _____

B 우리말을 참고하여 빈칸에 알맞은 단어를 쓰시오.

① Do you have a _____ _____?
더 작은 게 있나요?

② What is the _____ of your _____?
방문 목적이 무엇입니까?

③ Do you want _____ mail or _____ mail?
보통 우편으로 부치시겠어요, 아니면 빠른 우편으로 부치시겠어요?

④ My _____ TV show _____ _____.
내가 제일 좋아하는 TV 프로그램이 취소됐어.

⑤ Ten students come to _____ _____ _____.
10명의 학생은 버스를 타고 학교에 온다.

⑥ I want to _____ a nice _____ _____ my brother.
나는 남동생에게 줄 괜찮은 선물을 사고 싶어.

⑦ I'd _____ _____ _____ 300 dollars, please.
저는 300달러를 인출하고 싶습니다.

⑧ If you _____ _____ _____, that's all that _____.
네가 최선을 다했다면, 그게 가장 중요한 거야.

01 다음을 듣고, 'this'가 가리키는 것으로 가장 적절한 것을 고르시오.

①

②

③

④

⑤

02 대화를 듣고, 두 사람이 대화하는 장소로 가장 적절한 곳을 고르시오.

① 학교   ② 비행기
③ 백화점   ④ 경찰서
⑤ 식당

03 대화를 듣고, Brown 씨 사무실의 위치로 가장 알맞은 곳을 고르시오.

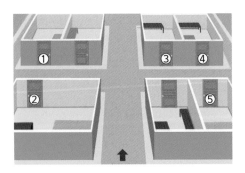

04 대화를 듣고, 두 사람의 관계로 가장 적절한 것을 고르시오.

① 의사 – 간호사
② 식당 종업원 – 손님
③ 택시 기사 – 승객
④ 선생님 – 학생
⑤ 가수 – 팬

05 대화를 듣고, 남자가 전화를 건 목적으로 가장 적절한 것을 고르시오.

① 파티를 취소하려고
② 약속을 변경하려고
③ 생일 파티에 초대하려고
④ 사과하려고
⑤ 상담하려고

06 대화를 듣고, 여자가 받을 거스름돈을 고르시오.

① 1,000원
② 2,500원
③ 3,000원
④ 3,500원
⑤ 4,000원

07 다음을 듣고, 무엇에 관한 내용인지 가장 적절한 것을 고르시오.

① 김치
② 짜장면
③ 장아찌
④ 불고기
⑤ 비빔밥

08 대화를 듣고, 남자의 심정으로 가장 적절한 것을 고르시오.

① 감사함
② 미안함
③ 화가 남
④ 수줍음
⑤ 의심스러움

09 대화를 듣고, 남자가 엄마에게 할 일로 가장 적절한 것을 고르시오.

① 맛있는 음식을 사드리기
② 요리책을 사드리기
③ 조리법을 알려드리기
④ 맛있는 음식을 만들어 드리기
⑤ 점심 도시락을 만들어 드리기

10 다음을 듣고, 두 사람의 대화가 어색한 것을 고르시오.

①   ②   ③   ④   ⑤

11 대화를 듣고, 여자의 습관으로 가장 적절한 것을 고르시오.

① 과식하지 않기
② 계획을 기록하기
③ 친척 집에 자주 방문하기
④ 규칙적으로 운동하기
⑤ 쇼핑할 때 필요한 것만 사기

12 대화를 듣고, 두 사람이 할 일로 가장 적절한 것을 고르시오.

① 수영하러 가기
② 쇼핑 하러 가기
③ 도서관에 가기
④ 배드민턴 치기
⑤ 배드민턴 경기 관람하기

13 대화를 듣고, 대화 내용과 일치하지 <u>않는</u> 것을 고르시오.

① 남자와 여자는 쇼핑몰에 있다.
② 남자는 할머니 생신 선물을 샀다.
③ 여자는 선물을 같이 골라 주었다.
④ 여자는 남자를 쇼핑몰에서 찾아 다녔다.
⑤ 여자는 물건을 사지 않았다.

14 대화를 듣고, 여자의 마지막 말에 이어질 남자의 말로 가장 적절한 것을 고르시오.

① I'm an office worker.
② I have no time to visit.
③ Nice to meet you.
④ I have a terrible cold.
⑤ No, I don't have any allergies.

15 대화를 듣고, 남자의 마지막 말에 이어질 여자의 말로 가장 적절한 것을 고르시오.

① I usually walk about an hour.
② Because it is interesting.
③ No, I hate this job.
④ Yes, I'm working at a convenience store.
⑤ Yes, I go to the gym for a workout every day.

DICTATION 02

01 다음을 듣고, 'this'가 가리키는 것으로 가장 적절한 것을 고르시오.

You take this out on a rainy day. It _____ your clothes _____ _____ _____. This has a long stick, a folding frame, and a _____. Once you click a button, it _____ _____. When a strong wind _____, it may turn inside-out. What is this?

keep A from B A가 B하는 것을 막다 **folding** 접을 수 있는
cloth 옷감, 천 **turn inside-out** 뒤집히다

02 대화를 듣고, 두 사람이 대화하는 장소로 가장 적절한 곳을 고르시오.

M Excuse me, Professor Burns. I'd like to show you this _____ _____.

W Please come in and _____ _____ _____.

M Please give me your _____ _____.

W Sure. Let me look at it.

term paper (미국 학교, 대학교의) 학기말 과제 **honest** 정직한;
솔직한 **opinion** 의견

03 대화를 듣고, Brown 씨 사무실의 위치로 가장 알맞은 곳을 고르시오.

M Excuse me. Do you know where Mr. Brown's office is?

W Go straight _____ _____ _____ and turn right at the corner. It's the _____ door on your _____. You _____ _____ it.

M Thank you very much.

W You're welcome.

office 사무실 **hall** 복도

04 대화를 듣고, 두 사람의 관계로 가장 적절한 것을 고르시오.

M Are you _____ _____ _____, ma'am?

W Yes. I would like to order two _____ and two Pepsis.

M _____ _____?

W No, thanks. How much is that?

M That'll be 12 dollars.

order 주문하다 **anything else** 그 밖의 다른 것

05 대화를 듣고, 남자가 전화를 건 목적으로 가장 적절한 것을 고르시오.

M Hello. Can I _____ _____ Sunny, please?

W This is she.

M Hi, Sunny. This is David. What are you _____ _____ _____ this Friday?

W This Friday? I don't have _____ _____. Why?

M Can you come to my birthday party?

W Of course. _____ _____ are you going to have the party?

M _____ _____. At my place.

plan 계획 **place** 장소, 곳

06 대화를 듣고, 여자가 받을 거스름돈을 고르시오.

W How much is the ball?

M _____ _____ are you talking about?

W That one there.

M It's _____ won.

W Great! _____ _____ two. Here's 5,000 won.

07 다음을 듣고, 무엇에 관한 내용인지 가장 적절한 것을 고르시오.

This type of food is _____ _____ _____ and has a strong taste. Most Koreans eat this with their meals. _____ _____ _____, garlic, and salt are also ingredients. It is a very _____ food and is uniquely _____. There are many _____ _____ of this food.

•• **cabbage** 배추 **meal** 음식, 식사 **garlic** 마늘 **ingredient** 재료 **uniquely** 특유의 형태로

08 대화를 듣고, 남자의 심정으로 가장 적절한 것을 고르시오.

M Hello. Is this the Customer Service Department?

W Yes, it is. What's the _____, sir?

M Your store clerk was very _____ _____ _____ today.

W What was the clerk's name?

M Mrs. Stevens, I think.

W Could you tell me about your _____ _____ _____?

•• **department** 부서 **rude** 무례한 **claim** 불만; 주장 **in detail** 상세히

09 대화를 듣고, 남자가 엄마에게 할 일로 가장 적절한 것을 고르시오.

M Do you know any _____ _____?

W Yes, I do. Why do you ask?

M I would like to make a _____ _____ for my mom.

W That's very nice. I'm sure she'll _____ that.

•• **recipe** 조리법 **delicious** (아주) 맛있는 **appreciate** 고마워하다

10 다음을 듣고, 두 사람의 대화가 어색한 것을 고르시오.

① M Are you tired now?

   W Yes, it's been a _____ _____.

② M What's the matter?

   W I have a _____ _____.

③ W Do you know where the eraser is?

   M Isn't it _____ the _____ _____?

④ W This place looks great. I love the seashore.

   M So did I. I _____ _____ yesterday.

⑤ W Do you know why I love Sunday?

   M Sure. The reason is that you _____ _____ on Sundays.

•• **hard** 힘든 **desk drawer** 책상 서랍 **seashore** 해변, 해안 **reason** 이유

11 대화를 듣고, 여자의 습관으로 가장 적절한 것을 고르시오.

M Shall we _____ _____ this weekend?

W Let me look at my schedule. Oh, I'd love to, but I can't. I _____ _____ _____ my uncle.

M Oh, I see. Do you always _____ _____ your plans?

W Yes, it's a good way to _____ _____ _____.

●●
schedule 일정, 스케줄 **wisely** 현명하게

12 대화를 듣고, 두 사람이 할 일로 가장 적절한 것을 고르시오.

W Can you swim?

M Yes, I can. Why?

W Well, would you like to _____ _____ this afternoon?

M Oh, I need to buy a new _____ _____.

W Hmm. How about _____ _____ together then?

M That sounds good.

●●
bathing suit 수영복

13 대화를 듣고, 대화 내용과 일치하지 <u>않는</u> 것을 고르시오.

W Hey! There you are. I've _____ _____ all over for you at this mall.

M Oh, you have? I _____ _____ _____ at a shop.

W _____ is it _____?

M It's for my grandma. Tomorrow is her birthday.

W Your grandma will like it.

M Did you get _____ _____ _____?

W No, I just did a lot of window shopping.

●●
window shopping 윈도우 쇼핑, 아이 쇼핑(물건은 사지 않고 구경만 하는 것)

14 대화를 듣고, 여자의 마지막 말에 이어질 남자의 말로 가장 적절한 것을 고르시오.

M I'd like to _____ _____ _____ to see the doctor. What are your office hours?

W _____ ten _____ five, sir. Is this your first visit?

M Yes, it is.

W Could I _____ _____ _____, please?

M Yes, my name is Bob Stevens.

W Okay. And what's the _____ _____ you?

M <u>I have a terrible cold.</u>

●●
make an appointment 예약하다 **office hour** 진료 시간

15 대화를 듣고, 남자의 마지막 말에 이어질 여자의 말로 가장 적절한 것을 고르시오.

M Hi, Mary. Long time, no see!

W Hi, Jim. _____ _____ you _____?

M Not bad. And you?

W I'm fine. But I'm tired these days because I am _____ _____ _____.

M Did you say you are working at night?

W <u>Yes, I'm working at a convenience store.</u>

●●
convenience store 편의점

A 다음을 듣고, 어휘와 우리말 뜻을 쓰시오.

1. _____ _____

2. _____ _____

3. _____ _____

4. _____ _____

5. _____ _____

6. _____ _____

7. _____ _____

8. _____ _____

9. _____ _____

10. _____ _____

11. _____ _____

12. _____ _____

B 우리말을 참고하여 빈칸에 알맞은 단어를 쓰시오.

1. Please give me your _____ _____.
   솔직한 의견을 말씀해 주세요.

2. What are your _____ _____?
   진료 시간이 어떻게 되나요?

3. Do you know _____ _____ _____?
   괜찮은 조리법 좀 알고 있나요?

4. I _____ _____ to _____ two hamburgers.
   햄버거 두 개 주문하고 싶어요.

5. Do you always _____ _____ your _____?
   너는 항상 네 계획들을 적어 두니?

6. It's the second door _____ _____ _____.
   그것은 왼쪽에서 두 번째 문입니다.

7. I'd like to _____ _____ _____ to see the doctor.
   진료 예약을 하고 싶은데요.

8. This type of food is made of _____ and has a _____
   _____. 이 종류의 음식은 배추로 만들어지고 맛이 강하다.

01 대화를 듣고, 'we'가 무엇인지 가장 적절한 것을 고르시오.

①

②

③

④

⑤

02 대화를 듣고, 두 사람이 대화하는 장소로 가장 적절한 곳을 고르시오.

① 은행
② 극장
③ 미술관
④ 도로
⑤ 도서관

03 대화를 듣고, 은행의 위치로 가장 알맞은 곳을 고르시오.

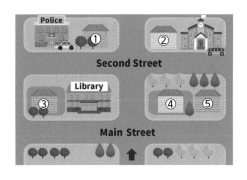

04 대화를 듣고, 두 사람의 관계로 가장 적절한 것을 고르시오.

① 간호사 – 환자
② 은행원 – 고객
③ 의사 – 환자
④ 친구 – 친구
⑤ 선생님 – 학생

05 대화를 듣고, Jane이 누구인지 고르시오.

①

②

③

④

⑤

06 대화를 듣고, 남자가 지불해야 할 금액을 고르시오.

① $50
② $70
③ $100
④ $150
⑤ $200

07 대화를 듣고, 무엇에 관한 내용인지 가장 적절한 것을 고르시오.

① 추석
② 춤
③ 전통 의상
④ 강릉
⑤ 지역 축제

08 대화를 듣고, 여자의 심정 변화로 가장 적절한 것을 고르시오.

① 행복함 – 걱정
② 초조함 – 안도
③ 황당함 – 기쁨
④ 평온함 – 무서움
⑤ 화가 남 – 슬픔

09 대화를 듣고, 여자가 상점에 가는 이유로 가장 적절한 것을 고르시오.

① 우유를 사기 위해
② 외상값을 지불하기 위해
③ 물건을 교환하기 위해
④ 고맙다는 말을 하기 위해
⑤ 물건을 환불 받기 위해

10 대화를 듣고, 남자가 대화 직후에 할 일로 가장 적절한 것을 고르시오.

① 엄마에게 전화하기
② 간식 사러 가기
③ 시계 수리하기
④ 친구에게 전화하기
⑤ 프론트에 모닝콜 부탁하기

11 대화를 듣고, Sophia가 대학에서 전공하고자 하는 과목을 고르시오.

① 영어
② 생물학
③ 화학
④ 역사
⑤ 수학

12 대화를 듣고, 두 사람이 살 물건으로 언급되지 않은 것을 고르시오.

① 통조림 음식
② 음료수
③ 신발
④ 손전등
⑤ 텐트

13 대화를 듣고, 대화 내용과 일치하지 않는 것을 고르시오.

① 여자는 음악을 좋아한다.
② 남자는 클래식 음악을 좋아한다.
③ 여자는 컨트리 음악을 좋아한다.
④ 여자는 모차르트를 좋아하지 않는다.
⑤ 남자는 모차르트를 좋아한다.

14 대화를 듣고, 남자의 마지막 말에 이어질 여자의 말로 가장 적절한 것을 고르시오.

① Yes, I don't mind.
② Yes, I'm going there.
③ Of course not.
④ How kind of you!
⑤ It takes about one week.

15 대화를 듣고, 여자의 마지막 말에 이어질 남자의 말로 가장 적절한 것을 고르시오.

① Talk to you later.
② I broke my ankle.
③ I'm feeling much better.
④ Could you tell me the time?
⑤ I'd love to play computer games.

01 대화를 듣고, 'we'가 무엇인지 가장 적절한 것을 고르시오.

We are _____. Each of us has a round body and _____ _____. We have to work together. When we _____ your eyes, you can _____ _____. We sit on your nose when _____ _____. Who are we?

twin 쌍둥이 **each** 각자(의), 각각(의) **leg** 다리

02 대화를 듣고, 두 사람이 대화하는 장소로 가장 적절한 곳을 고르시오.

W Shh. The _____ _____ "Keep Quiet."

M Oh, I'm sorry. I _____ _____.

W We should be quiet; otherwise, we _____ _____ other people.

M I'll keep that in mind. By the way, where are the _____ _____?

sign 표지판 **notice** 알아채다, 인지하다 **otherwise** 그렇지 않으면 **interrupt** 방해하다 **keep ... in mind** ~을 명심하다 **by the way** 그런데

03 대화를 듣고, 은행의 위치로 가장 알맞은 곳을 고르시오.

W Excuse me, but I'm looking for a bank.

M A bank? The _____ _____ is on Second Street.

W Is that CK Bank?

M That's right. Go straight two blocks and turn left _____ _____ _____. It's on your right.

W Go straight two blocks and turn left?

M Yes! It's next to the police station and _____ _____ _____.

W Thank you.

intersection 교차로 **opposite** 건너편의, 맞은편의

04 대화를 듣고, 두 사람의 관계로 가장 적절한 것을 고르시오.

W Kelly and I are going camping this Sunday. _____ _____ _____ _____?

M Thanks, but my _____ hurts.

W _____ you _____ a doctor?

M No, not yet.

W _____ _____ _____ go to see a doctor first?

M Thank you for _____ _____. I'll do that soon.

hurt 아프다 **concern** 염려, 걱정

05 대화를 듣고, Jane이 누구인지 고르시오.

W Would you _____ _____ _____ my friend Jane?

M Sure, why not? Where is she?

W She's _____ _____.

M Is she the girl _____ _____ music?

W No, she is the one _____ _____.

over there 저쪽에 **listen to music** 음악을 듣다

06 대화를 듣고, 남자가 지불해야 할 금액을 고르시오.

W You look great in that _____!

M Thanks, but there's a small _____ in the _____.

W Oh, I'm sorry.

M What is the _____ _____ for this suit?

W It's 200 dollars, but because there is a hole, we'll give you a _____ - _____ _____.

M Oh, I will buy it then.

●●
suit 정장 **regular price** 정가 **discount** 할인

07 대화를 듣고, 무엇에 관한 내용인지 가장 적절한 것을 고르시오.

W Did you go to the Danoje Festival?

M No, I didn't, but I _____ it was a lot of _____.

W There were so many interesting _____ and _____. And the food was _____.

M You were very lucky to be there. Where was it?

W It _____ _____ in Gangneung each year.

●●
festival 축제 **costume** 의상 **take place** 일어나다, 열리다

08 대화를 듣고, 여자의 심정 변화로 가장 적절한 것을 고르시오.

M Hi, Betty! Are you feeling all right?

W Not really. I have a test tomorrow, but I still don't _____ the _____.

M Do you need any help? I have some time.

W You _____ _____ _____!

●●
material 자료

09 대화를 듣고, 여자가 상점에 가는 이유로 가장 적절한 것을 고르시오.

M Sally, where are you going?

W I've got to _____ some _____ to the _____ of the store around the corner.

M What for?

W I _____ some milk there last night, but I didn't have _____ money. The owner said I _____ _____ _____.

M Yeah, I know her. She's really nice.

●●
owner 주인

10 대화를 듣고, 남자가 대화 직후에 할 일로 가장 적절한 것을 고르시오.

M Uh-oh.

W What's wrong?

M I was going to call my mother _____ _____ _____ I _____ here, but I forgot.

W Call her now.

M It's so late. It's 11 p.m.

W _____ _____ than never. She _____ _____.

M Okay.

●●
as soon as ~하자마자

11 대화를 듣고, Sophia가 대학에서 전공하고자 하는 과목을 고르시오.

M What are you going to _____
_____ _____, Sophia?

W I thought about _____, but I think I'm going to study _____ instead.

M Really? What do your parents say?

W They will _____ _____
_____ I make.

college 대학 chemistry 화학 support 지지하다
decision 결정

12 대화를 듣고, 두 사람이 살 물건으로 언급되지 <u>않은</u> 것을 고르시오.

W Hi, Jason. We have to _____
_____ _____ our trip now.

M I know, Sara. I'll be home as soon as my work _____ _____.

W I'm going shopping for _____
_____ and drinks. And we have to buy a _____ and a tent.

M Okay. I'll go with you after work.

canned food 통조림 음식 flashlight 손전등

13 대화를 듣고, 대화 내용과 일치하지 <u>않는</u> 것을 고르시오.

M Do you like music?

W Yes, I do.

M _____ _____ _____ music do you like?

W I like _____ music. What about you?

M I like _____ music. My favorite _____ is Mozart.

W Me, too. He was a genius.

composer 작곡가 genius 천재

14 대화를 듣고, 남자의 마지막 말에 이어질 여자의 말로 가장 적절한 것을 고르시오.

M Where are you going now?

W I'm going to the _____ _____.

M Oh, how lucky for me! Would you _____ _____ this _____ for me?

W <u>Of course not.</u>

parcel 소포

15 대화를 듣고, 여자의 마지막 말에 이어질 남자의 말로 가장 적절한 것을 고르시오.

M What are you doing this weekend?

W I'm _____ _____ _____
_____ with Daniel. How about you?

M _____ _____. Maybe I'll just watch some movies or play a computer game.

W Oh, it's 10:20. Our _____ _____
is _____. I've got to go.

M <u>Talk to you later.</u>

special 특별한 break time 휴식시간 be over 끝나다

A 다음을 듣고, 어휘와 우리말 뜻을 쓰시오.

① _____ _____ ⑦ _____ _____

② _____ _____ ⑧ _____ _____

③ _____ _____ ⑨ _____ _____

④ _____ _____ ⑩ _____ _____

⑤ _____ _____ ⑪ _____ _____

⑥ _____ _____ ⑫ _____ _____

B 우리말을 참고하여 빈칸에 알맞은 단어를 쓰시오.

① My _____ _____ is Mozart.
내가 가장 좋아하는 작곡가는 모차르트이다.

② _____ late _____ _____.
안 하는 것보다는 늦는 것이 낫다.

③ _____ _____ _____ go to see a doctor first?
먼저 병원에 가보는 게 어때?

④ What are you going to _____ _____ _____?
너는 대학에서 무슨 공부를 할 거니?

⑤ Would you _____ _____ this _____ for me?
이 소포를 부쳐 주시겠어요?

⑥ We should be quiet; _____, we might _____ other people.
우리는 조용히 해야 해, 그렇지 않으면 다른 사람들에게 방해가 될 수 있어.

⑦ It's next to the _____ _____ and _____ the library.
그것은 경찰서 옆이고 도서관 맞은편이에요.

⑧ I was going to _____ my mother as _____ _____ I got here. 여기에 도착하는 대로 엄마에게 전화하기로 했었어.

01 다음을 듣고, 속초의 오늘 날씨로 가장 적절한 것을 고르시오.

①    ②

③ 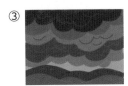   ④

⑤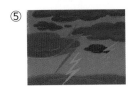

02 다음을 듣고, 무엇에 관한 내용인지 가장 적절한 것을 고르시오.

① 교내 규칙   ② 극장 예절
③ 지진 대피 요령   ④ 화재 대피 안내
⑤ 비행기 내 수칙

03 대화를 듣고, 도서관의 위치로 가장 알맞은 곳을 고르시오.

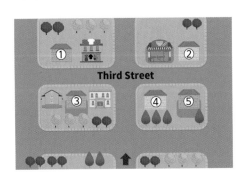

04 대화를 듣고, 두 사람의 관계로 가장 적절한 것을 고르시오.

① 식당 종업원 – 손님   ② 승무원 – 승객
③ 여행사 직원 – 손님   ④ 점원 – 고객
⑤ 의사 – 환자

05 대화를 듣고, Brandon이 누구인지 고르시오.

①    ②

③    ④

⑤

06 대화를 듣고, 남자가 기다려야 할 시간을 고르시오.

① 30분   ② 50분
③ 1시간   ④ 1시간 10분
⑤ 1시간 30분

07 대화를 듣고, 남자가 부탁한 일로 가장 적절한 것을 고르시오.

① 음식 만들기   ② 집 청소하기
③ 아이 등교시키기   ④ 아이와 공부하기
⑤ 아이 돌보기

08 대화를 듣고, 여자의 심정으로 가장 적절한 것을 고르시오.

① excited
② nervous
③ sad
④ relaxed
⑤ tired

09 대화를 듣고, 남자가 영화를 보러 갈 수 없는 이유로 가장 적절한 것을 고르시오.

① 이미 본 영화라서
② 별로 좋아하지 않는 영화라서
③ 다른 친구와 약속이 있어서
④ 집에서 여동생을 돌봐야 해서
⑤ 시험 공부를 해야 해서

10 대화를 듣고, 딸에 대한 내용과 일치하지 않는 것을 고르시오.

① 엄마와 함께 병원에 진료를 왔다.
② 오늘 매점에서 햄버거를 먹었다.
③ 햄버거를 먹은 후 이상이 생겼다.
④ 구토와 복통 증상이 있다.
⑤ 같이 식사한 친구들은 아프지 않았다.

11 대화를 듣고, 여자가 남자에게 충고한 것으로 가장 적절한 것을 고르시오.

① 규칙적으로 운동을 해야 한다.
② 공부를 열심히 해야 한다.
③ 학교 규칙을 지켜야 한다.
④ 아침 식사를 거르지 말아야 한다.
⑤ 다이어트를 해야 한다.

12 대화를 듣고, 여자가 대화 직후에 할 일로 가장 적절한 것을 고르시오.

① 프린터 용지 확인하기
② 숙제하러 가기
③ 수리점에 프린터 맡기기
④ 프린터 용지 구입하기
⑤ 프린터 잉크 교체하기

13 대화를 듣고, 대화 내용과 일치하지 않는 것을 고르시오.

① 여자는 공포 영화를 좋아한다.
② 남자는 역사 영화를 좋아한다.
③ 여자는 코미디 영화를 좋아하지 않는다.
④ 남자는 무언가를 가르쳐 주는 영화를 좋아한다.
⑤ 두 사람의 영화 취향이 다르다.

14 대화를 듣고, 여자의 마지막 말에 이어질 남자의 말로 가장 적절한 것을 고르시오.

① Yes. I'm with you.
② Okay. Let's go shopping.
③ I enjoy skiing very much.
④ Thank you, but I'm scared of the water.
⑤ That's great! I really like cooking.

15 대화를 듣고, 남자의 마지막 말에 이어질 여자의 말로 가장 적절한 것을 고르시오.

① Really? I can't find it.
② How much is it?
③ Nothing in particular.
④ Very good! You did the right thing.
⑤ That's too bad. What should I do?

01 다음을 듣고, 속초의 오늘 날씨로 가장 적절한 것을 고르시오.

Good morning, everyone. Here is today's weather forecast. It _____ _____ _____ in Gangneung, but it will be sunny in Pyeongchang. Hoengseong will be _____ and cloudy. Wonju will have _____ _____. There will be _____ and _____ in Sokcho.

••
forecast 예측, 예보 **heavy rain** 폭우 **thunder** 천둥 **lightning** 번개

02 다음을 듣고, 무엇에 관한 내용인지 가장 적절한 것을 고르시오.

Ladies and gentlemen, may I have your attention, please? Gather your _____ _____, and leave the theater immediately, please. We're sorry for the inconvenience, but there's a _____ _____ at the snack bar. Don't be shocked, and please do not _____. Everything's _____ _____.

••
attention 주의, 주목 **gather** 모으다, 챙기다 **belongings** 소지품
immediately 즉시 **inconvenience** 불편 **panic** 당황하다

03 대화를 듣고, 도서관의 위치로 가장 알맞은 곳을 고르시오.

M Excuse me. How can I _____ _____ the _____?

W It's on Third Street. Go straight and turn left at the _____ _____.

M Turn left at the second corner?

W Yes. It's the second _____ on _____ _____.

M Oh, I see. Thank you.

••
building 건물

04 대화를 듣고, 두 사람의 관계로 가장 적절한 것을 고르시오.

M Good evening. How can I _____ _____?

W I'm looking for a dress.

M _____ _____ and _____ do you want?

W Blue and _____, please.

M Here is one.

••
dress 드레스, 원피스 **medium** 중간(의)

05 대화를 듣고, Brandon이 누구인지 고르시오.

M Cathy, do you know Brandon? He is my _____ _____.

W Well, I'm not sure. What does he _____ _____?

M He is very tall and _____ _____.

W Ah, does he have short, curly hair?

M Yes, he has _____ _____.

W I think I know him.

••
classmate 반 친구 **curly** 곱슬머리의

06 대화를 듣고, 남자가 기다려야 할 시간을 고르시오.

M Hello. We're looking for a _____ _____ _____ people.

W Well, it looks like you will _____ _____ _____ for a while before one is _____.

M How long do you think we'll have to wait?

W Maybe _____ _____ _____.

M Hmm... We'll wait. We're very hungry though.

for a while 잠시 **available** 이용할 수 있는 **half** 반

07 대화를 듣고, 남자가 부탁한 일로 가장 적절한 것을 고르시오.

M Sujin, could you _____ me _____ _____?

W Sure, just name it.

M I need someone to _____ _____ _____ my son for several hours tonight. Are you available?

W I would be _____ _____ _____ that for you.

M I _____ _____ paying you.

W No need. It is my _____.

favor 부탁 **take care of** ~을 돌보다 **several** 몇의; 몇 개의 **insist on** ~을 주장[고집]하다

08 대화를 듣고, 여자의 심정으로 가장 적절한 것을 고르시오.

W Did you _____ the _____?

M What news?

W My favorite K-pop band _____ _____ _____ at this year's Billboard Music Awards.

M Why is that news?

W It was the _____ _____ for a K-pop band to win at the Billboard Music Awards. _____ _____!

M Oh, that's very interesting.

win 얻다; 이기다 **prize** 상 **amazing** 놀라운

09 대화를 듣고, 남자가 영화를 보러 갈 수 없는 이유로 가장 적절한 것을 고르시오.

W Sam, how about _____ to the _____ this evening?

M We have an _____ tomorrow. Don't you need to study?

W I'm ready to _____ _____ right now.

M I'm not. I _____ _____ _____ tonight. I am afraid that you will have to go to the movies _____.

exam 시험 **alone** 혼자서

10 대화를 듣고, 딸에 대한 내용과 일치하지 않는 것을 고르시오.

W Doctor, would you _____ my daughter?

M What _____ to her?

W Many children at her school _____ very _____ after _____ the hamburgers in the cafeteria today.

M What _____ does she have?

W She's throwing up a lot, and her _____ _____.

examine 검사하다, 진찰하다 **symptom** 증상 **throw up** 토하다 **stomach** 배;위

11 대화를 듣고, 여자가 남자에게 충고한 것으로 가장 적절한 것을 고르시오.

W Peter, what's the matter?

M I _____ _____ _____ yet, so I'm hungry.

W Oh, Peter. You need to know exactly what's important.

M I _____ have breakfast. I can _____ some _____ at school.

W Please have breakfast at home, and you will _____ _____ at school. Snacks will _____ you _____.

M Okay. I'll eat a good breakfast.

important 중요한 **snack** 간식

12 대화를 듣고, 여자가 대화 직후에 할 일로 가장 적절한 것을 고르시오.

W Oh, my God. This makes me so angry.

M What happened?

W I have to _____ my _____ now, but the printer _____ _____.

M Have you checked to see if it's _____ _____ _____?

W No, I haven't. I'll do that now. Thank you.

print 인쇄하다 **work** 작동하다

13 대화를 듣고, 대화 내용과 일치하지 않는 것을 고르시오.

W Do you like movies?

M Yes, I like movies.

W What _____ _____ do you like?

M I like _____ movies.

W Not me. I prefer _____ movies. I love watching _____ movies, too.

M Really? _____ _____ see movies that _____ me something.

history 역사 **prefer** 선호하다 **horror** 공포 **would rather** ~하는 편이 낫다

14 대화를 듣고, 여자의 마지막 말에 이어질 남자의 말로 가장 적절한 것을 고르시오.

W Do you have _____ _____?

M Well, I like cooking and playing basketball. Do you like them?

W Not really. I _____ _____.

M Really? I have never _____ surfing.

W Why don't you _____ _____ _____? It's exiting!

M Thank you, but I'm scared of the water.

surfing 파도타기 **try** 시도하다 **be scared of** ~을 두려워하다

15 대화를 듣고, 남자의 마지막 말에 이어질 여자의 말로 가장 적절한 것을 고르시오.

M Mom, I _____ _____ _____ on my way to school today.

W Really? What did you do _____ _____?

M I _____ it _____ the lost-and-found office near the school.

W Very good! You did the right thing.

wallet 지갑 **on one's way to** ~로 가는 길에 **lost-and-found office** 분실물 보관소

A 다음을 듣고, 어휘와 우리말 뜻을 쓰시오.

① _____ _____   ⑦ _____ _____

② _____ _____   ⑧ _____ _____

③ _____ _____   ⑨ _____ _____

④ _____ _____   ⑩ _____ _____

⑤ _____ _____   ⑪ _____ _____

⑥ _____ _____   ⑫ _____ _____

B 우리말을 참고하여 빈칸에 알맞은 단어를 쓰시오.

① Could you _____ _____ a _____?
부탁 하나 해도 될까요?

② _____ be _____, and please do not _____.
놀라지 마시고, 당황하지 마십시오.

③ I'd _____ see movies that _____ me something.
나는 나에게 무언가를 가르쳐 주는 영화를 보는 것이 나아.

④ She's _____ _____ a lot, and her _____ hurts.
그녀는 구토를 많이 하고, 배가 아파요.

⑤ There _____ be _____ and _____ in Sokcho.
속초에는 천둥과 번개가 치겠습니다.

⑥ You need to _____ _____ what's _____.
너는 뭐가 중요한지 정확하게 알아야 해.

⑦ _____ _____ do you think we'll have to _____?
우리가 얼마나 기다려야 할 것 같아요?

⑧ I found a _____ _____ my _____ to school today.
나는 오늘 학교 가는 길에 지갑을 주웠다.

TEST 05

01 대화를 듣고, 여자가 구입할 신발로 가장 적절한 것을 고르시오.

① 　　②

③ 　　④

⑤

02 대화를 듣고, 두 사람이 대화하는 장소로 가장 적절한 곳을 고르시오.

① 지하철 안　　② 집 안
③ 미술관　　④ 버스 정류장
⑤ 놀이공원

03 다음을 듣고, 남자의 집의 위치로 가장 알맞은 곳을 고르시오.

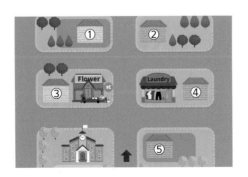

04 대화를 듣고, 두 사람의 관계로 가장 적절한 것을 고르시오.

① 식당 종업원 - 손님　　② 승무원 - 승객
③ 의사 - 환자　　④ 경찰 - 행인
⑤ 선생님 - 학생

05 다음을 듣고, 내용과 일치하지 <u>않는</u> 것을 고르시오.

① 　　②

③ 　　④

⑤

06 대화를 듣고, 여자가 지불해야 할 금액을 고르시오.

① 1,000원　　② 1,500원
③ 2,000원　　④ 2,500원
⑤ 3,000원

07 대화를 듣고, 남자가 전화를 건 목적으로 가장 적절한 것을 고르시오.

① 병원 전화번호를 문의하려고
② 치과 진료 시간을 문의하려고
③ 치과 진료를 예약하려고
④ 친구와 상의하려고
⑤ 약속 시간을 변경하려고

08 대화를 듣고, 여자의 심정으로 가장 적절한 것을 고르시오.

① 만족스러움
② 지루함
③ 수줍음
④ 자랑스러움
⑤ 초조함

09 대화를 듣고, 여자가 새 휴대폰을 구입한 이유로 가장 적절한 것을 고르시오.

① 예전 휴대폰이 고장 나서
② 새 휴대폰이 특별한 기능이 많아서
③ 예전 휴대폰을 잃어버려서
④ 새 휴대폰이 가벼워서
⑤ 경품을 받을 수 있어서

10 다음을 듣고, 두 사람의 대화가 <u>어색한</u> 것을 고르시오.

①   ②   ③   ④   ⑤

11 대화를 듣고, 남자가 좋아하는 반려동물이 <u>아닌</u> 것을 고르시오.

① 개
② 햄스터
③ 금붕어
④ 고양이
⑤ 앵무새

12 대화를 듣고, 여자가 구하는 집으로 가장 적절한 것을 고르시오.

① 방 1개의 오피스텔
② 방 3개의 오피스텔
③ 방 2개와 큰 거실이 있는 아파트
④ 방 2개와 큰 주방이 있는 아파트
⑤ 방 3개와 큰 거실이 있는 아파트

13 대화를 듣고, 남자가 대화 직후에 할 일로 가장 적절한 것을 고르시오.

① 에어컨 구매하기
② 수리 기사에게 연락하기
③ 호텔 객실 예약하기
④ 선풍기 가져다 주기
⑤ 따뜻한 물로 목욕하기

14 대화를 듣고, 남자의 마지막 말에 이어질 여자의 말로 가장 적절한 것을 고르시오.

① Have a good time.
② Yeah. That sounds good.
③ I will give you two tickets.
④ Yes, we should work together.
⑤ I have no badminton racket.

15 대화를 듣고, 여자의 마지막 말에 이어질 남자의 말로 가장 적절한 것을 고르시오.

① Go ahead.
② Don't mention it.
③ No, I can't drive.
④ I can't stand it anymore.
⑤ Sure. I'd be glad to.

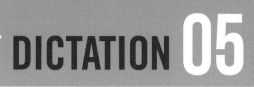

01 대화를 듣고, 여자가 구입할 신발로 가장 적절한 것을 고르시오.

M Hello. May I help you?

W Yes, I'd like to buy a _____ of _____ for my brother.

M How about these blue ones with _____ _____ on them?

W They are nice, but do you have _____ _____?

M How about these _____ ones with blue _____?

W They look great. I'll take them.

●●
a pair of 한 쌍의 **stripe** 줄무늬

02 대화를 듣고, 두 사람이 대화하는 장소로 가장 적절한 곳을 고르시오.

M Excuse me. May I _____ you some _____?

W Sure. Go ahead.

M Do you know _____ _____ go to the art museum from here?

W There are _____ buses going there. The numbers are 12, 78, and 45. You can _____ _____ any of those buses at _____ _____.

●●
art museum 미술관 **get on** 타다

03 다음을 듣고, 남자의 집의 위치로 가장 알맞은 곳을 고르시오.

Please come to my birthday party. It's on _____ 7 at my house. It's _____

_____ from our school. Go straight _____ _____ _____ to the first corner. Then, turn right at the corner. My house will be on your left _____ _____ a small _____. See you then.

●●
far 멀리 **laundry** 세탁소

04 대화를 듣고, 두 사람의 관계로 가장 적절한 것을 고르시오.

M Are you okay? You look _____.

W I feel _____, Mr. Roberts.

M What's wrong with you?

W I have a bad _____. I'd better _____ the class.

M Okay. You can go home, and you should _____ _____ _____.

●●
pale 창백한 **stomachache** 복통

05 다음을 듣고, 내용과 일치하지 <u>않는</u> 것을 고르시오.

I _____ _____ at 7:30 every morning. I have breakfast _____ _____. After that, I go to school at 8:30. School _____ at 9:00. I _____ _____ at _____. School is _____ at 3:00 in the afternoon. I have _____ at _____ _____. At 10:00, I go to bed.

●●
begin 시작하다

06 대화를 듣고, 여자가 지불해야 할 금액을 고르시오.

W How much are the _____?

M They are _____ won each.

W How about the oranges?

M They are _____ won each.

W I'll take one pear and _____ _____, please.

pear 배

07 대화를 듣고, 남자가 전화를 건 목적으로 가장 적절한 것을 고르시오.

W Dr. Thompson's office. May I help you?

M I'd like to make an _____ to see a _____.

W What is your problem?

M My _____ is _____. I think my tooth is _____.

W Okay. How about tomorrow at 10 a.m.?

M _____ _____. Thank you.

dentist 치과 의사 **swollen** 부어오른 **infected** 감염된

08 대화를 듣고, 여자의 심정으로 가장 적절한 것을 고르시오.

W Let's _____ _____ we have _____. Do you have your passport?

M Of course. Here it is.

W _____?

M It's all here.

W Tickets?

M Uh-oh. I _____ _____ on the table. I'll go home and get them.

W Please _____. We only have _____ _____!

make sure 확인하다 **luggage** 짐, 수하물 **leave** 놓다, 두다

09 대화를 듣고, 여자가 새 휴대폰을 구입한 이유로 가장 적절한 것을 고르시오.

W Look at this. I _____ a new _____ yesterday.

M Wow, it looks nice. By the way, did you _____ your old phone?

M No. I just bought it because it has many _____ _____.

W Can I see your phone?

M Sure.

feature 특징

10 다음을 듣고, 두 사람의 대화가 <u>어색한</u> 것을 고르시오.

① M Have you ever been _____?

　W Yes, _____ _____ to many countries.

② M _____ _____ do you go to the beauty shop?

　W I go there at least _____ _____ _____.

③ M Did you see the movie *Frozen*?

　W Yes, I _____ _____ last week.

④ W Did you buy some oranges?

　M I'll have some _____.

⑤ W You _____ _____ _____, don't you?

   M Yes, that's right.

●●
abroad 해외로 **beauty shop** 미용실 **soap** 비누

---

11 대화를 듣고, 남자가 좋아하는 반려동물이 <u>아닌</u> 것을 <u>고르시오</u>.

W Do you like pets?

M Yes, I like dogs, _____, and _____. How about you?

W I like parrots.

M Me, too. They are _____ and cute.

W How about cats?

M Oh, I _____ cats. I'm _____ to them.

●●
parrot 앵무새 **allergic** 알레르기가 있는

---

12 대화를 듣고, 여자가 구하는 집으로 가장 적절한 것을 <u>고르시오</u>.

W I _____ _____ _____ a little while ago to look for an apartment.

M _____ _____ do you want?

W I need an apartment with two _____ and a rather big _____ _____.

M Just wait a moment. Let me check.

●●
apartment 아파트 **bedroom** 침실, 방 **living room** 거실

---

13 대화를 듣고, 남자가 대화 직후에 할 일로 가장 적절한 것을 고르시오.

M Front desk.

W Hello. This is Jennifer Kim in room 407.

M Yes, Ms. Kim. _____ _____ I _____ for you?

W Well, the _____ _____ doesn't seem to _____ _____. It is pretty hot in here.

M Oh, I'm sorry. I'll _____ _____ _____ right away.

W Thank you.

●●
air conditioner 에어컨 **pretty** 아주, 꽤 **repairman** 수리 기사

---

14 대화를 듣고, 남자의 마지막 말에 이어질 여자의 말로 가장 적절한 것을 고르시오.

W Do you play _____?

M Yes, I do. Actually, it's my favorite sport.

W How often do you play it?

M _____ _____ _____.

W I like playing badminton, too.

M Really? Do you want to _____ _____ sometime?

W <u>Yeah. That sounds good.</u>

●●
actually 사실

---

15 대화를 듣고, 여자의 마지막 말에 이어질 남자의 말로 가장 적절한 것을 고르시오.

M Those bags are _____ _____ for you to move.

W Right. There are _____ _____ in the bags.

M Would you like some help with them?

W Thank you. Could you _____ _____ in the _____?

M <u>Sure. I'd be glad to.</u>

●●
trunk 트렁크

A 다음을 듣고, 어휘와 우리말 뜻을 쓰시오.

① _____ _____
② _____ _____
③ _____ _____
④ _____ _____
⑤ _____ _____
⑥ _____ _____
⑦ _____ _____
⑧ _____ _____
⑨ _____ _____
⑩ _____ _____
⑪ _____ _____
⑫ _____ _____

B 우리말을 참고하여 빈칸에 알맞은 단어를 쓰시오.

① I'm _____ _____ cats.
나는 고양이에 알레르기가 있어.

② _____ you ever _____ _____?
너는 해외에 가본 적 있니?

③ School _____ _____ at 3:00 in the _____.
학교는 오후 3시에 끝난다.

④ I go there _____ _____ _____ a month.
저는 적어도 한 달에 한 번은 거기에 가요.

⑤ Those bags are _____ _____ for you _____ move.
그 가방들은 당신이 옮기기에 너무 무거워요.

⑥ The _____ _____ doesn't seem to _____ _____.
에어컨이 작동하지 않는 것 같아요.

⑦ I'd like to buy a _____ _____ _____ for my brother.
제 남동생에게 줄 운동화를 사고 싶어요.

⑧ Do you know _____ _____ go to the _____ _____ from here? 어떤 버스들이 여기에서 미술관에 가는지 아세요?

TEST 06

01 다음을 듣고, 'this'가 가리키는 것으로 가장 적절한 것을 고르시오.

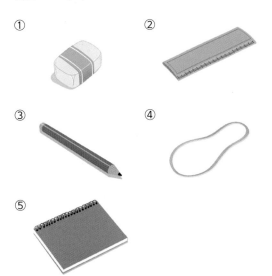

① ② ③ ④ ⑤

04 대화를 듣고, 두 사람의 관계로 가장 적절한 것을 고르시오.

① 식당 종업원 – 손님
② 승무원 – 승객
③ 교사 – 학부모
④ 백화점 점원 – 고객
⑤ 여행 가이드 – 관광객

05 대화를 듣고, Kelly의 언니의 직업으로 가장 적절한 것을 고르시오.

① 경찰관
② 제빵사
③ 게임 개발자
④ 요리사
⑤ 변호사

02 대화를 듣고, 두 사람이 대화하는 장소로 가장 적절한 곳을 고르시오.

① 공원 ② 카페
③ 과수원 ④ 음식점
⑤ 과일 가게

06 대화를 듣고, 남자가 일주일 동안 읽을 수 있는 책 쪽수를 고르시오.

① 약 100쪽
② 약 300쪽
③ 약 500쪽
④ 약 700쪽
⑤ 약 900쪽

03 대화를 듣고, 경찰서의 위치로 가장 알맞은 곳을 고르시오.

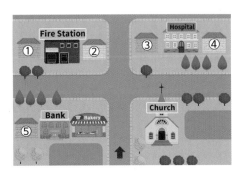

07 대화를 듣고, 남자가 한 마지막 말의 의도로 가장 적절한 것을 고르시오.

① 동의
② 부탁
③ 거절
④ 감사
⑤ 불평

08 대화를 듣고, 남자의 심정으로 가장 적절한 것을 고르시오.

① 너무 행복함
② 피곤하고 짜증남
③ 창피하고 후회됨
④ 긴장되지만 기분 좋음
⑤ 피곤하지만 기분 좋음

09 대화를 듣고, 여자가 돈을 빌린 이유로 가장 적절한 것을 고르시오.

① 돈을 잃어버려서
② 지갑을 안 가져와서
③ 용돈이 떨어져서
④ 책을 사려고
⑤ 돈을 갚기 위해서

10 다음을 듣고, 두 사람의 대화가 <u>어색한</u> 것을 고르시오.

①   ②   ③   ④   ⑤

11 대화를 듣고, 여자의 장래 희망으로 가장 적절한 것을 고르시오.

① 기자
② 배우
③ 뉴스 앵커
④ 가수
⑤ 사진작가

12 대화를 듣고, 대화 내용과 일치하지 <u>않는</u> 것을 고르시오.

① 여자는 토요일에 파티에 갈 계획이다.
② 남자는 토요일에 집에 있을 것이다.
③ 남자의 사촌들이 토요일에 집에 온다.
④ 여자는 친구와 파티에 갈 것이다.
⑤ 여자는 남자에게 파티에 같이 가자고 권유했다.

13 대화를 듣고, 여자가 대화 직후에 할 일로 가장 적절한 것을 고르시오.

① 간식 사러 가기
② 케이크 사러 가기
③ 집안 청소하기
④ 파티 준비하기
⑤ Jane에게 연락하기

14 대화를 듣고, 여자의 마지막 말에 이어질 남자의 말로 가장 적절한 것을 고르시오.

① Don't mention it.
② Thank you for helping me.
③ Do you want to go with me?
④ Sure. Let's clean the floor first.
⑤ No, thank you. I'm very full.

15 대화를 듣고, 남자의 마지막 말에 이어질 여자의 말로 가장 적절한 것을 고르시오.

① I can't make it tomorrow.
② I'll treat you the next time.
③ I have no Christmas gift.
④ I'll visit you later.
⑤ Thanks for the invite. I'd love to come.

01 다음을 듣고, 'this'가 가리키는 것으로 가장 적절한 것을 고르시오.

This is usually small and only _____ _____ a pencil. This comes in a variety of _____ and _____. You use this to _____ your drawings or writing. This is _____ _____ _____. What is this?

•• **a variety of** 다양한, 여러 가지의 **erase** 지우다 **drawing** (연필 등으로 그린) 그림 **rubber** 고무

02 대화를 듣고, 두 사람이 대화하는 장소로 가장 적절한 곳을 고르시오.

M Excuse me. Do you have any grapefruit?

W No, I'm sorry. We're all _____ _____ _____ it.

M Then I'd like to have _____ _____ of bananas, please.

W Thank you. Would you like _____ _____?

M No. That's all.

•• **grapefruit** 자몽 **be sold out of** ~이 매진되다 **bunch** 다발, 송이

03 대화를 듣고, 경찰서의 위치로 가장 알맞은 곳을 고르시오.

M Please tell me where I can find _____ _____ police station.

W Sure. That's easy. Just go down _____ _____ and turn left.

M I got it. Go down this road and _____ a _____ _____, right?

W Right. It's the _____ building on the right side of the street. It's next to the _____ _____.

M Thank you so much, ma'am.

•• **police station** 경찰서 **road** 도로, 길 **fire station** 소방서

04 대화를 듣고, 두 사람의 관계로 가장 적절한 것을 고르시오.

W _____ _____ you _____, sir?

M We'll have a combination pizza and a chicken Caesar salad.

W What about _____?

M I'll have coffee, and my _____ _____ _____ Coke.

•• **salad** 샐러드

05 대화를 듣고, Kelly의 언니의 직업으로 가장 적절한 것을 고르시오.

M Is this your family, Kelly? _____ a nice _____ _____ it is!

W Yeah. My dad, mom, sister, brother, and me.

M What does your dad do?

W He is a _____ _____.

M Your sister must be _____ _____ _____ _____ the picture!

W Yes, she is. She is a baker. She _____ _____ _____ in my town.

•• **in the middle of** ~ 가운데에 **baker** 제빵사 **bakery** 빵집

06 대화를 듣고, 남자가 일주일 동안 읽을 수 있는 책 쪽수를 고르시오.

W Do you read books every day?

M Yes, I try to read 100 _____ a day.

W You _____ _____ _____ many books then.

M Yes, I have. I stopped counting last year.

••
try to ~하려고 노력하다   **count** 세다

07 대화를 듣고, 남자가 한 마지막 말의 의도로 가장 적절한 것을 고르시오.

W Did you _____ _____ _____? A new game will come out next week!

M Really? I didn't know that.

W How about _____ _____ _____ together next Saturday?

M I'm sorry, but I _____. I'm going to _____ _____ with my family.

••
come out 나오다, 출시되다

08 대화를 듣고, 남자의 심정으로 가장 적절한 것을 고르시오.

W Why are you so late, Johnnie?

M I _____ _____ _____ and had to walk home.

W Oh, what a _____. Are you tired?

M Yes, but I _____ _____ a five-dollar bill off the ground, so I _____ _____.

••
shame 애석한[딱한] 일   **pick up** 줍다   **bill** 지폐   **ground** 땅바닥

09 대화를 듣고, 여자가 돈을 빌린 이유로 가장 적절한 것을 고르시오.

W Can you _____ me a _____?

M Sure.

W Could you _____ me 10 dollars? I _____ to bring my _____ today.

M No problem at all.

W Thank you. I will _____ you _____ tomorrow.

••
lend 빌려주다   **purse** 지갑

10 다음을 듣고, 두 사람의 대화가 <u>어색한</u> 것을 고르시오.

① M Is it _____ now?

   W No, it _____.

② M Did you buy a birthday gift for your mom?

   W No, _____ _____.

③ W Can you help me with my homework?

   M Sorry. I can do it _____ _____.

④ W How was the steak?

   M It was _____ _____.

⑤ W Where can I find _____ _____?

   M They're on the third floor.

••
by oneself 혼자; 도움 받지 않고   **salty** 짠

11 대화를 듣고, 여자의 장래 희망으로 가장 적절한 것을 고르시오.

M What is your favorite TV program?

W I like watching _____ _____.

M Really? The news is boring. I like entertainment shows.

W Actually, I want to _____ a

_____ _____. I doubt that I am

_____ enough though.

M You can't _____ _____

_____ _____ until you try it.

W Thank you for your advice.

entertainment 오락, 예능 doubt 확신하지 못하다; 의심하다
talented 재능이 있는 give up 포기하다 advice 충고, 조언

12 대화를 듣고, 대화 내용과 일치하지 <u>않는</u> 것을 고르시오.

M Do you _____ _____ _____

for this Saturday?

W I'm going to a party with my friend.

M Sounds great.

W How about you?

M I'm _____ _____. My _____

are coming to my house this Saturday.

W I hope you _____ _____

_____ _____ with your cousins.

stay home 집에 머물다 cousin 사촌

13 대화를 듣고, 여자가 대화 직후에 할 일로 가장 적절한 것을 고르시오.

M I heard you _____ your friends over

tonight.

W Yes, I think _____ _____

_____ the party.

M Did you buy some snacks?

W Yes, I did. I _____ some _____,

too.

M Did you clean the house?

W Yes, I _____ _____.

M It seems _____ is _____. Oh, by

the way, did you _____ Jane?

W Oh, my goodness! I forgot.

invite ... over ~를 집으로 초대하다 clean 청소하다

14 대화를 듣고, 여자의 마지막 말에 이어질 남자의 말로 가장 적절한 것을 고르시오.

M Look at the mess. What happened?

W Kids _____ _____ _____

everywhere.

M Oh, they _____ on the wall, too.

W Would you please help me _____

this _____ _____?

M <u>Sure. Let's clean the floor first.</u>

mess 난잡, 엉망진창 spray 뿌리다 chip 감자칩 everywhere
모든 곳에 scribble 낙서하다

15 대화를 듣고, 남자의 마지막 말에 이어질 여자의 말로 가장 적절한 것을 고르시오.

M Hi, Julie. We're having a Christmas party.
Would you like to come?

W Sounds good. _____ _____

_____ _____ I bring my friend?

M Sure. The _____, the _____.

W <u>Thanks for the invite. I'd love to come.</u>

merry 즐거운 invite 초대

A 다음을 듣고, 어휘와 우리말 뜻을 쓰시오.

① _____   ⑦ _____

② _____   ⑧ _____

③ _____   ⑨ _____

④ _____   ⑩ _____

⑤ _____   ⑪ _____

⑥ _____   ⑫ _____

B 우리말을 참고하여 빈칸에 알맞은 단어를 쓰시오.

① I _____ _____ _____ my purse today.
나는 오늘 지갑 가지고 오는 것을 깜박했다.

② You _____ _____ _____ many books then.
그럼 너 책을 많이 읽었겠다.

③ A new game _____ _____ _____ next week!
새로운 게임이 다음 주에 출시된대!

④ I'd like to have three _____ _____ _____, please.
바나나 세 송이 주세요.

⑤ I _____ the bus and _____ _____ _____ home.
저는 버스를 놓쳐서 집에 걸어와야 했어요.

⑥ Your sister must be _____ _____ of the picture!
너의 언니는 이 사진 가운데에 있는 분이겠구나!

⑦ Please tell me where I can find the _____ _____ _____.
가장 가까운 경찰서에 가는 길 좀 말씀해 주세요.

⑧ You can't _____ _____ your dream _____ you try it.
시도해 보기도 전에 꿈을 포기해서는 안 돼.

MY SCORE

-------- / 15

01 다음을 듣고, 대구의 오늘 날씨로 가장 적절한 것을 고르시오.

① 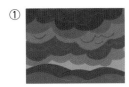 ②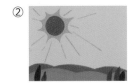

③  ④

⑤

02 대화를 듣고, 무엇에 관한 내용인지 가장 적절한 것을 고르시오.

① 재활용 가능 품목
② 인터넷 사용 예절
③ 도서관 이용 안내
④ 쓰레기 수거 방법
⑤ 학교 도서관 이용 안내

03 대화를 듣고, 남자의 집의 위치로 가장 알맞은 곳을 고르시오.

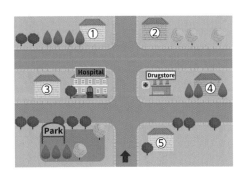

04 대화를 듣고, 두 사람의 관계로 가장 적절한 것을 고르시오.

① 감독 – 운동선수
② 의사 – 환자
③ 경찰 – 범인
④ 아내 – 남편
⑤ 변호사 – 의뢰인

05 다음을 듣고, 내용과 일치하지 않는 것을 고르시오.

①  ②

③  ④

⑤

06 대화를 듣고, 남자가 가지고 있던 쿠폰의 금액을 고르시오.

① $1
② $2
③ $5
④ $10
⑤ $20

07 대화를 듣고, 여자와 남자가 각각 좋아하는 영화의 종류로 가장 적절한 것을 고르시오.

① 액션 l 공상 과학
② 액션 l 로맨스
③ 로맨스 l 공상 과학
④ 공상 과학 l 공포
⑤ 액션 l 공포

08 대화를 듣고, 남자의 심정으로 가장 적절한 것을 고르시오.

① nervous
② happy
③ curious
④ satisfied
⑤ irritated

09 대화를 듣고, 남자가 인사동을 추천하는 이유로 가장 적절한 것을 고르시오.

① 쇼핑몰이 많아서
② 조용하고 한적해서
③ 한국을 대표하는 곳이라서
④ 외국인들이 좋아하는 장소라서
⑤ 한국의 전통적인 것을 볼 수 있어서

10 대화를 듣고, 두 사람이 함께 이용할 교통수단으로 가장 적절한 것을 고르시오.

① 택시
② 버스
③ 지하철
④ 자가용
⑤ 기차

11 대화를 듣고, 여자의 장래 희망으로 가장 적절한 것을 고르시오.

① 교사
② 의사
③ 가수
④ 변호사
⑤ 컴퓨터 프로그래머

12 대화를 듣고, 두 사람이 할 일로 가장 적절한 것을 고르시오.

① 동생 돌보기
② 파티 하기
③ 식사하기
④ 연극 관람하기
⑤ 농구 경기 관람하기

13 대화를 듣고, 대화 내용과 일치하지 않는 것을 고르시오.

① 남자는 뮤지컬 표 두 장을 가지고 있다.
② 여자는 뮤지컬을 보고 싶어 한다.
③ 뮤지컬은 금요일 저녁 8시에 시작한다.
④ 두 사람은 7시에 만나기로 했다.
⑤ 두 사람은 극장 앞에서 만날 것이다.

14 대화를 듣고, 남자의 마지막 말에 이어질 여자의 말로 가장 적절한 것을 고르시오.

① I'll take a taxi.
② It's over there.
③ There is no museum here.
④ About twenty minutes.
⑤ That'll be great. How kind of you!

15 대화를 듣고, 여자의 마지막 말에 이어질 남자의 말로 가장 적절한 것을 고르시오.

① I'll do a good job.
② I already went there.
③ That's a great idea.
④ You're welcome.
⑤ I think I should rest for two days.

01 다음을 듣고, 대구의 오늘 날씨로 가장 적절한 것을 고르시오.

Good morning! This is the _____ _____ for today. There will be sunny skies in Seoul. In Daejeon, there will be a _____ _____ in the afternoon, but the sky will _____ _____ tomorrow morning. In Daegu, it will be hot and _____. It will be cloudy in Busan. Thank you.

●●
shower 소나기 **clear** (날씨가) 개다 **humid** 습한

02 대화를 듣고, 무엇에 관한 내용인지 가장 적절한 것을 고르시오.

W You're _____ old books and _____.

M Yes. We should collect them. They _____ _____ _____.

W What else can we recycle?

M We can recycle _____ _____, empty bottles, and milk _____.

W Good job. Why don't you take _____ _____ to the recycling center this afternoon?

M Okay, I'll do that.

●●
collect 모으다, 수집하다 **magazine** 잡지 **recycle** 재활용하다
empty 빈 **milk carton** 우유 팩 **stuff** 것, 물건

03 대화를 듣고, 남자의 집의 위치로 가장 알맞은 곳을 고르시오.

M David and I are going to _____ _____ at my house tonight. Would you like to join us?

W Sure. But I don't know how to _____ _____ your house.

M Go straight two blocks from the _____ and turn right at the corner. It's _____ _____ the _____.

W Okay. I'll see you tonight.

M See you.

●●
across from ～의 맞은편에

04 대화를 듣고, 두 사람의 관계로 가장 적절한 것을 고르시오.

W Tell me what your problem is.

M My wife says she can't _____ my _____. And sometimes I _____ _____ for a few seconds.

W Do you snore all night long?

M I'm _____ _____.

W Hmm, I will give you some _____ and treatment. And why don't you sleep _____ _____ _____?

●●
snore 코를 골다 **breathe** 숨을 쉬다 **medicine** 약
treatment 치료

05 다음을 듣고, 내용과 일치하지 <u>않는</u> 것을 고르시오.

My family likes _____ _____ very much. My father likes skiing. My mother often _____ _____ with my brother. My sister likes snowboarding. I am _____ _____ _____.

●●
crazy 열광적인, 꼭 하고 싶어 하는 **sledding** 썰매 타기

06 대화를 듣고, 남자가 가지고 있던 쿠폰의 금액을 고르시오.

M How much is it?

W That comes to _____ _____, sir.

M Oh, I have a _____. Can I use it here?

W No problem. _____ _____ is now 15 dollars.

M Here you are.

•• **coupon** 쿠폰 **total** 총액

07 대화를 듣고, 여자와 남자가 각각 좋아하는 영화의 종류로 가장 적절한 것을 고르시오.

M What _____ _____ _____ do you like?

W I like _____ movies.

M Oh, really? I thought you like _____ movies.

W I _____ _____ like romance movies. How about you?

M I like _____ movies.

•• **action movie** 액션 영화 **romance** 로맨스, 연애 **sci-fi movie** 공상 과학 영화

08 대화를 듣고, 남자의 심정으로 가장 적절한 것을 고르시오.

M This makes me so _____.

W What is it?

M When I get on the subway in the morning, everyone is _____ and _____.

W Don't think about it. Everyone just wants to go to work _____ _____ _____ _____.

M I know, but it still upsets me.

•• **mad** 몹시 화가 난 **shove** (거칠게) 밀치다 **upset** 속상하게 하다

09 대화를 듣고, 남자가 인사동을 추천하는 이유로 가장 적절한 것을 고르시오.

M Have you ever been to Insa-dong?

W No, I haven't. Do you _____ _____ there?

M Yes, there are many interesting _____ _____ _____ there. You can see Korean _____ _____, arts, and restaurants.

W Really? I'd love to go there sometime.

•• **recommend** 추천하다 **traditional** 전통적인 **art** 미술품

10 대화를 듣고, 두 사람이 함께 이용할 교통수단으로 가장 적절한 것을 고르시오.

W Why don't we go to the Van Gogh _____ tomorrow?

M Sound great. How can we go to the art gallery?

W We can go there _____ _____ or _____.

M Hmm, it will be _____ on the bus. How about taking the subway?

W Okay. Let's do that.

•• **exhibition** 전시회 **art gallery** 미술관 **crowded** 붐비는

11 대화를 듣고, 여자의 장래 희망으로 가장 적절한 것을 고르시오.

W What would you like to do when you _____ _____?

M I want to become a _____ _____. What about you?

W When I was younger, I _____ _____ become a _____. But now I want to be a _____.

M I hope your dream comes true.

•• **finish school** 학업을 마치다, 졸업하다 **lawyer** 변호사 **come true** 이루어지다, 실현되다

12 대화를 듣고, 두 사람이 할 일로 가장 적절한 것을 고르시오.

M Are you _____ _____ basketball?

W Oh, sure. I love it.

M Would you like to go to a _____ _____ tomorrow?

W I am sorry, but I have to _____ _____ _____ my little brother.

M Hmm. How about taking your little brother with us?

W Oh, that sounds good.

•• **be interested in** ~에 관심이 있다

13 대화를 듣고, 대화 내용과 일치하지 않는 것을 고르시오.

M Are you busy Friday night?

W Not really. Why?

M I have two _____ to a _____. Would you like to go with me?

W I'd love to! When does the show begin?

M It _____ _____ _____ o'clock. I'll pick you up at seven.

W All right. I'll _____ _____ _____.

•• **pick up** (차에) 태우다

14 대화를 듣고, 남자의 마지막 말에 이어질 여자의 말로 가장 적절한 것을 고르시오.

M Could you tell me the way to the _____ _____?

W Where do you want to go?

M To the National Science Museum.

W _____ _____ take a bus.

M Oh, is that so? Where is _____ _____ _____?

W It's over there.

•• **station** 역 **National Science Museum** 국립 과학 박물관

15 대화를 듣고, 여자의 마지막 말에 이어질 남자의 말로 가장 적절한 것을 고르시오.

W You look so happy. _____ _____?

M All my work is _____ _____.

W Oh, that's great. What are you going to do now?

M I think I should rest for two days.

•• **rest** 쉬다

A 다음을 듣고, 어휘와 우리말 뜻을 쓰시오.

① _____ ⑦ _____

② _____ ⑧ _____

③ _____ ⑨ _____

④ _____ ⑩ _____

⑤ _____ ⑪ _____

⑥ _____ ⑫ _____

B 우리말을 참고하여 빈칸에 알맞은 단어를 쓰시오.

① I think I _____ _____ for two days. 저는 이틀간 쉴 생각입니다.

② Are you _____ _____ _____? 너는 농구에 관심이 있니?

③ There will be a _____ _____ in the afternoon.
오후에 약한 소나기가 내릴 것입니다.

④ You're _____ _____ books and _____.
너는 오래된 책과 잡지를 모으고 있구나.

⑤ There are many _____ _____ to _____ there.
거기에는 흥미로운 볼 것들이 많이 있어요.

⑥ Sometimes I _____ _____ for a few _____.
가끔 저는 몇 초간 숨 쉬는 걸 멈추기도 해요.

⑦ When I _____ _____ the subway in the morning, everyone is
pushing and _____. 아침에 지하철을 탈 때 모든 사람들이 밀고 밀쳐 낸다.

⑧ We can _____ empty cans, empty _____, and _____
_____. 우리는 빈 깡통, 빈 병, 그리고 우유 팩을 재활용할 수 있어요.

MY SCORE
.... / 15

01 다음을 듣고, 'I'가 무엇인지 가장 적절한 것을 고르시오.

①  ②

③  ④

⑤

02 대화를 듣고, 두 사람이 대화하는 장소로 가장 적절한 곳을 고르시오.

① 식당   ② 서점
③ 슈퍼마켓   ④ 도서관
⑤ 은행

03 대화를 듣고, 우체국의 위치로 가장 알맞은 곳을 고르시오.

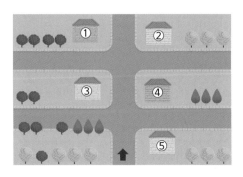

04 대화를 듣고, 두 사람의 관계로 가장 적절한 것을 고르시오.

① 교사 – 학생   ② 엄마 – 아들
③ 의사 – 환자   ④ 약사 – 손님
⑤ 미용사 – 손님

05 대화를 듣고, 새로 이사 온 여자아이가 누구인지 고르시오.

06 대화를 듣고, 무엇에 관한 내용인지 가장 적절한 것을 고르시오.

① 청소기 교환   ② 배송 불만
③ 휴대폰 배터리 구매   ④ 인터넷 쇼핑
⑤ 반품 방법 안내

07 대화를 듣고, 두 사람이 공연을 보기 위해 지불해야 할 금액을 고르시오.

① no charge   ② $40
③ $80   ④ $120
⑤ $200

08 대화를 듣고, 여자가 남자에 대해 느끼는 심정으로 가장 적절한 것을 고르시오.

① 화가 남
② 수줍음
③ 실망스러움
④ 걱정스러움
⑤ 자랑스러움

09 대화를 듣고, 여자가 숙제를 하지 못한 이유로 가장 적절한 것을 고르시오.

① 두통이 심해서
② 심부름을 다녀와서
③ 숙제가 있는지 몰라서
④ TV를 보다가 잠들어서
⑤ 학원 수업이 늦게 끝나서

10 대화를 듣고, 남자의 증상으로 가장 적절한 것을 고르시오.

① 설사
② 건망증
③ 불면증
④ 복통
⑤ 치통

11 다음을 듣고, 무엇에 관한 내용인지 가장 적절한 것을 고르시오.

① 동물의 의사 소통 방법
② 동물의 서식지
③ 춤을 추는 동물
④ 벌의 다양한 춤 종류
⑤ 동물의 다양한 종류

12 대화를 듣고, 대화 내용과 일치하지 않는 것을 고르시오.

① 남자는 며칠 전에 이사를 왔다.
② 남자는 여자의 옆집에 산다.
③ 남자는 이사 온 동네를 마음에 들어 한다.
④ 여자는 이곳에서 약 10년간 살았다.
⑤ 식료품 가게는 두 사람이 있는 곳에서 멀리 떨어져 있다.

13 대화를 듣고, 여자가 대화 직후에 할 일로 가장 적절한 것을 고르시오.

① 미나네 집 방문하기
② 볼링 치러 가기
③ 미나를 데리러 가기
④ 미나에게 전화하기
⑤ 오늘밤 무엇을 할지 상의하기

14 대화를 듣고, 남자의 마지막 말에 이어질 여자의 말로 가장 적절한 것을 고르시오.

① It is too scary.
② Yes, they are too heavy.
③ We can't afford that.
④ Yes, we do. Please try this on.
⑤ This one is longer than that one.

15 대화를 듣고, 여자의 마지막 말에 이어질 남자의 말로 가장 적절한 것을 고르시오.

① Don't tell lies.
② That's a good idea.
③ You'll do better the next time.
④ Okay. I'll go to the hospital with you.
⑤ Oh, I see. Maybe another time.

DICTATION 08

01 다음을 듣고, 'I'가 무엇인지 가장 적절한 것을 고르시오.

I have four legs and a _____ _____.
My _____ is very long, so I can eat food
from tall trees. I am _____
_____ in the world. What am I?

tail 꼬리 **mammal** 포유동물

02 대화를 듣고, 두 사람이 대화하는 장소로 가장 적절한 곳을 고르시오.

W Excuse me. Where can I find the yogurt?
M The yogurt? It's in the _____
_____ in aisle P.
W _____ _____? Did you say
_____ B?
M No, P.
W Oh, thank you.

dairy 유제품의; 낙농의 **section** 부분, 구획 **aisle** 통로

03 대화를 듣고, 우체국의 위치로 가장 알맞은 곳을 고르시오.

W Excuse me. Where is _____
_____?
M Go up this street and turn left at the
_____ _____. You'll be able to
see it _____ _____ _____.
W Thank you very much.
M _____ _____ _____.

04 대화를 듣고, 두 사람의 관계로 가장 적절한 것을 고르시오.

M I would like to have some medicine for
my _____ _____.
W Did you bring a _____?
M Yes, here you are.
W Okay. Here's the _____. Be sure to
follow the _____. Take _____
_____ after each meal.
M Thank you.

skin 피부 **prescription** 처방전 **direction** 지시, 사용법 **pill** 알약

05 대화를 듣고, 새로 이사 온 여자아이가 누구인지 고르시오.

M Look at her! She's my new _____.
W Who are you talking about?
M The girl _____ _____
_____ _____.
W There are several girls under the tree.
Do you mean the girl with the _____
_____?
M No, the other girl. She is _____
_____ the bench and _____ a
book.

neighbor 이웃

06 대화를 듣고, 무엇에 관한 내용인지 가장 적절한 것을 고르시오.

W What's wrong with my vacuum cleaner?
M I think there is a _____ with the
_____.

W   I just _____ the vacuum cleaner a
    few days ago.

M   That's strange. You can _____

    _____ _____ a new one.

••
vacuum cleaner 진공청소기   **battery** 배터리, 건전지
exchange 교환하다

07   대화를 듣고, 두 사람이 공연을 보기 위해 지불해야 할
         금액을 고르시오.

W   You like _____ _____, don't
    you?

M   I like them very much. Why do you ask?

W   My friend has two _____ _____.

M   Oh, really? How much are they?

W   They are selling for _____

    _____ _____. He said I can have

    them for free. Do you want to go with

    me?

M   _____ _____! Let's go.

••
extra 여분의, 추가의   **for free** 무료로   **fantastic** 굉장한, 멋진

08   대화를 듣고, 여자가 남자에 대해 느끼는 심정으로
         가장 적절한 것을 고르시오.

W   Jack, why are you _____ like that?

M   I _____ _____ playing soccer
    yesterday.

W   I'm sorry to hear that.

M   I have to go to the hospital today for
    some X-rays now.

W   Is it _____ _____?

M   I don't think so. It's just to make sure
    _____ is _____.

••
serious 심각한

09   대화를 듣고, 여자가 숙제를 하지 **못한** 이유로 가장 적
         절한 것을 고르시오.

M   Did you do your homework today?

W   No, Dad. I was watching TV. Then, I

    _____ _____.

M   No problem. Make sure to _____

    _____ _____ before bed. Okay?

W   Okay. I will.

••
fall asleep 잠들다

10   대화를 듣고, 남자의 증상으로 가장 적절한 것을 고르
         시오.

M   I don't know what is wrong with me.

W   What's _____ _____?

M   At night, I _____ _____ at all. I
    keep thinking about work.

W   That is a _____ problem. Please

    _____ _____ _____ _____.

••
common 흔한   **relax** 휴식을 취하다, 긴장을 풀다

11   다음을 듣고, 무엇에 관한 내용인지 가장 적절한 것을
         고르시오.

Animals have many ways to _____

_____. The sounds they make, their

colors and smells, and their bodies all speak

as _____ _____ _____. For

example, bees do a kind of _____ to

_____ other bees _____ where

food is.

••
smell 냄새   **clearly** 분명히, 명확히

12 대화를 듣고, 대화 내용과 일치하지 <u>않는</u> 것을 고르시오.

M Hi. My name is Jason. I _____ _____ next door a few days ago.

W Nice to meet you, Jason. My name is Susan.

M Nice to meet you, too. I think this is a great _____ _____ _____.

W It's true. I've lived here for about _____ _____.

M Really? Do you know where I can find a grocery store?

W Yes, it's _____ _____ _____. There's one just around the corner.

●●
next door 옆집에 **grocery store** 식료품 가게

13 대화를 듣고, 여자가 대화 직후에 할 일로 가장 적절한 것을 고르시오.

M What do you want to do tonight?

W How about _____ _____?

M Sounds great! Why don't we _____ Mina _____ _____, too?

W All right. Do you have her phone number?

M Yes. Here it is.

●●
go bowling 볼링 치러 가다

14 대화를 듣고, 남자의 마지막 말에 이어질 여자의 말로 가장 적절한 것을 고르시오.

W May I help you?

M Yes. I wonder if you _____ _____.

W Of course. How about this one?

M Oh, this is _____ _____ for me. Do you have a _____ _____?

W Yes, we do. Please try this on.

15 대화를 듣고, 여자의 마지막 말에 이어질 남자의 말로 가장 적절한 것을 고르시오.

M What do you _____ do _____ _____?

W I usually play chess.

M Cool. Let's _____ _____ this Saturday afternoon.

W I'd love to, but I can't. I have to _____ _____ _____.

M Oh, I see. Maybe another time.

A 다음을 듣고, 어휘와 우리말 뜻을 쓰시오.

① _____   ⑦ _____

② _____   ⑧ _____

③ _____   ⑨ _____

④ _____   ⑩ _____

⑤ _____   ⑪ _____

⑥ _____   ⑫ _____

B 우리말을 참고하여 빈칸에 알맞은 단어를 쓰시오.

① Be sure to _____ the _____.
반드시 지시를 따르도록 하세요.

② You can _____ it _____ a _____ one.
새 것으로 교환할 수 있습니다.

③ I _____ _____ you have any _____.
허리띠가 있는지 궁금해서요.

④ What do you _____ do _____ _____?
당신은 토요일에는 보통 뭘 하나요?

⑤ There's one just _____ _____ _____.
모퉁이를 돌면 바로 있어요.

⑥ I am _____ _____ _____ in the world.
저는 세계에서 가장 키가 큰 포유동물입니다.

⑦ _____ _____ we ask Mina to _____, too?
미나에게도 같이 가자고 물어볼까?

⑧ I would like to have some _____ for my _____ _____.
저는 피부병 때문에 약이 좀 필요해요.

01 다음을 듣고, 화요일의 날씨로 가장 적절한 것을 고르시오.

① 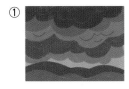 ②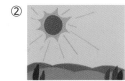

③  ④

⑤

02 대화를 듣고, 두 사람이 대화하는 장소로 가장 적절한 곳을 고르시오.

① 극장 ② 박물관
③ 식당 ④ 도서관
⑤ 공항

03 대화를 듣고, 꽃가게의 위치로 가장 알맞은 곳을 고르시오.

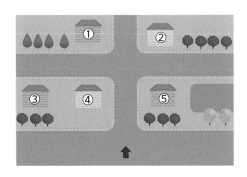

04 대화를 듣고, 두 사람의 관계로 가장 적절한 것을 고르시오.

① 교사 – 학생 ② 학부모 – 교사
③ 의사 – 환자 ④ 점원 – 손님
⑤ 어머니 – 아들

05 대화를 듣고, Julia의 어릴 적 모습으로 가장 적절한 것을 고르시오.

①   ②

③   ④

⑤

06 다음을 듣고, 항공사의 영업 시간을 고르시오.

① 오전 7시부터 오후 5시까지
② 오전 7시부터 오후 6시까지
③ 오전 8시부터 오후 5시까지
④ 오전 9시부터 오후 4시까지
⑤ 오전 9시부터 오후 5시까지

07 대화를 듣고, 무엇에 관한 내용인지 가장 적절한 것을 고르시오.

① 사자 ② 호랑이
③ 동물원 ④ 환경
⑤ 라이거

08 대화를 듣고, 남자의 심정으로 가장 적절한 것을 고르시오.

① thankful
② ashamed
③ relieved
④ worried
⑤ bored

09 대화를 듣고, 여자가 핸드 크림을 사지 않은 이유로 가장 적절한 것을 고르시오.

① 너무 끈적거려서
② 냄새가 안 좋아서
③ 크기가 너무 작아서
④ 현금이 없어서
⑤ 너무 비싸서

10 대화를 듣고, 캐나다의 겨울에 대한 특징으로 가장 적절한 것을 고르시오.

① 한국의 겨울보다 더 춥다.
② 한국의 겨울보다 더 따뜻하다.
③ 한국의 겨울보다 더 짧다.
④ 한국의 겨울보다 더 건조하다.
⑤ 한국의 겨울보다 더 습하다.

11 대화를 듣고, 남자가 내일 아침 식사로 먹고 싶지 않은 것을 고르시오.

① 토스트
② 우유
③ 베이컨
④ 계란
⑤ 채소

12 대화를 듣고, 여자가 내일 할 일로 가장 적절한 것을 고르시오.

① 남자와 함께 도서관에 가기
② 아빠 생신 선물 사러 가기
③ 남자와 함께 생일 파티에 가기
④ 엄마가 요리하는 것을 돕기
⑤ 혼자 쇼핑하러 가기

13 대화를 듣고, 대화 내용과 일치하지 않는 것을 고르시오.

① 남자는 학교에 늦었다.
② 양말은 소파 밑에 있다.
③ 가방은 책상 밑에 있다.
④ 교과서는 가방 안에 있다.
⑤ 엄마는 남자를 학교에 데려다 줄 것이다.

14 대화를 듣고, 남자의 마지막 말에 이어질 여자의 말로 가장 적절한 것을 고르시오.

① I don't think you are right.
② It's too big for you.
③ Of course. Here you are.
④ It's also too dark for you.
⑤ I'm sorry. We have no shirts in size 4.

15 대화를 듣고, 여자의 마지막 말에 이어질 남자의 말로 가장 적절한 것을 고르시오.

① Long time, no see.
② Yes, you'd better not be late.
③ Sure. See you tomorrow.
④ Mr. Thomas will wait for you.
⑤ Why not? I like computer games.

01 다음을 듣고, 화요일의 날씨로 가장 적절한 것을 고르시오.

Good evening, everyone! Now, it's time for the weather forecast. It will _____ _____ and _____ from Monday to Wednesday. _____ will _____ on Thursday. On Friday, it is expected to rain all day, so please _____ _____ _____ with you.

•• **appear** 나타나다 **carry** 가지고 다니다. 휴대하다

02 대화를 듣고, 두 사람이 대화하는 장소로 가장 적절한 곳을 고르시오.

W Good evening, sir. _____ _____ are in your _____?

M A table for six, please.

W Did you _____ _____ _____?

M No, I didn't.

W Wait a moment, please. I'll see if there is a _____ _____.

M If it's possible, I'd like one _____ _____ _____, please.

W Let me check if there's one.

•• **party** 일행 **make a reservation** 예약하다

03 대화를 듣고, 꽃가게의 위치로 가장 알맞은 곳을 고르시오.

M Excuse me. Where is the _____ _____ _____?

W Go down the street and make a _____ at the corner.

M Turn which way?

W Turn right. Then, you'll _____ _____ _____ _____ it on your left.

•• **flower shop** 꽃가게

04 대화를 듣고, 두 사람의 관계로 가장 적절한 것을 고르시오.

W Good morning, sir. I'm Jane's mom.

M Oh, Jane's mother! Nice to meet you.

W Nice to meet you, too. Would you please tell me _____ Jane _____ _____?

M She's doing _____ _____. She studies very hard. She _____ _____ _____ _____ her classmates.

•• **get along with** ~와 잘 지내다

05 대화를 듣고, Julia의 어릴 적 모습으로 가장 적절한 것을 고르시오.

W Look at that little girl! She _____ _____ _____ _____ when Julia was six.

M Oh, yeah! Julia liked to _____ _____ _____ at that age just like her.

W I remember Julia used to _____ _____ _____ _____, too.

M Yes, she did. She was so _____ with her pink dress and ponytail.

•• **remind A of B** A에게 B가 생각나게 하다 **remember** 기억하다 **ponytail** 말꼬리 모양으로 하나로 묶은 머리

06 다음을 듣고, 항공사의 영업 시간을 고르시오.

Thank you for calling Travelsafe Airlines.
_____ _____ is very important to
our company. We _____ _____
on the corner of Pine and Starling Streets.
We are open 365 days a year. Our office is
_____ _____ 9 a.m. _____ 5
p.m. seven days a week.

airline 항공사 **company** 회사 **located** ~에 위치한

07 대화를 듣고, 무엇에 관한 내용인지 가장 적절한 것을 고르시오.

M Have you _____ _____ this
   animal?

W What is it?

M It is a liger. It's a _____ _____ a
   lion and a tiger.

W That's interesting. Tell me more about it.

cross 혼합, 교배

08 대화를 듣고, 남자의 심정으로 가장 적절한 것을 고르시오.

M _____ _____ is it now?

W It's nine o'clock.

M Nine o'clock? Are you sure?

W No, I'm sorry. My _____ are
   _____. It's eight o'clock.

M Oh, you _____ _____. I thought
   I was late for work.

scare 놀라게 하다

09 대화를 듣고, 여자가 핸드 크림을 사지 않은 이유로 가장 적절한 것을 고르시오.

W I'm looking for some hand cream.

M This hand cream makes your _____
   _____ and _____.

W It smells nice. How much is it?

M It's 30 dollars. Would you like to
   _____ _____ _____?

W No, thanks. It is _____ _____.

smooth 매끄러운

10 대화를 듣고, 캐나다의 겨울에 대한 특징으로 가장 적절한 것을 고르시오.

W Which country is _____ _____
   _____, Canada or Korea?

M Canada is colder, and the winter is
   _____ _____.

W But winter in Korea is sometimes very
   cold. _____ _____ _____
   _____?

M For sure. At times, the weather here can
   be just _____ _____ _____
   it is in Canada.

colder 더 추운 **longer** 더 긴 **at times** 가끔은

11 대화를 듣고, 남자가 내일 아침 식사로 먹고 싶지 않은 것을 고르시오.

W _____ would you _____
   _____ _____?

M Well, I'd like to have some toast and a
   glass of milk.

W Would you like to have _____
   _____ and _____?

M No, I don't want bacon for breakfast.
Eggs _____ _____ _____.

W Is there anything else?

M I'd like some _____, too.

••
vegetable 채소

12 대화를 듣고, 여자가 내일 할 일로 가장 적절한 것을 고르시오.

M Do you want to go to the library to study tomorrow?

W I'm sorry, but I _____ _____ _____ my mom _____.
Tomorrow is my father's birthday.

M Did you _____ _____ _____ for him?

W Not yet. I will go shopping _____ today.

M Have a nice time shopping.

••
present 선물

13 대화를 듣고, 대화 내용과 일치하지 <u>않는</u> 것을 고르시오.

M I'm late for school, Mom. Where are my socks?

W They're _____ _____ _____, dear.

M Where is my bag?

W It's _____ the desk.

M Where is my _____?

W It is _____ your _____.

M Thanks, Mom. Can you take me to school now?

W Sure.

••
socks 양말 **textbook** 교과서

14 대화를 듣고, 남자의 마지막 말에 이어질 여자의 말로 가장 적절한 것을 고르시오.

M Can you help me _____ _____ _____?

W Sure. What is your size?

M _____ _____ _____ _____ 5.

W Here you are.

M Hmm. I don't like this color. Could you show me some _____ _____?

W How about this one?

M It's too _____. Do you have a _____ _____?

W <u>Of course. Here you are.</u>

••
dark (색상이) 어두운 **bright** 밝은

15 대화를 듣고, 여자의 마지막 말에 이어질 남자의 말로 가장 적절한 것을 고르시오.

W You look busy now.

M Yes, I _____ _____ _____ with Mr. Thomas at noon.

W I _____ it was _____.

M No. It's today. I've got to go now.

W Then can you help me _____ _____ _____ tomorrow?

M <u>Sure. See you tomorrow.</u>

••
fix 고치다, 수리하다

○ 정답 및 해석 p. 45

A 다음을 듣고, 어휘와 우리말 뜻을 쓰시오.

① _____ _____

② _____ _____

③ _____ _____

④ _____ _____

⑤ _____ _____

⑥ _____ _____

⑦ _____ _____

⑧ _____ _____

⑨ _____ _____

⑩ _____ _____

⑪ _____ _____

⑫ _____ _____

B 우리말을 참고하여 빈칸에 알맞은 단어를 쓰시오.

① Did you _____ _____ _____?
예약을 하셨나요?

② On Friday, it is _____ _____ _____ all day.
금요일에는 하루 종일 비가 내릴 예정입니다.

③ Can you _____ me _____ _____ now?
지금 학교에 데려다 주실 수 있나요?

④ Canada is _____, and the winter is _____ _____.
캐나다가 더 춥고, 겨울도 훨씬 길다.

⑤ If it's _____, I'd like one _____ the _____, please.
가능하다면 창가 쪽으로 부탁합니다.

⑥ She _____ _____ well _____ her _____.
그녀는 반 친구들과도 잘 지냅니다.

⑦ I remember Julia _____ _____ have a _____, too.
Julia가 머리를 하나로 묶곤 했던 것도 기억나.

⑧ This hand cream _____ your _____ and soft.
이 핸드 크림은 피부를 매끄럽고 부드럽게 해줍니다.

MY SCORE
_____ / 15

01 대화를 듣고, 여자가 구입한 머그컵으로 가장 적절한 것을 고르시오.

①   ②

③   ④

⑤

02 대화를 듣고, 두 사람이 대화하는 장소로 가장 적절한 곳을 고르시오.

① 은행   ② 서점
③ 미용실   ④ 고속도로
⑤ 도서관

03 대화를 듣고, 호텔의 위치로 가장 알맞은 곳을 고르시오.

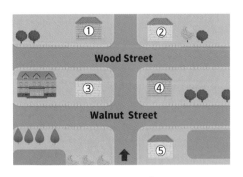

04 대화를 듣고, 두 사람의 관계로 가장 적절한 것을 고르시오.

① 의사 – 환자
② 경찰 – 시민
③ 점원 – 손님
④ 감독 – 배우
⑤ 구조대원 – 사고 피해자

05 대화를 듣고, Peter가 누구인지 고르시오.

06 대화를 듣고, 여자가 지불해야 할 숙박비를 고르시오.

① $30   ② $40
③ $50   ④ $80
⑤ $100

07 대화를 듣고, 남자가 원하는 것으로 가장 적절한 것을 고르시오.

① 컴퓨터를 싼 가격에 사기를 원한다.
② 컴퓨터를 교환하기를 원한다.
③ 컴퓨터를 빌리기를 원한다.
④ 오래된 컴퓨터를 고치기를 원한다.
⑤ 컴퓨터를 비싼 가격에 팔기를 원한다.

08 다음을 듣고, Jensen 씨의 성격으로 가장 적절한 것을 고르시오.

① 비판적이다.
② 친절하다.
③ 무관심하다.
④ 정직하다.
⑤ 불평이 많다.

09 대화를 듣고, 남자가 여자를 깨우지 <u>않은</u> 이유로 가장 적절한 것을 고르시오.

① 어제 여자가 밤샘을 해서
② 깨우는 것을 잊어버려서
③ 학교에 가는 날이 아니라서
④ 너무 이른 새벽 시간이라서
⑤ 알람이 울리지 않아서

10 다음을 듣고, 두 사람의 대화가 <u>어색한</u> 것을 고르시오.

①   ②   ③   ④   ⑤

11 대화를 듣고, 무엇에 관한 내용인지 가장 적절한 것을 고르시오.

① 작문 숙제
② 장편 소설
③ 농구 선수
④ 로맨스 영화
⑤ 농구 경기

12 대화를 듣고, 여자가 대화 직후에 할 일로 가장 적절한 것을 고르시오.

① 백화점에서 쇼핑하기
② 백화점 화장실에 가기
③ 도서관에 가서 책을 빌리기
④ 도서관 화장실에 가기
⑤ 택시를 타고 집에 가기

13 대화를 듣고, 대화 내용과 일치하지 <u>않는</u> 것을 고르시오.

① 여자는 아침형 인간이다.
② 남자는 일찍 일어나는 것을 힘들어 한다.
③ 남자는 늦게 잠자리에 든다.
④ 여자는 컴퓨터 게임하는 것을 좋아한다.
⑤ 여자는 남자에게 일찍 자라고 충고했다.

14 대화를 듣고, 남자의 마지막 말에 이어질 여자의 말로 가장 적절한 것을 고르시오.

① For three hours.
② Last weekend.
③ I went there with my mom.
④ It's too late.
⑤ Usually by train.

15 대화를 듣고, 여자의 마지막 말에 이어질 남자의 말로 가장 적절한 것을 고르시오.

① I'm glad you like it.
② It was a good meal!
③ I was going to put in more sugar.
④ Why did you put in too much salt?
⑤ I'd like to have this one.

01 대화를 듣고, 여자가 구입한 머그컵으로 가장 적절한 것을 고르시오.

M May I help you?

W I am looking for _____ _____ for my father.

M How about this one _____ _____ _____ on it?

W It's nice, but my father likes _____.

M Then how about this one with a _____ _____ _____?

W I love it. I will take it.

•• **mug** 머그컵

02 대화를 듣고, 두 사람이 대화하는 장소로 가장 적절한 곳을 고르시오.

M I'd like to _____ these books.

W Oh, dear. These are _____ _____. You have to pay a _____.

M Really? I'm sorry. I didn't know that.

W I'm afraid that'll be three dollars and _____ - _____ cents.

M There you go. I'm sorry for _____ _____ _____ late.

•• **return** 반납하다 **overdue** (지불·반납 등의) 기한이 지난 **fine** 벌금

03 대화를 듣고, 호텔의 위치로 가장 알맞은 곳을 고르시오.

M Do you know a _____ _____ this hotel?

W Yes. Go straight and turn right at Wood Street.

M Turn right at Wood Street?

W That's correct. It's _____ _____ _____.

•• **shortcut** 지름길 **correct** 맞는, 정확한

04 대화를 듣고, 두 사람의 관계로 가장 적절한 것을 고르시오.

W Officer, wait. That's my car.

M Oh, it is? Then I _____ _____ a tow truck.

W I'll move it right away.

M Good. You _____ _____ _____ there.

W Sorry. But there wasn't anywhere else to park. I was only _____ _____ _____ _____.

M Okay. I'll let you go this time. But be _____ _____ in the future.

•• **tow truck** 견인차 **anywhere** 어디에도 **careful** 주의 깊은, 조심하는

05 대화를 듣고, Peter가 누구인지 고르시오.

M Did you _____ the Halloween party, Jane?

W Sure, the party _____ _____.

M Was Peter at the party?

W Yes, he was there. Peter was a _____. He was _____ a _____ _____.

•• **magician** 마법사 **magic wand** 마법 지팡이

06 대화를 듣고, 여자가 지불해야 할 숙박비를 고르시오.

M Happy Youth Hostel. How can I help you?

W I'm staying in town for a couple of nights. How much is a room _____ _____?

M The _____ is 50 dollars per night.

W Do you have a _____ rate for _____?

M Yes, we do. It is _____ dollars per night.

W Oh, good. I'd like to stay there _____ _____ _____, please.

●●
a couple of 둘의; 두서너 개의 **per night** 하룻밤에, 일박에
rate 가격, 요금

07 대화를 듣고, 남자가 원하는 것으로 가장 적절한 것을 고르시오.

M I'd like to buy _____ _____ _____ for a good price.

W How much do you want to pay for it?

M I'll give you 50 dollars.

W 50 dollars? Your _____ is too _____.

M Your computer is so old, and it's _____ _____ anyway.

●●
offer 제안; 제의한 액수 **worthless** 쓸모 없는

08 다음을 듣고, Jensen 씨의 성격으로 가장 적절한 것을 고르시오.

Mr. Jensen is always smiling when you see him. Whenever someone _____ _____ _____, he is there to help. Sometimes he sees _____ people that need help crossing the street or _____

_____. He is always there for them.
Mr. Jensen is a _____ _____, and everyone likes him.

●●
need a hand 도움이 필요하다 **elderly** 연세가 드신
groceries 식료 잡화류

09 대화를 듣고, 남자가 여자를 깨우지 <u>않은</u> 이유로 가장 적절한 것을 고르시오.

W Dad, what time is it?

M It's eight thirty.

W Oh, my God. I am late for a _____ with my classmate. Why didn't you _____ me _____?

M Today is _____. You're not going to school today, are you?

W No, Dad. But we're meeting to _____ _____ _____ by Monday.

●●
wake up 깨우다 **project** 과제, 연구 프로젝트

10 다음을 듣고, 두 사람의 대화가 <u>어색한</u> 것을 고르시오.

① W Can you play the violin?

　M It _____ _____ _____ _____, so I don't think I can.

② W Have you been to Canada?

　M No, I _____.

③ W Do you hear me?

　M Your _____ is _____.

④ M Do you know her?

　W Yes, I do. She was my _____ last year.

⑤ M We _____ _____ in Korea in two hours.

　W Thank you for letting me know.

●●
full 꽉 찬 **arrive** 도착하다

11 대화를 듣고, 무엇에 관한 내용인지 가장 적절한 것을 고르시오.

M What's your writing homework?

W I have to write a _____ _____ by this Friday.

M What will you _____ _____?

W A basketball player _____

_____ _____ _____.

M That sounds interesting.

novel 소설 **fall in love** 사랑에 빠지다

12 대화를 듣고, 여자가 대화 직후에 할 일로 가장 적절한 것을 고르시오.

W Excuse me. Is there a _____

_____?

M Hmm, no. There isn't a restroom here.

W Oh, no! My _____ needs to go to the bathroom right away.

M Well, there is one in the _____

_____ on Apple Street.

W On Apple Street?

M Yes. It's _____ _____

_____ _____.

restroom 화장실 **department store** 백화점

13 대화를 듣고, 대화 내용과 일치하지 <u>않는</u> 것을 고르시오.

M What time do you usually get up?

W About six o'clock.

M Wow! You're a morning person. I have

a _____ _____ getting up

_____.

W Do you go to bed late?

M Yes, I usually _____ _____

_____ before sleeping.

W You should _____ _____ that and try to go to bed early.

M Okay. I'll try.

quit 그만두다, 그만하다

14 대화를 듣고, 남자의 마지막 말에 이어질 여자의 말로 가장 적절한 것을 고르시오.

M Have you ever been to Gyeongju?

W Yes, I have. My grandfather lives there.

M I _____ a _____ _____ about Gyeongju yesterday. It's very beautiful.

W Yes, it's a beautiful city.

M _____ do you _____ _____?

W <u>Usually by train.</u>

15 대화를 듣고, 여자의 마지막 말에 이어질 남자의 말로 가장 적절한 것을 고르시오.

W I can't believe you _____ _____.

M I've always wanted to make dinner for you.

W How did you make it?

M I just _____ _____ _____ in the cookbook.

W Wow, it looks good.

M _____ _____ some of this.

W It's very _____.

M <u>I'm glad you like it.</u>

cookbook 요리책

A 다음을 듣고, 어휘와 우리말 뜻을 쓰시오.

① _____ _____   ⑦ _____ _____

② _____ _____   ⑧ _____ _____

③ _____ _____   ⑨ _____ _____

④ _____ _____   ⑩ _____ _____

⑤ _____ _____   ⑪ _____ _____

⑥ _____ _____   ⑫ _____ _____

B 우리말을 참고하여 빈칸에 알맞은 단어를 쓰시오.

① You have to _____ _____ _____.
당신은 벌금을 물어야 합니다.

② I'd like to _____ _____ _____.
이 책들을 반납하고 싶어요.

③ I have a _____ _____ _____ _____ early.
난 일찍 일어나기가 어렵다.

④ I'd like to _____ there for _____ _____, please.
저는 그곳에서 2박하고 싶습니다.

⑤ Do you have a _____ _____ _____ ?
학생 특별 할인이 있나요?

⑥ Do you know a _____ ?
이 호텔로 가는 지름길을 아시나요?

⑦ I have to write a _____ _____ _____ this Friday.
나는 이번 금요일까지 단편 소설을 써야 해.

⑧ _____ someone needs a _____ , he is there to _____.
그는 누군가 도움이 필요할 때마다 도와줘요.

MY SCORE

········ / 15

01 대화를 듣고, 남자가 만든 가방으로 가장 적절한 것을 고르시오.

① 　②

③ 　④

⑤

02 대화를 듣고, Mike가 있는 장소로 가장 적절한 곳을 고르시오.

① 주방　② 욕실
③ 방　④ 차고
⑤ 거실

03 대화를 듣고, 변호사 사무실의 위치로 가장 알맞은 곳을 고르시오.

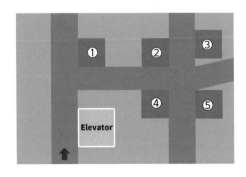

04 대화를 듣고, 두 사람의 관계로 가장 적절한 것을 고르시오.

① 여행 가이드 – 관광객
② 연예인 – 매니저
③ 조종사 – 승무원
④ 식당 종업원 – 손님
⑤ 호텔 지배인 – 종업원

05 대화를 듣고, 여자가 전화를 건 목적으로 가장 적절한 것을 고르시오.

① 약속 날짜를 잡기 위해서
② 수업 시간을 물어 보기 위해서
③ 지갑을 사러 가자고 하기 위해서
④ 남자의 지갑을 주웠다고 알려주기 위해서
⑤ 자신의 지갑을 본 적이 있는지 물어보기 위해서

06 대화를 듣고, 마드리드까지 가는 데 걸리는 시간을 고르시오.

① 2시간
② 8시간
③ 10시간
④ 12시간
⑤ 18시간

07 대화를 듣고, 여자가 남자에게 부탁한 일로 가장 적절한 것을 고르시오.

① 여자의 조부모님 배웅하기
② 선물 같이 사기
③ 여자의 개를 돌봐주기
④ 여행 계획 같이 짜기
⑤ 시험 공부 같이 하기

08 대화를 듣고, 여자의 심정으로 가장 적절한 것을 고르시오.

① bored
② annoyed
③ scared
④ satisfied
⑤ disappointed

09 대화를 듣고, 남자가 포스터를 붙이고 있는 이유로 가장 적절한 것을 고르시오.

① 공연 홍보를 위해서
② 잃어버린 개를 찾기 위해서
③ 동물 병원 개원 홍보를 위해서
④ 안전 수칙을 알려주기 위해서
⑤ 유기견 보호소 안내를 위해서

10 대화를 듣고, 어떤 계절인지 가장 적절한 것을 고르시오.

① 봄
② 여름
③ 가을
④ 겨울
⑤ 이른 봄

11 다음을 듣고, 가족이 한 일에 대해 언급되지 않은 것을 고르시오.

① 페인트 칠하기
② 잔디 깎기
③ 지하실 청소하기
④ 빨래하기
⑤ 세차하기

12 다음을 듣고, 민수의 오늘 일과에 대한 내용으로 일치하지 않는 것을 고르시오.

① 오전 7:00 기상
② 오전 8:30 등교
③ 오후 3:30 귀가
④ 오후 7:00 저녁 식사
⑤ 오후 8:00 목욕

13 대화를 듣고, 대화 내용과 일치하지 않는 것을 고르시오.

① 여자는 자매가 두 명이 있다.
② 여자는 장녀이다.
③ 남자는 둘째이다.
④ 남자는 네 명의 남자 형제가 있다.
⑤ 남자의 큰형은 고등학생이다.

14 대화를 듣고, 남자의 마지막 말에 이어질 여자의 말로 가장 적절한 것을 고르시오.

① You'd better stand here.
② That sounds good.
③ I should have worked harder.
④ But you'd better get some rest.
⑤ I'll go home as soon as I'm done with these.

15 대화를 듣고, 여자의 마지막 말에 이어질 남자의 말로 가장 적절한 것을 고르시오.

① I will call you tomorrow night.
② Please call me at six.
③ You'd better sleep early.
④ I'm sorry, but I'm just too busy.
⑤ I have to get up at 7.

DICTATION 11

01 대화를 듣고, 남자가 만든 가방으로 가장 적절한 것을 고르시오.

M Mom, _____ _____ _____
_____. I made this eco bag for you.

W Wow, it looks very nice. Thank you.

M I wanted to _____ _____
_____, but it was not easy. So I
_____ this _____.

W It's okay. I like it. The _____ on the
tree is so _____.

M I'm glad you like it.

••
draw (drew-drawn) 그리다

02 대화를 듣고, Mike가 있는 장소로 가장 적절한 곳을 고르시오.

M Honey, I'm home.

W _____ _____ _____
_____?

M Not bad. Where are the kids?

W Ivy is _____ in her room, and Mike is
in the _____ _____ his bicycle.

M Where is Mark?

W He is _____ _____ _____ in
the bathroom.

••
garage 차고 **repair** 수리하다 **take a shower** 샤워하다

03 대화를 듣고, 변호사 사무실의 위치로 가장 알맞은 곳을 고르시오.

W Excuse me.

M Yes, ma'am. Can I help you?

W Yes. Could you tell me how to get to the
_____ _____?

M Take the elevator up to _____
_____ _____. From the elevator,
go straight, and then turn right.

W _____ _____ from the elevator,
right?

M Yes. After that, walk to _____
_____ of the _____, and then
turn left again. It will be on your right.

04 대화를 듣고, 두 사람의 관계로 가장 적절한 것을 고르시오.

M May I help you?

W Yes, please. I want _____ _____
_____ this cake and some mango
pudding for _____, please.

M What would you like for a drink?

W I'd like _____ _____
_____, please.

M Is there anything else that you want?

W No, thank you. _____ _____
_____.

••
piece 조각; 한 개 **dessert** 디저트

05 대화를 듣고, 여자가 전화를 건 목적으로 가장 적절한 것을 고르시오.

M Hello. This is Tom _____.

W Hi, Tom. This is Jenny.

M Hi.

W I called because I _____ _____ your _____ in our classroom.

M Thank you for telling me. Can I go to your house right now _____ _____ _____?

W Sure. See you soon!

●●
classroom 교실

06 대화를 듣고, 마드리드까지 가는 데 걸리는 시간을 고르시오.

M I heard you're going to Spain.

W Yes. I'm going to visit my friend _____ _____ _____ Madrid.

M How long does it take to get there?

W It _____ _____ _____ to fly to London and another two hours to Madrid.

M That's _____ _____ _____.

●●
fly (비행기를) 타다, 타고 가다

07 대화를 듣고, 여자가 남자에게 부탁한 일로 가장 적절한 것을 고르시오.

W I'd like to _____ you _____ _____ _____.

M Sure. What is it?

W I'm planning to take a trip to _____ my _____ next week.

M That sounds like fun.

W I was wondering if _____ _____ _____ _____ my dog for me.

M Sure. I don't mind.

08 대화를 듣고, 여자의 심정으로 가장 적절한 것을 고르시오.

W Good morning, John.

M Hello, Nicole. _____ _____ your Christmas?

W It was great. The food was good, and my _____ _____ visited us.

M Did you _____ lots of _____?

W Yes, I received many _____ _____.

●●
whole 전체의, 모든 **receive** 받다

09 대화를 듣고, 남자가 포스터를 붙이고 있는 이유로 가장 적절한 것을 고르시오.

W Hi, Charles. What are you doing?

M I'm _____ _____ some "missing dog" posters. We _____ _____ _____ yesterday. We hope someone may have seen him.

W I hope someone calls with _____ _____.

M Me, too. We really miss our dog.

●●
put up a poster 포스터를 붙이다 **information** 정보

10 대화를 듣고, 어떤 계절인지 가장 적절한 것을 고르시오.

W Why are you going out _____ _____ _____, Luke?

M I don't need a coat. I have a _____ on.

W Well, a sweater is not warm enough. It is _____ _____.

M Okay, Mom. I guess I'd better wear a coat.

●●
coat 외투, 코트

11 다음을 듣고, 가족이 한 일에 대해 언급되지 <u>않은</u> 것을 고르시오.

My family was all busy _____ _____ around the house. Dad painted the walls and _____ _____ _____. Mom did the laundry. My older brother washed the car, and I _____ _____ my little sister.

● ●
chore 허드렛일; 가사 **basement** 지하실 **do the laundry** 빨래하다 **care for** ~을 돌보다

12 다음을 듣고, 민수의 오늘 일과에 대한 내용으로 일치하지 <u>않는</u> 것을 고르시오.

Minsu usually gets up at 7:00 a.m. But today he _____ _____ at 7:30 a.m. because his alarm didn't _____ _____. He went to school at 8:30 a.m. He _____ _____ at 3:30 p.m. He _____ dinner at 7:00 p.m. and _____ _____ _____ at 8:00 p.m.

● ●
go off (경보기 등이) 울리다 **take a bath** 목욕하다

13 대화를 듣고, 대화 내용과 일치하지 <u>않는</u> 것을 고르시오.

M _____ _____ brothers and sisters do you have?
W I have two sisters.
M Are you _____ _____?
W Yes, I am. How about you?
M I have four brothers, and I am _____ _____ _____. My oldest brother is a university student.

● ●
university 대학교

14 대화를 듣고, 남자의 마지막 말에 이어질 여자의 말로 가장 적절한 것을 고르시오.

W _____ do you _____ today? You look terrible.
M This cold is _____ me.
W Why don't you _____ _____ _____ today?
M I have to _____ for an _____.
W But you'd better get some rest.

● ●
get some rest 쉬다

15 대화를 듣고, 여자의 마지막 말에 이어질 남자의 말로 가장 적절한 것을 고르시오.

M What time do you _____ _____ _____?
W I usually get up at 6 a.m.
M Oh, that's great. Will you _____ _____ _____ _____?
W Sure. What is it?
M It is _____ for me to get up so early. So could you _____ _____ _____ tomorrow morning?
W How should I wake you up?
M Please call me at six.

A 다음을 듣고, 어휘와 우리말 뜻을 쓰시오.

① _____   ⑦ _____

② _____   ⑧ _____

③ _____   ⑨ _____

④ _____   ⑩ _____

⑤ _____   ⑪ _____

⑥ _____   ⑫ _____

B 우리말을 참고하여 빈칸에 알맞은 단어를 쓰시오.

① Is there _____ _____ that you want?
다른 필요한 것은 없으세요?

② My _____ brother is a _____ _____.
큰형은 대학생이야.

③ _____ you _____ lots of _____?
너는 선물 많이 받았어?

④ We _____ someone may _____ _____ our dog.
우리는 누군가가 우리 개를 보았기를 바랄 뿐이야.

⑤ How long _____ it _____ to _____ there?
거기까지 가는 데 얼마나 걸려?

⑥ My family was all _____ _____ _____ around the house.
우리 가족은 집 주변의 가사 일하느라 모두 바빴다.

⑦ It is _____ for _____ to _____ _____ so early.
나는 그렇게 일찍 일어나기가 힘들어.

⑧ I'm planning to _____ _____ _____ to see my
grandparents next week. 저는 다음 주에 조부모님을 뵈러 여행을 갈 예정이에요.

MY SCORE

.... / 15

01 다음을 듣고, 내일의 날씨로 가장 적절한 것을 고르시오.

①
②
③
④
⑤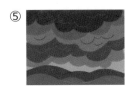

02 대화를 듣고, 두 사람이 대화하는 장소로 가장 적절한 곳을 고르시오.

① 버스 안
② 서점
③ 방송국
④ 경찰서
⑤ 지하철

03 대화를 듣고, 미용실의 위치로 가장 알맞은 곳을 고르시오.

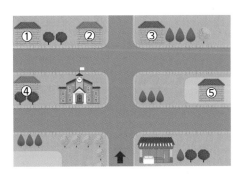

04 대화를 듣고, 두 사람의 관계로 가장 적절한 것을 고르시오.

① 점원 – 손님
② 교사 – 학생
③ 사진작가 – 고객
④ 택시 운전사 – 승객
⑤ 외국인 관광객 – 행인

05 다음을 듣고, 콘서트 시작 시각을 고르시오.

①
②
③
④
⑤

06 대화를 듣고, 남자의 하루 약 복용 횟수를 고르시오.

① 1번
② 2번
③ 3번
④ 4번
⑤ 5번

07 대화를 듣고, 여자가 원하는 것으로 가장 적절한 것을 고르시오.

① 교환
② 사과
③ 수선
④ 환불
⑤ 답례

08 대화를 듣고, 시에 대한 여자의 의견으로 가장 적절한 것을 고르시오.

① 낭만적이다.
② 재미없다.
③ 아름답다.
④ 교훈적이다.
⑤ 감동적이다.

09 대화를 듣고, 남자의 기분이 좋지 <u>않은</u> 이유로 가장 적절한 것을 고르시오.

① 과일을 살 수가 없어서
② 상한 과일을 사서
③ 과일 가게 주인이 불친절해서
④ 과일을 많이 먹고 배탈이 나서
⑤ 배송 받은 과일이 멍들어 있어서

10 다음을 듣고, 두 사람의 대화가 <u>어색한</u> 것을 고르시오.

①   ②   ③   ④   ⑤

11 대화를 듣고, 두 사람이 대화 직후에 할 일로 가장 적절한 것을 고르시오.

① 편의점에서 라면 먹기
② 집에서 간식 먹기
③ 중국 음식점에 가기
④ 길을 건너 집에 가기
⑤ 중국 음식점에 전화로 배달 시키기

12 대화를 듣고, 남자가 이용할 교통수단으로 가장 적절한 것을 고르시오.

① 자동차
② 비행기
③ 기차
④ 지하철
⑤ 고속버스

13 대화를 듣고, 대화 내용과 일치하지 <u>않는</u> 것을 고르시오.

① 남자는 2분 차이로 기차를 놓쳤다.
② 다음 기차는 목적지에 11시 50분에 도착한다.
③ 다음 기차의 탑승구는 6번이다.
④ 현재 시각은 9시이다.
⑤ 남자는 50분 후에 다음 기차를 탈 것이다.

14 대화를 듣고, 여자의 마지막 말에 이어질 남자의 말로 가장 적절한 것을 고르시오.

① I usually get there by subway.
② Oh, I love it very much.
③ Thanks for your help.
④ I like Chicago-style pizza.
⑤ I have been here for two years.

15 대화를 듣고, 남자의 마지막 말에 이어질 여자의 말로 가장 적절한 것을 고르시오.

① Please help yourself.
② Thank you for the invitation.
③ Yes, please. It's very good.
④ That's very kind of you!
⑤ It's 15 dollars in all.

01 다음을 듣고, 내일의 날씨로 가장 적절한 것을 고르시오.

Good morning. This is the weather report. It is _____ outside now. Please _____ _____ when you drive. It will be clear this afternoon. Tomorrow, it will be _____ and very cold. _____ _____ to wear _____ _____. Thank you.

●●
foggy 안개가 낀   **snowy** 눈이 내리는

02 대화를 듣고, 두 사람이 대화하는 장소로 가장 적절한 곳을 고르시오.

W Excuse me. _____ can I _____ _____ Midway Bookstore?

M Stay on this train. You should _____ _____ at the _____ _____.

W I get off at the next station?

M Yes, but you need to _____ _____ the purple line there and get off at City Hall Station.

●●
get off 내리다   **city hall** 시청

03 대화를 듣고, 미용실의 위치로 가장 알맞은 곳을 고르시오.

M Where is a beauty shop near here? I need to _____ _____ _____.

W Go straight two blocks and turn left. Go to the _____ _____ the _____. It'll be on the corner on your left.

M I got it. Thank you. By the way, is that place any good?

W Of course. It's one of _____ _____ in this _____.

●●
get a haircut 머리를 자르다   **area** 지역

04 대화를 듣고, 두 사람의 관계로 가장 적절한 것을 고르시오.

W Hello. Do you speak English?

M Yes, _____ _____.

W That's good. Can you _____ _____ _____ _____ _____, please?

M Sure! Should I push here?

W Yes, that's _____.

●●
take a picture 사진을 찍다

05 다음을 듣고, 콘서트 시작 시각을 고르시오.

Hi, Sen! It's Tony. I'm sending this _____ to ask _____ you _____ _____ tomorrow. I have two concert tickets. The concert is tomorrow at _____ : _____. Let's go together. Call me soon. _____ _____ _____ _____. Bye.

●●
message 메시지, 문자

06 대화를 듣고, 남자의 하루 약 복용 횟수를 고르시오.

M Mary, I'm sorry I _____ go to your
  party yesterday.

W That's okay. Why didn't you come?

M I _____ _____ _____, so I
  went to the doctor.

W What did he say?

M He said I _____ _____
  _____. I have to take some pills
  _____ _____ _____ for five
  days.

W I'm sorry to hear that. Please _____
  _____ soon.

●●
flu 독감 **get well** 병이 낫다

07 대화를 듣고, 여자가 원하는 것으로 가장 적절한 것을 고르시오.

M Good afternoon. May I help you, ma'am?

W Yes, I'd like to _____ my money
  _____ for _____ _____.

M What's the problem?

W It _____ when I _____ it.

M Okay. Do you have the _____?

W Here it is.

●●
shrink (shrunk–shrunken) 줄어들다 **receipt** 영수증

08 대화를 듣고, 시에 대한 여자의 의견으로 가장 적절한 것을 고르시오.

M I think this _____ is very beautiful. It
  is _____ _____.

W Really? I don't agree. It is not interesting
  at all.

M Can't you feel the _____ _____
  in the poem?

W No, I'm sorry. I think we _____
  _____ _____.

●●
poem 시 **romantic** 낭만적인 **author** 저자 **differently** 다르게

09 대화를 듣고, 남자의 기분이 좋지 <u>않은</u> 이유로 가장 적절한 것을 고르시오.

W You don't look happy. What's wrong?

M The _____ _____ _____
  yesterday is bad.

W Didn't you _____ it before you
  bought it?

M I usually do that, but I _____
  _____ _____ _____ the
  last time I was there.

●●
in a hurry 서둘러; 바쁜

10 다음을 듣고, 두 사람의 대화가 <u>어색한</u> 것을 고르시오.

① W Hello. May I speak to Carl?

  M He _____ _____ to
    _____.

② W I hope you get better soon.

  M Thank you.

③ W How _____ your _____
    _____?

  M It was great. I had a lot of fun.

④ M Did you get many birthday messages?

  W Yes, I did. I _____ three
    _____ _____ from my
    friends, too.

⑤ M Do you have _____ _____ in
    a _____ color?

  W I don't like red.

●●
field trip 현장 학습 **pants** 바지

11 대화를 듣고, 두 사람이 대화 직후에 할 일로 가장 적절한 것을 고르시오.

M I'm _____ _____.

W So am I.

M Let's go out to eat.

W _____ do you _____ to go?

M How about the _____ _____ down the street?

W Sure. Anywhere is okay.

••
Chinese 중국의

12 대화를 듣고, 남자가 이용할 교통수단으로 가장 적절한 것을 고르시오.

W What are you doing _____ _____ _____?

M I'm going to visit my parents in Busan. Saturday is _____ _____.

W Are you _____ _____ _____ there with someone?

M No, I'm going to _____ _____ _____ _____.

••
express bus 고속버스

13 대화를 듣고, 대화 내용과 일치하지 <u>않는</u> 것을 고르시오.

M I just _____ _____ _____ by two minutes. What time does the next train leave?

W It _____ at 9:15 a.m. and _____ at 11:50 a.m.

M _____ _____ does it leave from?

W Gate 6.

M Thank you. Do you have the time?

W It's 9:00.

M 9:00! _____ _____ _____ _____.

••
gate 탑승구; 문

14 대화를 듣고, 여자의 마지막 말에 이어질 남자의 말로 가장 적절한 것을 고르시오.

W Where are you from?

M I'm from Korea.

W _____ _____ have you _____ in Chicago?

M About _____ _____.

W How do you like it here?

M <u>Oh, I love it very much.</u>

••
How do you like ~? ~은 어떻습니까?, 마음에 듭니까?

15 대화를 듣고, 남자의 마지막 말에 이어질 여자의 말로 가장 적절한 것을 고르시오.

M _____ _____ _____ this?

W No, I haven't.

M Please try some.

W Okay. Oh, it's _____ _____.

M Would you like some more?

W <u>Yes, please. It's very good.</u>

••
invitation 초대

A 다음을 듣고, 어휘와 우리말 뜻을 쓰시오.

① _____ _____

② _____ _____

③ _____ _____

④ _____ _____

⑤ _____ _____

⑥ _____ _____

⑦ _____ _____

⑧ _____ _____

⑨ _____ _____

⑩ _____ _____

⑪ _____ _____

⑫ _____ _____

B 우리말을 참고하여 빈칸에 알맞은 단어를 쓰시오.

① I need to _____ _____ _____.
나는 머리를 잘라야 해.

② I think we _____ things _____.
우리는 서로 의견이 다른 것 같아.

③ Can you _____ a _____ _____ us, please?
저희 사진 좀 찍어 주시겠어요?

④ I just _____ the _____ _____ two minutes.
제가 2분차로 기차를 막 놓쳤어요.

⑤ _____ _____ does the train _____ from?
기차가 몇 번 탑승구에서 출발하죠?

⑥ I'd like to _____ my _____ _____ for this shirt.
저는 이 셔츠를 환불하고 싶어요.

⑦ I have to take some _____ _____ a day _____ five days.
난 5일 동안 하루에 두 번 약을 먹어야 해.

⑧ You need to _____ _____ the purple line there and _____
_____ at City Hall Station. 거기서 보라색 노선으로 갈아 타시고 시청역에서 내리셔야 합니다.

MY SCORE

········ / 15

01 대화를 듣고, 여자가 원하는 머리 스타일로 가장 적절한 것을 고르시오.

①   ②

③   ④

⑤

02 대화를 듣고, 두 사람이 대화하는 장소로 가장 적절한 곳을 고르시오.

① 경기장   ② 식당
③ 공항   ④ 비행기 안
⑤ 버스 터미널

03 대화를 듣고, 편의점의 위치로 가장 알맞은 곳을 고르시오.

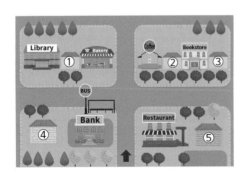

04 대화를 듣고, 두 사람의 관계로 가장 적절한 것을 고르시오.

① 코치 - 운동선수   ② 직장 상사 - 사원
③ 판매자 - 고객   ④ 교사 - 학생
⑤ 미용사 - 손님

05 대화를 듣고, Mary가 누구인지 고르시오.

①   ②

③   ④

⑤

06 대화를 듣고, 여자의 생일이 언제인지 고르시오.

① 1월 25일   ② 1월 26일
③ 1월 27일   ④ 1월 29일
⑤ 1월 31일

07 대화를 듣고, 여자가 오늘 학교에 갈 수 <u>없는</u> 이유로 가장 적절한 것을 고르시오.

① 머리가 아파서   ② 배가 아파서
③ 엄마가 아파서   ④ 감기에 걸려서
⑤ 체험 학습을 가서

08 대화를 듣고, 남자의 심정으로 가장 적절한 것을 고르시오.

① 지쳐 있음
② 행복함
③ 걱정스러움
④ 지루함
⑤ 부러워함

09 대화를 듣고, 남자가 매주 수요일에 하는 것으로 가장 적절한 것을 고르시오.

① 미술 동아리 가기
② 축구 교실 가기
③ 영어 학원 가기
④ 댄스 동아리 가기
⑤ 요리 학원 가기

10 다음을 듣고, this season이 가리키는 것이 무엇인지 고르시오.

① 봄
② 여름
③ 가을
④ 늦가을
⑤ 겨울

11 대화를 듣고, 두 사람이 공통으로 좋아하는 과목을 고르시오.

① 국어
② 영어
③ 과학
④ 수학
⑤ 음악

12 대화를 듣고, 여자가 주말에 한 일로 언급되지 <u>않은</u> 것을 고르시오.

① 수영하기
② 영화 보기
③ 청소하기
④ 쇼핑하기
⑤ 할아버지 댁 방문하기

13 대화를 듣고, 대화 내용과 일치하지 <u>않는</u> 것을 고르시오.

① 여자는 사건을 직접 목격했다.
② 여자는 사건 현장에 있었다.
③ 뺑소니차는 흰색 세단이다.
④ 중년 남성이 뺑소니를 쳤다.
⑤ 뺑소니차의 운전자는 금발이다.

14 대화를 듣고, 여자의 마지막 말에 이어질 남자의 말로 가장 적절한 것을 고르시오.

① That's too bad.
② Yes, she is.
③ She is very cute.
④ Thank you very much.
⑤ No, not yet. I'll show you later.

15 대화를 듣고, 남자의 마지막 말에 이어질 여자의 말로 가장 적절한 것을 고르시오.

① Twice a week.
② About 3 hours.
③ I like practicing the piano.
④ I will be a good pianist.
⑤ Practice makes perfect.

01 대화를 듣고, 여자가 원하는 머리 스타일로 가장 적절한 것을 고르시오.

W I am here for my haircut.

M Okay, _____ _____ do you want?

W I would like to have a _____.

M So just _____ _____ your _____?

W Yes, please!

•• **trim** (머리를) 다듬기 **shoulder** 어깨

02 대화를 듣고, 두 사람이 대화하는 장소로 가장 적절한 곳을 고르시오.

M I'll _____ _____ very much.

W We'll miss you, too. Have a _____ _____ and take care of yourself.

M Thank you. I have to _____ _____ _____ now. Bye! I hope to see you again soon.

W Please _____ _____ _____ your family.

•• **flight** 비행 **board** (비행기·배 등에) 타다

03 대화를 듣고, 편의점의 위치로 가장 알맞은 곳을 고르시오.

M Excuse me. Is there a _____ _____ near here?

W Hmm… Go straight and turn right. You'll see a coffee shop.

M Turn what?

W Turn right. It is _____ the coffee shop _____ _____ _____.

•• **between A and B** A와 B 사이에

04 대화를 듣고, 두 사람의 관계로 가장 적절한 것을 고르시오.

M I _____ my _____ with you two weeks ago. I _____ _____ my shipment yet.

W What is your order number?

M My order number is 31823436. I'd like to _____ my order.

W We're very sorry. We've had some problems _____ _____.

•• **place an order** 주문하다 **shipment** 수송품 **transportation** 운송

05 대화를 듣고, Mary가 누구인지 고르시오.

M Is that woman _____ _____ our company?

W Which one? Where?

M Right over there. She's kind of tall and has a _____ and _____.

W Do you mean the one with the long hair?

M No. The one _____ _____ _____ her. She's the one with short hair and a skirt.

W Yes. That's Mary. She _____ _____ _____ a week ago.

•• **headband** 머리띠

06 대화를 듣고, 여자의 생일이 언제인지 고르시오.

M Happy birthday, Gail! This is just a little

_____ _____ _____.

W Thank you. How did you know today is
my birthday?

M You _____ _____ your birthday
is two days _____ _____.

W Oh, I remember. Your birthday is on
_____ _____, right?

07 대화를 듣고, 여자가 오늘 학교에 갈 수 없는 이유로
가장 적절한 것을 고르시오.

W I'm sorry, but I can't go to school today. I
am sick.

M Oh, I'm _____ _____
that. What is wrong?

W I have got a cold. I have a _____ and
a _____.

M Stay home and _____ _____
_____. Call me after you feel better.

••
cough 기침 **fever** 열

08 대화를 듣고, 남자의 심정으로 가장 적절한 것을 고르
시오.

W Cory, are you _____ to the
_____ this afternoon?

M No, thanks. I've worked all week. I'm too
tired, and I'm in a _____ _____.

W You might feel better if you come.

M I'm sorry, but I need to _____
_____ and just _____. I don't
want to do anything.

••
picnic 소풍 **be in a bad mood** 기분이 나쁘다

09 대화를 듣고, 남자가 매주 수요일에 하는 것으로 가장
적절한 것을 고르시오.

M Do you go to _____ _____
_____ every Friday?

W Yes, I do. Drawing is really fun. _____
_____ do you go to?

M I go to the _____ club every
_____. I'm _____ hip-hop
dancing now.

W Wow, that sounds exciting.

••
club 동아리

10 다음을 듣고, this season이 가리키는 것으로 가장
적절한 것을 고르시오.

This season is hot and _____. There are
no more _____ _____. The days
are long, and people can swim at the beach.
People often _____ _____ during
this season.

••
season 계절 **beach** 해변, 바닷가 **vacation** 방학, 휴가

11 대화를 듣고, 두 사람이 공통으로 좋아하는 과목을
고르시오.

M Do you like English?

W Yes, I do. I like math and science, too.

M Do you like math? I have _____
_____ math _____. I got a
low grade in math. But I'm _____
_____ _____.

W How about Korean?

M I also like Korean.

••
difficulty 어려움 **grade** 성적, 학점

12 대화를 듣고, 여자가 주말에 한 일로 언급되지 <u>않은</u> 것을 고르시오.

M Did you have a _____ _____?

W Yes, I did. But I feel a little tired.

M Why?

W Well, on Saturday, I _____ in the morning. Then, my father and I _____ the house. And then I _____ _____.

M So what did you do on Sunday?

W I _____ my grandpa.

13 대화를 듣고, 대화 내용과 일치하지 <u>않는</u> 것을 고르시오.

M Did anyone see what happened here?

W I'm a _____. I was at the _____ of the _____.

M Did you see the hit-and-run car?

W Yes, it was a _____ _____. And the driver was a young man _____ _____ _____.

witness 목격자 scene 현장 hit-and-run car 뺑소니차
sedan 세단형 자동차

14 대화를 듣고, 여자의 마지막 말에 이어질 남자의 말로 가장 적절한 것을 고르시오.

M I have the most _____ _____!

W What happened?

M My sister _____ had a _____ _____!

W How wonderful! Do you have any _____ of the baby?

M <u>No, not yet. I'll show you later.</u>

15 대화를 듣고, 남자의 마지막 말에 이어질 여자의 말로 가장 적절한 것을 고르시오.

M What do you _____ _____ _____?

W I want to be a pianist.

M How nice! Do you _____ _____ _____?

W Yes, I do.

M _____ _____ _____ a day do you practice?

W <u>About 3 hours.</u>

practice 연습하다; 연습

A 다음을 듣고, 어휘와 우리말 뜻을 쓰시오.

① _____ _____

② _____ _____

③ _____ _____

④ _____ _____

⑤ _____ _____

⑥ _____ _____

⑦ _____ _____

⑧ _____ _____

⑨ _____ _____

⑩ _____ _____

⑪ _____ _____

⑫ _____ _____

B 우리말을 참고하여 빈칸에 알맞은 단어를 쓰시오.

① I would like to _____ _____ _____.
머리를 다듬고 싶어요.

② Please _____ _____ _____ your family.
너의 가족에게 안부 전해 줘.

③ I'd like to _____ _____ _____.
주문을 취소하고 싶습니다.

④ I got a _____ _____ _____ math.
수학에서 낮은 성적을 받았어.

⑤ I'm too tired, and I'm _____ a _____ _____.
난 너무 피곤하고, 기분이 안 좋아.

⑥ _____ _____ hours a day do you _____?
하루에 몇 시간이나 연습하니?

⑦ Have a nice _____ and _____ _____ of yourself.
즐거운 비행하고 몸조심 해.

⑧ It is _____ the coffee shop _____ the _____.
그건 카페와 서점 사이에 있어요.

MY SCORE
.... / 15

01 다음을 듣고, 'this'가 가리키는 것으로 가장 적절한 것을 고르시오.

①

②

③

④

⑤

02 대화를 듣고, 두 사람이 대화하는 장소로 가장 적절한 곳을 고르시오.

① 편의점　　　　② 주유소
③ 식당　　　　　④ 학교
⑤ 자동차 정비소

03 대화를 듣고, 여자가 찾는 이어폰의 위치로 가장 알맞은 곳을 고르시오.

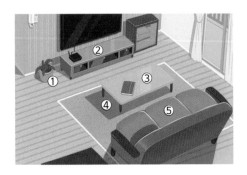

04 대화를 듣고, 두 사람의 관계로 가장 적절한 것을 고르시오.

① 감독 – 배우　　　　② 아버지 – 딸
③ 운전 기사 – 승객　　④ 의사 – 환자
⑤ 서비스 센터 기사 – 고객

05 대화를 듣고, 두 사람이 구입할 목걸이로 가장 적절한 것을 고르시오.

① 　②

③ 　④

⑤

06 대화를 듣고, 케이크를 만드는 데 걸리는 총 시간을 고르시오.

① 10분　　　　② 20분
③ 30분　　　　④ 40분
⑤ 50분

07 다음을 듣고, 무엇에 관한 내용인지 가장 적절한 것을 고르시오.

① 테니스　　　　② 수영
③ 조깅　　　　　④ 배드민턴
⑤ 야구

08 대화를 듣고, 남자의 심정으로 가장 적절한 것을 고르시오.

① nervous
② relaxed
③ proud
④ bored
⑤ disappointed

09 대화를 듣고, 여자가 전화를 한 이유로 가장 적절한 것을 고르시오.

① 가게 여는 시간을 물어보기 위해서
② 물건을 주문하기 위해서
③ 가게의 주소를 알아보기 위해서
④ 직원을 구하는지 물어보기 위해서
⑤ 물건을 반품할 수 있는지 묻기 위해서

10 대화를 듣고, 남자가 대화 직후에 할 일로 가장 적절한 것을 고르시오.

① 집에서 쉬기
② 셔츠 갈아 입기
③ 도시락 가지러 가기
④ 집에 가서 전등 끄기
⑤ 집에 가서 레인지 확인하기

11 대화를 듣고, 두 사람이 Kevin의 어떤 점에 대해 의견이 다른지 고르시오.

① 근면함
② 정직함
③ 친절함
④ 겸손함
⑤ 검소함

12 대화를 듣고, 여자가 한 마지막 말의 의도로 가장 적절한 것을 고르시오.

① 사과
② 거절
③ 수락
④ 감사
⑤ 불평

13 대화를 듣고, 대화 내용과 일치하지 않는 것을 고르시오.

① 남자는 시청에 가려고 한다.
② 남자는 11번 버스를 타야 한다.
③ 남자는 버스를 갈아타야 한다.
④ 도착지까지는 약 40분이 걸린다.
⑤ 버스는 5번 탑승구에서 출발한다.

14 대화를 듣고, 여자의 마지막 말에 이어질 남자의 말로 가장 적절한 것을 고르시오.

① I go there by bus.
② My bicycle is broken.
③ Thanks. I'll take it.
④ About 10 minutes.
⑤ It's too late.

15 대화를 듣고, 남자의 마지막 말에 이어질 여자의 말로 가장 적절한 것을 고르시오.

① Yes, they are fun.
② Actually, I really don't know.
③ Let's play video games.
④ I prefer watching movies.
⑤ No, I don't like them.

01 다음을 듣고, 'this'가 가리키는 것으로 가장 적절한 것을 고르시오.

Many people love this. _____
_____ like to have this. People who like
_____ _____ don't want to pay for
this. People look for this when they want
_____ _____ and _____.
It comes in many _____. It is very
_____ in summer. What is this?

●●
flavor 풍미; 맛 **popular** 인기 있는

02 대화를 듣고, 두 사람이 대화하는 장소로 가장 적절한 곳을 고르시오.

M Good morning. _____ _____
would you like me to put in?

W _____ _____ _____,
please.

M Please turn off your engine.

W Okay.

M Your _____ is now _____. How
would you like to pay?

W _____ _____ _____. Here
you go.

●●
fill up ~을 가득 채우다 **credit card** 신용카드

03 대화를 듣고, 여자가 찾는 이어폰의 위치로 가장 알맞은 곳을 고르시오.

M Yunji, can you _____ _____
_____ in the living room?

W Okay. Where did you put them?

M I think they are _____ _____
_____.

W Dad, they are not here.

M Then look on the table.

W I found them. They are _____
_____ _____.

●●
earphones 이어폰

04 대화를 듣고, 두 사람의 관계로 가장 적절한 것을 고르시오.

M How may I help you?

W I _____ this _____ two weeks
ago, but it doesn't _____.

M Let me take a look at it.

W Here you are.

M Oh, the _____ is _____. I guess
you _____ _____ it.

●●
laptop 노트북 컴퓨터 **recharge** 충전하다

05 대화를 듣고, 두 사람이 구입할 목걸이로 가장 적절한 것을 고르시오.

M Look at these _____. Do you like the
_____-_____ one?

W No, I don't like it. Hmm, I don't like the
_____ one _____.

M Then what about the _____-shaped
one?

W Oh, I like it.

M Okay, let's get it.

●●
necklace 목걸이 **heart-shaped** 하트 모양의 **cross-shaped**
열십자 모양의

06 대화를 듣고, 케이크를 만드는 데 걸리는 총 시간을 고르시오.

M How long does it take to _____ _____ _____?

W First, you have to heat up the oven _____ _____ _____.

M And then what?

W You bake it for _____ minutes. Then, _____ _____.

M It sounds so easy.

bake 굽다 heat up 달구다, 데우다

07 다음을 듣고, 무엇에 관한 내용인지 가장 적절한 것을 고르시오.

This is a _____ _____. All you need is a pair of _____. These days, many people enjoy this _____ the _____. When the weather is nice, people do this outside, too. When you start this, _____ _____ _____ and run slowly.

simple 간단한 exercise 운동

08 대화를 듣고, 남자의 심정으로 가장 적절한 것을 고르시오.

M Do you know _____ the _____ is going to be _____ tomorrow?

W I heard that it's going to rain.

M Oh, no. Tomorrow is my only _____ _____. I wanted to play soccer.

W Maybe you can _____ _____ _____ instead.

day off (일을) 쉬는 날 maybe 아마, 어쩌면

09 대화를 듣고, 여자가 전화를 한 이유로 가장 적절한 것을 고르시오.

M This is the Galleria. How may I help you?

W I bought _____ _____ yesterday. They are not fresh. Can I _____ them?

M Yes, you can return them.

W What time do you _____ today?

M We are _____ _____ 9 p.m. today.

W Thank you.

fresh 신선한 return 돌려주다, 반품하다

10 대화를 듣고, 남자가 대화 직후에 할 일로 가장 적절한 것을 고르시오.

W Harold, will you go back home and make sure I _____ _____ the stove?

M Oh, honey, not again! Okay, _____ _____ home and _____.

W I'm sorry, but I just don't remember.

M That's fine. It's good to _____ _____.

stove 레인지; 난로 safe 안전한

11 대화를 듣고, 두 사람이 Kevin의 어떤 점에 대해 의견이 다른지 고르시오.

M I think Kevin is _____ and _____.

W Really? I agree that he is hardworking, but…

M But what?

W I don't think he is honest. He _____ _____ _____.

hardworking 근면한 tell a lie 거짓말하다

12 대화를 듣고, 여자가 한 마지막 말의 의도로 가장 적절한 것을 고르시오.

M It's a _____ _____ _____ you here. I was just walking by, and I thought it was you.

W It was me! It's _____ _____ _____ you.

M Well, let's get together sometime.

W Yeah, please _____ _____ _____ _____.

●●
surprise 놀라움; 뜻밖의 일 **get together** 만나다, 모이다

13 대화를 듣고, 대화 내용과 일치하지 <u>않는</u> 것을 고르시오.

M Excuse me. _____ _____ _____ _____ City Hall?

W You can take bus number 11.

M Where does the bus leave from?

W The bus will _____ _____ _____ 5.

M Thank you. Is it _____ _____ _____?

W Yes, it'll take about 40 minutes.

14 대화를 듣고, 여자의 마지막 말에 이어질 남자의 말로 가장 적절한 것을 고르시오.

M How do you get to school?

W I always _____ _____ _____. How about you?

M I usually _____ _____ my _____.

W How long does it take?

M <u>About 10 minutes.</u>

15 대화를 듣고, 남자의 마지막 말에 이어질 여자의 말로 가장 적절한 것을 고르시오.

W _____ do you _____ _____ video games?

M What do you mean?

W Do you think video games are _____ _____ _____?

M Not at all. They're _____ and _____. Do you think they're bad?

W <u>Actually, I really don't know.</u>

●●
educational 교육적인

A 다음을 듣고, 어휘와 우리말 뜻을 쓰시오.

① _____
② _____
③ _____
④ _____
⑤ _____
⑥ _____

⑦ _____
⑧ _____
⑨ _____
⑩ _____
⑪ _____
⑫ _____

B 우리말을 참고하여 빈칸에 알맞은 단어를 쓰시오.

① Tomorrow is my only _____ _____.
내일이 나의 유일한 휴일이야.

② We _____ _____ _____ 9 p.m. today.
오늘 저녁 9시까지 영업합니다.

③ I _____ _____ _____ my school.
나는 학교에 보통 걸어서 가.

④ How would you _____ _____ _____?
어떻게 지불하시겠어요?

⑤ _____ does the bus _____ _____?
버스는 어디에서 떠나나요?

⑥ I guess you _____ _____ the _____.
배터리를 충전 안하신 것 같아요.

⑦ I _____ this laptop two weeks ago, but it _____ _____.
이 노트북 컴퓨터를 2주 전에 샀는데 작동이 되지 않아요.

⑧ First, you have to _____ _____ the _____ for 10 minutes.
먼저 10분 정도 오븐을 예열해야 해.

01 다음을 듣고, 내일의 날씨로 가장 적절한 것을 고르시오.

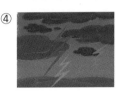
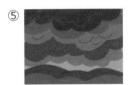

02 대화를 듣고, 두 사람이 대화하는 장소로 가장 적절한 곳을 고르시오.

① 주유소
② 서점
③ 놀이공원
④ 대형마트
⑤ 택시 정류장

03 대화를 듣고, 주유소의 위치로 가장 알맞은 곳을 고르시오.

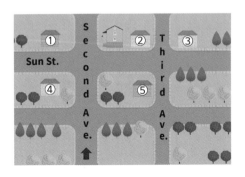

04 대화를 듣고, 두 사람의 관계로 가장 적절한 것을 고르시오.

① 우편 배달부 – 고객
② 식당 종업원 – 손님
③ 어머니 – 아들
④ 슈퍼마켓 점원 – 손님
⑤ 대사관 직원 – 비자 신청자

05 대화를 듣고, 여자의 친구가 누구인지 고르시오.

06 대화를 듣고, 연극 시작 시각을 고르시오.

① 5시 10분   ② 5시 20분
③ 5시 30분   ④ 5시 40분
⑤ 5시 50분

07 대화를 듣고, 무엇에 관한 내용인지 가장 적절한 것을 고르시오.

① 점심 식단   ② 다이어트
③ 식당 홍보   ④ 건강 검진
⑤ 비만의 위험

08 대화를 듣고, 여자의 심정으로 가장 적절한 것을 고르시오.

① 기쁨
② 아쉬움
③ 두려움
④ 후회
⑤ 슬픔

09 대화를 듣고, 여자가 전화를 받을 수 없는 이유로 가장 적절한 것을 고르시오.

① 식사 중이어서
② 청소하는 중이어서
③ 요리를 하는 중이어서
④ 목욕을 하고 있어서
⑤ 다른 사람과 통화 중이어서

10 다음을 듣고, 두 사람의 대화가 어색한 것을 고르시오.

①   ②   ③   ④   ⑤

11 대화를 듣고, 남자가 등교한 방법으로 가장 적절한 것을 고르시오.

① by bus
② by subway
③ by bicycle
④ by taxi
⑤ on foot

12 대화를 듣고, 여자가 방과 후에 할 일로 가장 적절한 것을 고르시오.

① 야구 하고 생일 파티에 가기
② 야구 경기 보고 쇼핑하기
③ 선물 사고 야구 경기 보러 가기
④ 선물 사고 생일 파티에 가기
⑤ 경기장에 가서 응원하기

13 대화를 듣고, 대화 내용과 일치하지 않는 것을 고르시오.

① 여자는 요리를 하고 있다.
② 여자의 남동생은 TV를 보고 있다.
③ 여자의 할머니는 주무시고 계신다.
④ 남자는 여자를 도와줄 것이다.
⑤ 남자는 요리하는 것을 좋아한다.

14 대화를 듣고, 남자의 마지막 말에 이어질 여자의 말로 가장 적절한 것을 고르시오.

① It looks like black.
② No, I like the bigger one.
③ I'll buy them, too.
④ They are too heavy.
⑤ Yes, they really suit you.

15 대화를 듣고, 여자의 마지막 말에 이어질 남자의 말로 가장 적절한 것을 고르시오.

① Twice a month.
② I will call you later.
③ I tried to go there, but I can't.
④ You can't go there without me.
⑤ Oh, sorry, but I've been busy all day.

DICTATION 15

01 다음을 듣고, 내일의 날씨로 가장 적절한 것을 고르시오.

Good afternoon. Today, we can _____ the weather to be _____. The _____ will go down to five degrees Celsius. Tomorrow, the clouds will _____ _____ in the morning. It will be _____ and _____ for most of the day. The high temperature for tomorrow will be _____ _____ Celsius.

•• **temperature** 기온, 온도 **degree** (온도 단위) 도 **Celsius** 섭씨의 **disappear** 사라지다

02 대화를 듣고, 두 사람이 대화하는 장소로 가장 적절한 곳을 고르시오.

W Kyle, can you _____ a _____?

M Sure. This place is really big.

W Oh, do you think so?

M Yes, _____ _____. Is that your shopping list?

W Yes. I like to _____ _____ for the whole week.

•• **huge** 거대한 **shopping list** 쇼핑 목록

03 대화를 듣고, 주유소의 위치로 가장 알맞은 곳을 고르시오.

M How do I _____ _____ the _____ _____ from here?

W It's easy. Go up Second Avenue two blocks. When you get to Sun Street, _____ _____.

M That sounds simple. And then?

W You can see the gas station on your left. It's _____ _____ _____ of Third Avenue and Sun Street. You _____ _____ it.

•• **gas station** 주유소 **avenue** 거리, 대로

04 대화를 듣고, 두 사람의 관계로 가장 적절한 것을 고르시오.

W May I help you?

M _____ _____ a *bulgogi* _____ and a Pepsi.

W Will that be a _____ Pepsi?

M Yes, please.

W Would you like _____ _____?

M Um... No, thanks.

05 대화를 듣고, 여자의 친구가 누구인지 고르시오.

W Hi, Charles! How have you been?

M I'm fine. By the way, what are you doing here?

W I'm _____ _____ my friend. He's at the snack bar _____ some popcorn.

M Which one is your friend? Is that him at the _____ _____ _____ _____?

W No, he's the one with _____ _____.

•• **cap** (챙이 달린) 모자

06 대화를 듣고, 연극 시작 시각을 고르시오.

W Let's hurry. It's 5:20. The play will _____ _____.

M I'm sorry, but can you wait here _____ I go to the _____?

W Oh, the play starts _____ _____ _____. I don't want to be late.

M I'll _____ be _____ _____.

W Okay. I'll wait.

●●
play 연극 **washroom** 화장실

07 대화를 듣고, 무엇에 관한 내용인지 가장 적절한 것을 고르시오.

W Let's go to lunch.

M I'm not _____ _____ for _____ today.

W What? You told me you _____ _____ have breakfast.

M I want to _____ _____ _____. I put on 5 kg in the last three months.

W You don't need to lose weight. You _____ _____ to me.

●●
lose weight 체중이 줄다, 살이 빠지다 **put on** (살이) 찌다
seem ~인 것처럼 보이다

08 대화를 듣고, 여자의 심정으로 가장 적절한 것을 고르시오.

M Congratulations on _____ a gold medal in swimming.

W Thanks. I _____ very hard for many years. I can't _____ _____ _____ I am.

M You deserve it.

W I think I also need a vacation.

M If anyone _____ _____ _____, it is you.

●●
congratulations 축하해요 **train** 훈련하다 **explain** 설명하다
deserve 가치가 있다, ~할 자격이 있다

09 대화를 듣고, 여자가 전화를 받을 수 없는 이유로 가장 적절한 것을 고르시오.

M Hey, the telephone is for you.

W I can't _____ _____ _____. Who's calling?

M Your friend Helen.

W Can you tell her that I will _____ _____ _____?

M What are you doing now?

W I am _____ _____.

●●
answer the phone 전화를 받다

10 다음을 듣고, 두 사람의 대화가 어색한 것을 고르시오.

① W Can I _____ _____ _____, please?

　 M Here you go, ma'am.

② M What is your _____ _____?

　 W His name is Rover.

③ W Please call 119!

　 M Thanks for asking.

④ M She is _____ _____ me.

　 W Why? What did you do?

⑤ W _____ _____ _____, will you?

　 M Sure, here you are.

●●
be angry with ~에게 화가 나다 **pass** 건네주다

11 대화를 듣고, 남자가 등교한 방법으로 가장 적절한 것을 고르시오.

W _____ _____ _____ with you? Are you tired?

M Yeah. I got up late and _____ the school bus.

W So did you ride your bike?

M I _____ _____ _____. But it was broken.

W Oh, no. Then how did you get to school?

M I _____ _____ _____ not to be late for school this morning.

••
on foot 도보로

12 대화를 듣고, 여자가 방과 후에 할 일로 가장 적절한 것을 고르시오.

W What are you going to do after school?

M I'm going to go to the _____ _____. Would you like to go with me?

W I'd love to, but I can't. I have to _____ a _____ _____ for my brother.

M We can do that _____ _____ _____ to the stadium.

W That's a great idea.

••
on the way ~하는 중에   **stadium** 경기장

13 대화를 듣고, 대화 내용과 일치하지 <u>않는</u> 것을 고르시오.

M What are you doing now?

W _____ _____.

M Is your grandma in the house?

W Yes, she is _____ _____ her _____.

M What is your brother doing?

W He is _____ _____ _____.

M I will go and help you. I love cooking.

W Thank you.

14 대화를 듣고, 남자의 마지막 말에 이어질 여자의 말로 가장 적절한 것을 고르시오.

M Do you like my new glasses?

W Yes, they make you _____ _____ _____. Where did you buy them?

M I _____ them at the AZ Shopping Mall. Do you _____ _____ _____, too?

W Yes, they really suit you.

••
suit 어울리다

15 대화를 듣고, 여자의 마지막 말에 이어질 남자의 말로 가장 적절한 것을 고르시오.

W Hey, Jimmy. What have you _____ _____ here the _____ _____?

M What's the matter?

W I called you _____ _____.

M Oh, sorry, but I've been busy all day.

A 다음을 듣고, 어휘와 우리말 뜻을 쓰시오.

① _____ _____
② _____ _____
③ _____ _____
④ _____ _____
⑤ _____ _____
⑥ _____ _____
⑦ _____ _____
⑧ _____ _____
⑨ _____ _____
⑩ _____ _____
⑪ _____ _____
⑫ _____ _____

B 우리말을 참고하여 빈칸에 알맞은 단어를 쓰시오.

① You don't _____ _____ _____ _____.
당신은 살을 뺄 필요가 없어요.

② Can you tell her that I _____ _____ _____ later?
내가 나중에 전화하겠다고 그녀에게 얘기 좀 해 줄래?

③ What have you been _____ here the _____ _____?
너는 여기서 하루 종일 뭐 하고 있었어?

④ I _____ _____ 5 kg in the _____ three months.
저는 지난 세 달 동안 5kg이나 쪘어요.

⑤ I had to _____ not to _____ _____ for school.
나는 학교에 늦지 않기 위해 뛰어야 했어.

⑥ The _____ will _____ _____ to five degrees Celsius.
기온은 섭씨 5도로 떨어지겠습니다.

⑦ Congratulations on _____ a _____ _____ in swimming.
수영에서 금메달 딴 거 축하해요.

⑧ I'm sorry, but can you _____ here _____ I go to the _____?
미안하지만, 나 화장실 갔다 올 동안 여기서 기다릴 수 있어?

TEST 16

01 대화를 듣고, 남자가 구입할 휴대폰 케이스로 가장 적절한 것을 고르시오.

①
②
③
④
⑤

02 대화를 듣고, 두 사람이 대화하는 장소로 가장 적절한 곳을 고르시오.

① 병원　　　　② 주차장
③ 약국　　　　④ 슈퍼마켓
⑤ 소방서

03 대화를 듣고, 미국 대사관의 위치로 가장 알맞은 곳을 고르시오.

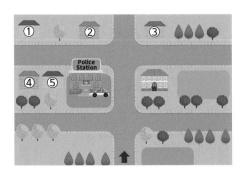

04 대화를 듣고, 두 사람의 관계로 가장 적절한 것을 고르시오.

① 가수 – 팬
② 감독 – 배우
③ 드라마 작가 – 연출가
④ 경찰관 – 시민
⑤ 변호사 – 의뢰인

05 대화를 듣고, Jenny가 누구인지 고르시오.

06 대화를 듣고, 여자가 전화 통화한 시간을 고르시오.

① 1분　　　　② 10분
③ 20분　　　　④ 30분
⑤ 1시간

07 대화를 듣고, 무엇에 관한 내용인지 가장 적절한 것을 고르시오.

① 회의 장소
② 병원 진료
③ 교통사고
④ 생일 파티
⑤ 교통 신호 위반

08 대화를 듣고, 남자의 심정으로 가장 적절한 것을 고르시오.

① 만족
② 수줍음
③ 감동
④ 화가 남
⑤ 부러움

09 대화를 듣고, 여자가 시험을 잘 본 이유로 가장 적절한 것을 고르시오.

① 운이 좋아서
② 시험이 너무 쉬워서
③ 시험 전날 밤새 공부를 해서
④ 평상시 시험 공부를 열심히 해서
⑤ 지리학에 관한 책을 많이 읽어서

10 대화를 듣고, 여자의 마지막 말의 의도로 가장 적절한 것을 고르시오.

① 격려
② 사과
③ 비난
④ 허락
⑤ 거절

11 다음을 듣고, 민수가 가본 곳으로 언급되지 않은 곳을 고르시오.

① 유럽
② 북아메리카
③ 남아메리카
④ 중국
⑤ 아프리카

12 대화를 듣고, 두 사람이 내일 할 일로 가장 적절한 것을 고르시오.

① 영화 보러 가기
② 기차 여행하기
③ 소풍 가기
④ 쇼핑하기
⑤ 집에서 공부하기

13 대화를 듣고, 대화 내용과 일치하지 않는 것을 고르시오.

① 여자는 오늘 아침에 체육관을 갔다.
② 남자는 운동을 좋아하지 않는다.
③ 여자는 살을 빼는 중이다.
④ 남자는 경기장에 자주 간다.
⑤ 남자는 TV로 운동 경기 보는 것을 좋아한다.

14 대화를 듣고, 남자의 마지막 말에 이어질 여자의 말로 가장 적절한 것을 고르시오.

① I have to go to the hospital.
② Thank you very much.
③ I was at the science room.
④ I'm okay. I was going to call you.
⑤ Really? I don't have your phone number.

15 대화를 듣고, 여자의 마지막 말에 이어질 남자의 말로 가장 적절한 것을 고르시오.

① I have no mobile phone.
② This is my office number.
③ I'm so happy with you.
④ I'll call you back later.
⑤ My office is near my house.

01 대화를 듣고, 남자가 구입할 휴대폰 케이스로 가장 적절한 것을 고르시오.

W Can I help you?

M Yes, I'm looking for a _____ _____ for my sister.

W What _____ do you want?

M I like the one with the polar bear, but my sister _____ _____.

W I'm sorry. All the cases with flowers _____ _____ _____. How about this one with the strawberry?

M Well, _____ _____ take this one with the _____.

•• **cellphone case** 휴대폰 케이스 **polar bear** 북극곰

02 대화를 듣고, 두 사람이 대화하는 장소로 가장 적절한 곳을 고르시오.

M I would like some _____ _____.

W Sure. What are your symptoms?

M Oh, it's not for me. My mother _____ _____ _____, and she has a runny nose.

W You should buy this one.

M Okay. _____ _____ does it _____?

W Five dollars.

•• **cold medicine** 감기약 **sneeze** 재채기하다
have a runny nose 콧물이 흐르다

03 대화를 듣고, 미국 대사관의 위치로 가장 알맞은 곳을 고르시오.

M I'm looking for the _____ _____. Can you tell me where it is?

W Sure. Take this street and turn left at the _____ _____.

M Okay.

W Then go straight _____ _____ _____ _____. It's the second building on your left after the police station.

M The second building on the left?

W Yes, that's right.

•• **embassy** 대사관 **past** 지나서

04 대화를 듣고, 두 사람의 관계로 가장 적절한 것을 고르시오.

M Excuse me. Are you Avril?

W Yes, I am.

M Wow, _____ _____ I am to meet you! I love your _____. I listen to them every day.

W Thank you so much.

M Could I _____ _____ _____?

W Of course.

•• **autograph** (유명인의) 사인

05 대화를 듣고, Jenny가 누구인지 고르시오.

W Billy, look over there. She is _____ _____ Jenny.

M Which one is she?

W She is wearing the _____ _____. She has long, _____ _____.

M You know, I don't have my glasses on. I _____ see her _____. What is she doing now?

W She is _____ _____.

M Oh, I see. Let's go and talk to her.

••
jump rope 줄넘기하다

06 대화를 듣고, 여자가 전화 통화한 시간을 고르시오.

M Lindsey, I have to use my cellphone.
Please _____ _____!

W In a minute, Dad.

M You've _____ on the phone
_____ _____ _____. That's
too long.

W Sorry, Dad. I am almost _____.

••
hang up 전화를 끊다

07 대화를 듣고, 무엇에 관한 내용인지 가장 적절한 것을
고르시오.

W Carl, what happened to you?

M I was _____ _____ _____
_____ yesterday.

W Oh, no! Are you okay?

M Yes. I'm not _____ _____
_____.

W Can you still come to the meeting
tomorrow?

M I'll see _____ I _____ later.

••
car accident 교통사고 **badly** 심하게, 몹시

08 대화를 듣고, 남자의 심정으로 가장 적절한 것을 고르
시오.

W Charles, did you _____ _____
the _____ last night?

M I sure did.

W _____ _____ _____?

M I waited for three hours to see the
singers. But they _____ _____
for an hour. I _____ my _____
_____.

W I'm sorry to hear that.

09 대화를 듣고, 여자가 시험을 잘 본 이유로 가장 적절한
것을 고르시오.

W Guess what? I've got an A on the last
_____ _____.

M Congratulations! How did you do so well?
I _____ _____ you _____.

W Frankly speaking, geography is my
_____ of _____.

M Was it too easy for you?

W No, no. I just spend _____ _____
_____ books about geography.

••
geography 지리학 **frankly speaking** 솔직히 말해서
field of interest 관심 분야

10 대화를 듣고, 여자의 마지막 말의 의도로 가장 적절한
것을 고르시오.

W Henry, do you have _____
_____ _____ _____? You look happy.

M Yes, I finally _____ _____ my
book!

W Really? I'm so _____ _____ you.

M Thanks. It feels good to be finished.

W I _____ it is _____.

••
be proud of ~을 자랑스러워 하다 **successful** 성공한, 성공적인

11 다음을 듣고, 민수가 가본 곳으로 언급되지 <u>않은</u> 곳을 고르시오.

Minsu loves to _____ _____. He wants to visit every part of the world. He _____ _____ _____ to Europe and North and South America. And he _____ _____ China with his father last summer. He plans to go to _____ _____ in _____ this winter.

••
travel 여행하다

12 대화를 듣고, 두 사람이 내일 할 일로 가장 적절한 것을 고르시오.

M Do you know what the _____ _____ to be _____ tomorrow?

W Yes. The weather forecast says it's going to _____ _____.

M Oh, no. We're going to go on a picnic.

W How about _____ _____ _____?

M Okay. See you tomorrow.

13 대화를 듣고, 대화 내용과 일치하지 <u>않는</u> 것을 고르시오.

W I went to the _____ to _____ this morning. I'm trying to _____ _____. Do you work out?

M No, I don't. I don't like exercise.

W Do you play _____ _____?

M No, I don't. But I like _____ _____.

W Do you ever go to see a game?

M Not really. I usually _____ _____ _____ _____.

••
work out 운동하다

14 대화를 듣고, 남자의 마지막 말에 이어질 여자의 말로 가장 적절한 것을 고르시오.

M You _____ _____ _____ yesterday. What happened?

W Oh, I was at home. I _____ _____.

M Was it bad?

W It _____ really _____. I just had a fever and a _____. I'm okay now.

M By the way, _____ _____ you this morning?

W I was at the science room.

••
science room 과학실

15 대화를 듣고, 여자의 마지막 말에 이어질 남자의 말로 가장 적절한 것을 고르시오.

W How can I _____ _____ _____ _____ you?

M I'll give you my phone number. The number is 423-1572.

W Is this your _____ number or _____ number?

M This is my office number.

••
get in touch with ~와 연락하다

A 다음을 듣고, 어휘와 우리말 뜻을 쓰시오.

① _____   ⑦ _____

② _____   ⑧ _____

③ _____   ⑨ _____

④ _____   ⑩ _____

⑤ _____   ⑪ _____

⑥ _____   ⑫ _____

B 우리말을 참고하여 빈칸에 알맞은 단어를 쓰시오.

① She has _____, _____ _____.
그녀는 긴 생머리야.

② I _____ _____ _____ my book!
나 드디어 내 책 쓰는 걸 끝냈어!

③ I'd _____ _____ this one with the _____.
토끼가 있는 이것으로 할게요.

④ How can I _____ in _____ _____ you?
당신에게 어떻게 연락하면 되나요?

⑤ Then go _____ _____ the _____ _____.
그 다음 경찰서를 지나서 직진하세요.

⑥ _____ speaking, geography is my _____ of _____.
솔직히 말하면, 지리학은 내 관심 분야야.

⑦ The _____ _____ says it's going to _____ _____.
일기 예보에서는 비가 올 거래.

⑧ My mother has been _____, and she has a _____ _____.
엄마가 재채기를 하고 콧물을 흘리세요.

MY SCORE

········· / 15

01 다음을 듣고, 'I'가 무엇인지 가장 적절한 것을 고르시오.

①

②

③

④

⑤

02 대화를 듣고, 두 사람이 대화하는 장소로 가장 적절한 곳을 고르시오.

① 공연장　　　　② 정육점
③ 식당　　　　　④ 공항
⑤ 건설 현장

03 대화를 듣고, 놀이공원의 위치로 가장 알맞은 곳을 고르시오.

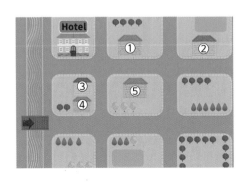

04 대화를 듣고, 두 사람의 관계로 가장 적절한 것을 고르시오.

① 집주인 - 세입자　　② 영화감독 - 영화배우
③ 운동선수 - 관중　　④ 한국어 선생님 - 학생
⑤ 의사 - 환자

05 대화를 듣고, 여자의 개인 정보와 일치하는 것을 고르시오.

① sunny0816@mail.com | 001-3752-5836
② sunny0816@mail.com | 001-4752-5829
③ sunny0826@mail.com | 001-3742-5839
④ sunny0826@mail.com | 001-3742-5869
⑤ sunny0926@mail.com | 001-3842-5849

06 대화를 듣고, 할인 전의 음식 가격을 고르시오.

① $4　　　　　② $6
③ $8　　　　　④ $12
⑤ $15

07 대화를 듣고, 남자가 다친 곳을 고르시오.

① 손가락　　　　② 손목
③ 다리　　　　　④ 발가락
⑤ 허리

08 대화를 듣고, 영화에 대한 여자의 의견으로 가장 적절한 것을 고르시오.

① 감동적이다.
② 유치하다.
③ 지루하다.
④ 슬프다.
⑤ 웃기다.

12 대화를 듣고, 두 사람이 월요일에 할 일로 가장 적절한 것을 고르시오.

① 도서관에 가기
② 서점에 가기
③ 쇼핑하러 가기
④ 중국인 친구를 만나러 가기
⑤ 중국어를 배우러 학원에 가기

09 대화를 듣고, 남자가 가게에 갈 수 없는 이유로 가장 적절한 것을 고르시오.

① 너무 아파서
② 청소하고 있어서
③ 약속이 있어서
④ 과제를 마무리해야 해서
⑤ 저녁 식사를 준비하고 있어서

13 대화를 듣고, 대화 내용과 일치하지 않는 것을 고르시오.

① 두 사람은 여자의 가족 사진을 보고 있다.
② 여자의 언니는 수학 선생님이다.
③ 여자의 오빠는 작년에 대학교를 졸업했다.
④ 여자의 오빠는 엔지니어이다.
⑤ 여자는 엔지니어가 되고 싶어 한다.

10 대화를 듣고, 여자가 남자에게 부탁한 일로 가장 적절한 것을 고르시오.

① 세차하기
② 거실 청소하기
③ 친구들 마중 가기
④ 음식 같이 만들기
⑤ 청소기 수리 맡기기

14 대화를 듣고, 남자의 마지막 말에 이어질 여자의 말로 가장 적절한 것을 고르시오.

① Thank you for your help.
② Did you order it medium?
③ Certainly. Here it is.
④ You didn't make a reservation.
⑤ This isn't what I ordered.

11 대화를 듣고, 남자가 다룰 수 있는 악기가 아닌 것을 고르시오.

① 피아노
② 바이올린
③ 기타
④ 드럼
⑤ 하모니카

15 대화를 듣고, 여자의 마지막 말에 이어질 남자의 말로 가장 적절한 것을 고르시오.

① Sure. Thanks a lot.
② Just let it go.
③ Not this time.
④ That's too bad.
⑤ No, it's not difficult.

01 다음을 듣고, 'I'가 무엇인지 가장 적절한 것을 고르시오.

Some people think that I am a mammal, but I _____ _____ the _____ _____. I cannot fly, but I am an _____ _____. I can catch fish while I swim in the water. I have a _____ _____ and black wings, but my _____ is _____. What am I?

●●
belong to ~에 속하다 **family** (동식물) 과 **excellent** 훌륭한 **wing** 날개 **belly** 배

02 대화를 듣고, 두 사람이 대화하는 장소로 가장 적절한 곳을 고르시오.

W I'd like _____ _____.

M What kind do you need?

W I need _____ _____. How much is it?

M It's just five dollars _____ _____.

W I'll have three pounds, then.

●●
ground (고기·채소를) 간 **beef** 소고기 **pound** 파운드(무게 단위)

03 대화를 듣고, 놀이공원의 위치로 가장 알맞은 곳을 고르시오.

W Excuse me. Could you please tell me the way to JOY _____ _____?

M Are you going by bus or _____ _____? It'll _____ about _____ minutes to get there on foot.

W I'd like to walk.

M Okay. _____ the _____ and turn left. _____ _____ the

_____ and turn right at the first corner.

W Do you mean the bridge over there?

M Yes, then you will see a _____ on your _____. The main gate is _____ _____ the hotel.

●●
amusement park 놀이공원 **cross** 건너다 **bridge** 다리

04 대화를 듣고, 두 사람의 관계로 가장 적절한 것을 고르시오.

M Thanks for _____ me about _____.

W It was my pleasure.

M I _____ a lot about Korean _____ and _____ from you.

W I'm glad you enjoyed my class.

●●
language 언어 **culture** 문화

05 대화를 듣고, 여자의 개인 정보와 일치하는 것을 고르시오.

W I'd like to _____ a _____ _____.

M Would you please _____ _____ this form?

W Yes, of course. Here you are.

M I'm afraid that you forgot to fill out _____ _____. May I ask for your e-mail _____ and phone number?

W My e-mail address is sunny0826@ mail.com, and my phone number is 001-_____-_____.

M Is it S-U-N-N-Y-0-8-2-6@mail.com and

001-_____ - _____?

W Yes. That's right.

● ●
savings account 예금 계좌 **fill out** 채우다, 기입하다 **form** 양식

06 대화를 듣고, 할인 전의 음식 가격을 고르시오.

M Welcome to Burger Queen. May I help you?

W Yes, I would like a _____ and French fries, please.

M You're in luck. Everything is _____ _____ today. That comes to _____ _____.

W Here you go. Thank you.

● ●
in luck 행운인 **half price** 반값

07 대화를 듣고, 남자가 다친 곳을 고르시오.

W What did you do on the _____?

M I _____ _____.

W Oh, what's wrong with your _____? Did you hurt yourself?

M Yes, I _____ and _____ two _____.

● ●
toe 발가락

08 대화를 듣고, 영화에 대한 여자의 의견으로 가장 적절한 것을 고르시오.

M What did you do yesterday?

W I _____ to the _____ _____.

M Really? What movie did you see?

W It was _____ The Amazing Family.

M Did you enjoy it?

W Oh, yes. I _____ from _____ to _____.

● ●
movie theater 영화관 **from beginning to end** 처음부터 끝까지

09 대화를 듣고, 남자가 가게에 갈 수 <u>없는</u> 이유로 가장 적절한 것을 고르시오.

M Alice, are you going to the store?

W Yes, I am. Do you _____ _____ there, too?

M Yes. Some milk and _____.

W No problem.

M Thank you. I am _____ _____ _____ go outside.

10 대화를 듣고, 여자가 남자에게 부탁한 일로 가장 적절한 것을 고르시오.

W Henry, please help me before my friends _____ _____.

M What should I do?

W I'm _____ _____ the food. So can you _____ _____ the living room?

M Okay. Where is the _____ _____?

W It's in the kitchen.

● ●
prepare 준비하다

11 대화를 듣고, 남자가 다룰 수 있는 악기가 <u>아닌</u> 것을 고르시오.

M Jessica, can you _____ _____?

W No, I can't. But I can play _____ _____.

M I _____ play the violin, but I can play the piano. I _____ _____ it for seven years.

W Can you play _____ _____ _____?

M I can play the guitar, the drums, and the _____.

instrument 악기 **harmonica** 하모니카

---

12 대화를 듣고, 두 사람이 월요일에 할 일로 가장 적절한 것을 고르시오.

M Can you do me a favor?

W Of course. What is it?

M I'm _____ _____ _____ Chinese. Can you help me?

W Okay. Did you buy a book?

M Not yet. I _____ _____ _____ some books, but I didn't know _____ _____ buy.

W Well, then let's go to a _____ next Monday.

M Okay. Thank you for your help.

---

13 대화를 듣고, 대화 내용과 일치하지 않는 것을 고르시오.

W Look at this picture. They are my brother and sister.

M Was that your brother's _____ _____?

W Yes. My brother graduated from _____ last year. He is an engineer now.

M What does your sister do?

W She _____ _____ at a high school. I want to _____ _____ _____ like her.

graduation ceremony 졸업식 **graduate** 졸업하다 **engineer** 기술자, 엔지니어

---

14 대화를 듣고, 남자의 마지막 말에 이어질 여자의 말로 가장 적절한 것을 고르시오.

W Would you like to order now?

M Not just yet. I'm _____ someone.

W Can I bring you something _____ _____ _____?

M A cup of coffee would be nice. And could you _____ _____ _____ _____?

W Certainly. Here it is.

medium (고기를) 중간쯤 익힌 **certainly** 그럼요., 물론이지요.

---

15 대화를 듣고, 여자의 마지막 말에 이어질 남자의 말로 가장 적절한 것을 고르시오.

M Hi. I'm here to see Mr. Park.

W Do you _____ _____ _____ _____?

M No, I don't. Do I have to make an appointment?

W Of course.

M I didn't know that. I'm sorry, but I _____ _____ _____ _____ now. It's very _____.

W Well, I have to ask him first. Would you wait here _____ _____ _____?

M Sure. Thanks a lot.

A 다음을 듣고, 어휘와 우리말 뜻을 쓰시오.

① _____

② _____

③ _____

④ _____

⑤ _____

⑥ _____

⑦ _____

⑧ _____

⑨ _____

⑩ _____

⑪ _____

⑫ _____

B 우리말을 참고하여 빈칸에 알맞은 단어를 쓰시오.

① Can you play _____ _____ _____?

다른 악기들도 연주할 수 있나요?

② What's _____ _____ your _____?

발에 무슨 문제 있어요?

③ I am _____ _____ to _____ outside.

너무 아파서 밖에 못 나가겠어.

④ I _____ _____ _____ a _____ like her.

나도 언니처럼 선생님이 되고 싶어.

⑤ My brother _____ _____ _____ last year.

오빠는 작년에 대학교를 졸업했어.

⑥ Would you please _____ _____ this _____?

이 양식을 채워주시겠어요?

⑦ Are you going _____ _____ or _____ _____?

버스를 타고 가실 건가요, 아니면 걸어서 가실 건가요?

⑧ The _____ _____ is _____ _____ the hotel.

정문은 호텔 맞은편에 있습니다.

01 대화를 듣고, 여자의 할머니가 누구인지 고르시오.

① 　②

③ 　④

⑤

02 대화를 듣고, 두 사람이 대화하는 장소로 가장 적절한 곳을 고르시오.

① 도서관　② 사무실
③ 병원　④ 비행기 안
⑤ 극장

03 대화를 듣고, 레스토랑의 위치로 가장 알맞은 곳을 고르시오.

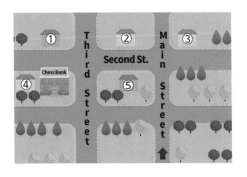

04 대화를 듣고, 두 사람의 관계로 가장 적절한 것을 고르시오.

① 경찰관 - 운전자　② 주차 단속원 – 운전자
③ 판사 - 피고인　④ 세차장 직원 - 손님
⑤ 소방관 – 신고자

05 대화를 듣고, Matthew가 하고 있는 것을 고르시오.

① 　②

③ 　④

⑤

06 대화를 듣고, 치킨을 배달하는 데 걸리는 시간을 고르시오.

① 약 14분　② 약 20분
③ 약 30분　④ 약 40분
⑤ 약 50분

07 대화를 듣고, 두 사람이 할 일로 가장 적절한 것을 고르시오.

① 나무 베기　② 불 피우기
③ 텐트 치기　④ 저녁 준비하기
⑤ 캠핑 가기

08 대화를 듣고, 남자의 심정으로 가장 적절한 것을 고르시오.

① 기쁨
② 걱정
③ 당황
④ 실망
⑤ 긴장

09 대화를 듣고, 여자가 해변에 가고 싶어 하지 <u>않는</u> 이유로 가장 적절한 것을 고르시오.

① 수영을 못해서
② 햇빛에 탈까 봐
③ 바깥이 더워서
④ 사람들로 붐벼서
⑤ 지난번에 다녀와서

10 다음을 듣고, 두 사람의 대화가 <u>어색한</u> 것을 고르시오.

①   ②   ③   ④   ⑤

11 대화를 듣고, 남자의 물건이 <u>아닌</u> 것을 고르시오.

① 책
② 연필
③ 장갑
④ 물병
⑤ 모자

12 대화를 듣고, 남자가 지난 일요일에 한 일로 가장 적절한 것을 고르시오.

① 등산하기
② 나무 심기
③ 자전거 타기
④ 농촌 체험하기
⑤ 삼촌 농장에서 일하기

13 대화를 듣고, 대화 내용과 일치하지 <u>않는</u> 것을 고르시오.

① 오늘 날씨가 맑다.
② 남자는 여자를 아침에 자주 봤다.
③ 여자는 아침 6시에 출근한다.
④ 여자는 아침마다 2km를 달린다.
⑤ 남자는 개를 산책시키는 중이다.

14 대화를 듣고, 남자의 마지막 말에 이어질 여자의 말로 가장 적절한 것을 고르시오.

① I feel tired, too.
② Okay. I give up.
③ I'm afraid I can't agree with you.
④ My father said you are very kind.
⑤ Exercise regularly and get plenty of sleep.

15 대화를 듣고, 여자의 마지막 말에 이어질 남자의 말로 가장 적절한 것을 고르시오.

① Sure, I'd love to.
② Merry Christmas!
③ We had a nice party.
④ I can't wait!
⑤ I'm going to go skiing.

DICTATION 18

01 대화를 듣고, 여자의 할머니가 누구인지 고르시오.

M Do you _____ _____ _____ for the weekend?

W I'm visiting my grandmother. It's been a while since I last _____ her.

M Cool. How old is she?

W She's 74 years old, but she _____ _____ for her _____.

M What does she look like?

W Well, she has short brown hair, and she _____ wear _____. She usually wears a _____ _____.

age 나이　**pearl necklace** 진주 목걸이

02 대화를 듣고, 두 사람이 대화하는 장소로 가장 적절한 곳을 고르시오.

M What time is it now? Did you _____ _____ your cellphone?

W Shh! We'd better not talk because the play is _____ _____ _____. We may disturb other people.

M I am sorry. I _____ _____ that.

W That's okay. Let's wait for the play to start.

be about to 막 ~하려는 참이다　**disturb** 방해하다　**realize** 깨닫다

03 대화를 듣고, 레스토랑의 위치로 가장 알맞은 곳을 고르시오.

W How about _____ _____ at Napoli Restaurant?

M Is it good?

W Yes. It's _____ _____ the _____ places in this _____.

M Where is it?

W Go straight _____ Main Street and turn _____ on Second Street. Then, you'll be able to _____ a _____.

M Do you mean Chess Bank?

W Yes. It's _____ _____ _____ Chess Bank.

M Okay. Let's have _____ there.

supper 저녁 식사

04 대화를 듣고, 두 사람의 관계로 가장 적절한 것을 고르시오.

M Excuse me, ma'am. May I see your _____ _____ and registration?

W Why? What did I _____ _____?

M Do you know that you've been driving _____ the _____ _____?

W Really? That's impossible!

M You've been driving 20 miles per hour over the speed limit. I have to give you a _____ _____.

W Oh, my! I'm so sorry. Please forgive me this time.

driver's license 운전면허증　**registration** 차량 등록증
speed limit 제한 속도　**impossible** 불가능한　**speeding ticket** 속도 위반 딱지

05 대화를 듣고, Matthew가 하고 있는 것을 고르시오.

M Is Matthew playing computer games again? _____ _____ has he

_____ _____?

W He's not playing. He is doing his

_____ on the computer.

M Has he _____ dinner yet?

W Not yet. Dinner will _____ _____

in 20 minutes.

M Okay. Then I'll clean the house.

06 대화를 듣고, 치킨을 배달하는 데 걸리는 시간을 고르시오.

W Good afternoon, Tasty Chicken. Can I
help you?

M Yes, I'd like _____ _____

_____, please. How long will that
take?

W _____ _____ _____. What's
your address?

M 1014 Wellington Street.

W Oh, your house is _____ from here.
It will take an _____ _____

_____. Is that okay?

M Sure.

07 대화를 듣고, 두 사람이 할 일로 가장 적절한 것을 고르시오.

M I love camping. Let's _____

_____ _____.

W How do we do that?

M We need some paper and small

_____ _____ _____.

W This is so exciting. I've _____

_____ a fire _____.

make a fire 불을 피우다 **wood** 나무

08 대화를 듣고, 남자의 심정으로 가장 적절한 것을 고르시오.

W Who were you _____ to _____

_____ ?

M I was talking to my uncle. He _____
he and his wife are going to _____

_____ _____ this month.

W That's exciting news.

M Yes, it is. I hope I can _____ the

_____ _____ _____.

09 대화를 듣고, 여자가 해변에 가고 싶어 하지 않는 이유로 가장 적절한 것을 고르시오.

M Do you want to go to the _____?

W No, thank you. I _____ _____
very well.

M Come on. I'll _____ _____. It's
easy.

W Okay, but let's not go in the _____

_____.

deep water 깊은 물

10 다음을 듣고, 두 사람의 대화가 어색한 것을 고르시오.

① M I'd like to _____ _____ to

_____.

W That's very kind of you.

② W Kimchi is made of cabbage.

M Right. It's _____ but _____.

③ M Please make me a sandwich.

W _____ do you _____

_____ it?

④ W Relax. _____ will be _____.

M Do you really think so?

⑤ M _____ _____ makes you

_____.

W What is that fish eating?

••
spicy 양념 맛이 강한, 매운

11 대화를 듣고, 남자의 물건이 <u>아닌</u> 것을 고르시오.

W Are _____ _____ _____ ?

M Yes, the gloves, the books, and the

pencils are _____.

W Is this your _____ _____ ?

M Yes, that is mine, too.

W Is this your _____ ?

M No, that is not my hat.

••
water bottle 물병

12 대화를 듣고, 남자가 지난 일요일에 한 일로 가장 적절한 것을 고르시오.

W John, what did you do last Sunday?

M I visited my uncle. He _____

_____ the _____.

W Oh, did you? What did you do there?

M I _____ _____ the _____.

What about you, Sara?

W I _____ _____ with my dad in

the yard.

••
country 시골 **farm** 농장 **plant** 심다 **yard** 정원; 뜰

13 대화를 듣고, 대화 내용과 일치하지 <u>않는</u> 것을 고르시오.

M It's a nice day today, _____

_____ ?

W Yes, it's a good day.

M I _____ see you here _____. Do

you always run in the morning?

W Yes, I get up at 6 _____ _____ 2

kilometers _____ _____. What

are you doing?

M I'm _____ _____ _____.

••
walk (동물을) 산책시키다

14 대화를 듣고, 남자의 마지막 말에 이어질 여자의 말로 가장 적절한 것을 고르시오.

M I feel _____ _____ all the time.

W You should do something for your health.

M You are always _____ _____

_____. What's your secret?

W Can I _____ you some _____ ?

M Go ahead.

W <u>Exercise regularly and get plenty of</u>

<u>sleep.</u>

••
all the time 매번, 항상 **be in good shape** 건강이 좋다
regularly 규칙적으로 **plenty of** 많은

15 대화를 듣고, 여자의 마지막 말에 이어질 남자의 말로 가장 적절한 것을 고르시오.

W _____ _____ _____ ?

M Quite well. Thank you. By the way, what

are you _____ _____

during the Christmas _____ ?

W I'm planning to go to _____ a

_____ with my sister on Christmas

Eve. What are you going to do?

M <u>I'm going to go skiing.</u>

••
holiday 휴가; 방학

A 다음을 듣고, 어휘와 우리말 뜻을 쓰시오.

① _____ _____
② _____ _____
③ _____ _____
④ _____ _____
⑤ _____ _____
⑥ _____ _____

⑦ _____ _____
⑧ _____ _____
⑨ _____ _____
⑩ _____ _____
⑪ _____ _____
⑫ _____ _____

B 우리말을 참고하여 빈칸에 알맞은 단어를 쓰시오.

① Can I _____ you _____ _____?
조언 좀 해도 될까?

② Do you _____ _____ in the _____?
항상 아침에 달리기 하세요?

③ We _____ _____ _____ people.
우리는 다른 사람들에게 방해가 될 수 있어.

④ I've _____ _____ a _____ before.
난 전에 한 번도 불을 피워 본 적이 없어.

⑤ You _____ _____ something for your _____.
건강을 위해 넌 뭔가 해야 해.

⑥ It's _____ a _____ _____ I last _____ her.
할머니를 마지막으로 본지 꽤 오래되었어.

⑦ Do you know that you've been _____ over the _____
_____? 속도 위반을 하신 걸 아십니까?

⑧ We'd better _____ _____ because the play is _____ to
begin. 연극이 곧 시작하니까 우리는 말을 하지 않는 게 좋을 것 같아.

MY SCORE

.... / 15

01 대화를 듣고, 여자가 구입할 케이크로 가장 적절한 것을 고르시오.

①   ②

③   ④

⑤

02 대화를 듣고, 두 사람이 대화하는 장소로 가장 적절한 곳을 고르시오.

① 정육점   ② 와인 가게
③ 레스토랑   ④ 패스트푸드점
⑤ 백화점

03 대화를 듣고, 남자가 찾는 안경의 위치로 가장 알맞은 곳을 고르시오.

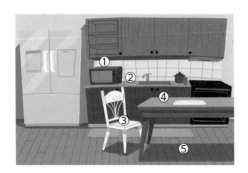

04 대화를 듣고, 두 사람의 관계로 가장 적절한 것을 고르시오.

① 사진작가 – 모델
② 매표소 직원 – 관람객
③ 호텔 종업원 – 투숙객
④ 식당 종업원 – 손님
⑤ 부동산 중개사 – 손님

05 대화를 듣고, 상민이가 누구인지 고르시오.

06 대화를 듣고, 남자가 중국에 갔던 연도를 고르시오.

① 2017년   ② 2018년
③ 2019년   ④ 2020년
⑤ 간 적이 없다.

07 대화를 듣고, 여자가 대화 직후에 할 일로 가장 적절한 것을 고르시오.

① 프린터 고치기
② 인쇄하기
③ 복사하기
④ 잉크 교체하기
⑤ 컴퓨터 구입하기

08 대화를 듣고, 남자의 심정으로 가장 적절한 것을 고르시오.

① 조급함

② 외로움

③ 기쁨

④ 실망스러움

⑤ 만족함

09 대화를 듣고, Justin이 어제 결석한 이유로 가장 적절한 것을 고르시오.

① 늦잠을 자서

② 제주도에 여행을 가서

③ 감기에 걸려서

④ 가족 행사가 있어서

⑤ 제주도에서 비행기를 놓쳐서

10 다음을 듣고, 두 사람의 대화가 어색한 것을 고르시오.

①   ②   ③   ④   ⑤

11 다음을 듣고, 사람들이 휴가를 보내는 방법으로 언급되지 않은 것을 고르시오.

① 해외 여행하기

② 등산하기

③ 해변에 가기

④ 가족들과 소풍 가기

⑤ 집에서 휴식하기

12 대화를 듣고, 여자의 마지막 말의 의도로 가장 적절한 것을 고르시오.

① 감사

② 불평

③ 축하

④ 거절

⑤ 제안

13 대화를 듣고, 대화 내용과 일치하지 않는 것을 고르시오.

① 남자는 내일 파티에 갈 것이다.

② 여자의 집에 친구가 방문할 예정이다.

③ 여자는 남자와 파티에 같이 가기로 약속했다.

④ 남자는 여자에게 내일 아침에 전화할 것이다.

⑤ 남자는 택시를 타고 파티에 갈 것이다.

14 대화를 듣고, 남자의 마지막 말에 이어질 여자의 말로 가장 적절한 것을 고르시오.

① That's great!

② I made the soup.

③ It's my turn to pay.

④ I like it very much.

⑤ I left most of the soup.

15 대화를 듣고, 여자의 마지막 말에 이어질 남자의 말로 가장 적절한 것을 고르시오.

① I want to go there.

② I don't know why.

③ I'll be there.

④ For here.

⑤ Never mind.

DICTATION 19

01 대화를 듣고, 여자가 구입할 케이크로 가장 적절한 것을 고르시오.

M Hello. May I help you?

W Yes, I'd like to _____ a _____.

M We have _____ cake and _____ cake. Which one do you want?

W Strawberry cake, please.

M Would you like _____ _____ on the cake?

W Yes. Please write "I Love You" on it.

M Okay.

02 대화를 듣고, 두 사람이 대화하는 장소로 가장 적절한 곳을 고르시오.

W Good evening, sir. Would you _____ _____ something to _____?

M Yes. I'd like the _____ and _____. What kind of wine do you serve?

W _____ _____ _____. I'll be right back with a _____ _____.

M Okay. Could I have a _____ _____ _____, too?

W Certainly. Right away.

••
care for ~하고 싶다 **serve** 제공하다

03 대화를 듣고, 남자가 찾는 안경의 위치로 가장 알맞은 곳을 고르시오.

M Mom, did you _____ my _____? I can't find them.

W You put them _____ the _____ when you _____ _____.

M Oh, I'll check.

W Did you find them?

M No. They're not on the table. Ah, they are _____ _____ _____!

••
microwave 전자레인지

04 대화를 듣고, 두 사람의 관계로 가장 적절한 것을 고르시오.

W How can I help you?

M My name is John Roberts. I _____ _____ _____ for two _____.

W Oh, yes, Mr. Roberts. Room 606. It's a _____ on the _____.

M A double? I asked for a single.

W Yes. But you can have it for the _____ _____ a _____. Is that all right?

M Yes, of course. Thank you.

••
double 2인실 **oceanfront** 바다가 보이는 전망 **single** 1인실

05 대화를 듣고, 상민이가 누구인지 고르시오.

W This game is very exciting.

M Yes, I think so. My friend Sangmin is _____ on the _____ _____.

W Oh? Where is he?

M In the _____ _____ the _____ around the centerline. He plays _____.

W There are five players in that area.

M He is the one _____ the _____ _____.

••
court (테니스 등의) 코트, 경기장 **centerline** 중앙선
forward 앞으로

06 대화를 듣고, 남자가 중국에 갔던 연도를 고르시오.

W Have you _____ _____ to the Great Wall of China?

M Yes, I have. It was _____. What about you?

W No, I _____. When were you there?

M I _____ there in 2019. Oh, sorry. It was _____ _____ _____ that.

●●
the Great Wall of China 만리장성 **impressive** 인상적인

07 대화를 듣고, 여자가 대화 직후에 할 일로 가장 적절한 것을 고르시오.

W Can I _____ _____ from your computer?

M I'm afraid you can't. It's running _____ _____ _____.

W Really? It's only two pages. Can I try?

M Sure. Let's hope _____ _____.

●●
run out of 떨어지다. 바닥나다

08 대화를 듣고, 남자의 심정으로 가장 적절한 것을 고르시오.

M Mom, I _____ that today is Harry's birthday. I _____ _____ _____ something for him.

W How much do you need?

M Twenty dollars will be fine. Can you give me the money _____? I'm _____ _____ _____.

W What will you buy for him?

M I don't know yet. I'll _____ when I _____ at the store.

●●
quickly 빨리. 곧 **be in a rush** 급하다. 서두르다

09 대화를 듣고, Justin이 어제 결석한 이유로 가장 적절한 것을 고르시오.

W Justin, why _____ you _____ yesterday? What happened?

M I _____ _____ a _____ to Jeju with my family on the weekend.

W Did you come back yesterday?

M No, I came back on Sunday. But I _____ a _____ _____ during the trip. So I stayed in bed all day yesterday.

W That's too bad. I hope you _____ _____ _____.

●●
absent 결석한 **a bad cold** 심한 감기

10 다음을 듣고, 두 사람의 대화가 어색한 것을 고르시오.

① W Are you ready?
   M No, I'm not.
② W Can I _____ _____ you?
   M No, it's not mine.
③ W Andy, how _____ you _____?
   M I'm sorry, but I do I know you?
④ M Where are you going now?
   W I'm _____ to _____.
⑤ M Can you help me _____ _____ this _____?
   W Sorry, but I'm too busy with my homework.

11 다음을 듣고, 사람들이 휴가를 보내는 방법으로 언급되지 <u>않은</u> 것을 고르시오.

People spend their _____ in _____ _____. Some people enjoy going to the

_____ or going to the _____.
Some people like to go on _____ with
their families. Others like to stay at home
and _____ _____ _____.

12 대화를 듣고, 여자의 마지막 말의 의도로 가장 적절한
것을 고르시오.

W Hello, Mr. Baker. May I ask you for a favor?

M Of course. What do you need?

W Could you _____ _____ a
_____ to school?

M No problem. I'm going that way, too.

W _____ _____ of you!

••
give … a ride ~를 태워주다

13 대화를 듣고, 대화 내용과 일치하지 <u>않는</u> 것을 고르
시오.

M I'm _____ to the _____
tomorrow night. Are you coming?

W I'm not sure. _____ _____ is
_____ me tomorrow. I'm going to
call her tonight.

M Then I _____ _____ you a
_____ tomorrow morning.

W Okay. Are you taking your car?

M No, I'm not. I'm going to _____
_____ _____ .

14 대화를 듣고, 남자의 마지막 말에 이어질 여자의 말로
가장 적절한 것을 고르시오.

M Did you _____ _____ _____
at the restaurant?

W I _____ _____ there again.

M What happened?

W There was a _____ _____ my
_____ . And that fish _____
strange.

M So what did you do with your food?

W <u>I left most of the soup.</u>

15 대화를 듣고, 여자의 마지막 말에 이어질 남자의 말로
가장 적절한 것을 고르시오.

W What can I do for you?

M I'll have one _____ _____ and a
lemonade, please.

W _____ _____ ?

M That's all.

W _____ _____ or _____
_____ ?

M <u>For here.</u>

••
tuna sandwich 참치 샌드위치

A 다음을 듣고, 어휘와 우리말 뜻을 쓰시오.

① _____ ⑦ _____

② _____ ⑧ _____

③ _____ ⑨ _____

④ _____ ⑩ _____

⑤ _____ ⑪ _____

⑥ _____ ⑫ _____

B 우리말을 참고하여 빈칸에 알맞은 단어를 쓰시오.

① It's _____ _____ _____ _____.
잉크가 다 떨어져가고 있어.

② I _____ _____ _____ all day yesterday.
나는 어제 하루 종일 누워 있었어.

③ Would you _____ for something _____ _____?
뭐 좀 드시겠습니까?

④ Can I _____ something _____ your _____?
네 컴퓨터에서 인쇄 좀 해도 될까?

⑤ I have a _____ _____ _____.
저는 2박 예약했습니다.

⑥ Sorry, but I'm _____ _____ _____ my homework.
죄송하지만, 전 숙제 때문에 너무 바빠요.

⑦ People spend their _____ _____ _____.
사람들은 자신들의 휴가를 여러 가지 방법으로 보낸다.

⑧ I _____ _____ a _____ to Jeju with my family on the weekend. 나는 주말에 가족과 함께 제주도로 여행을 갔었어.

01 다음을 듣고, 'this'가 가리키는 것으로 가장 적절한 것을 고르시오.

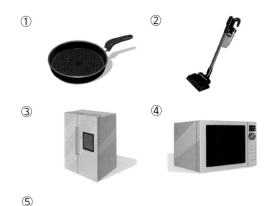

04 대화를 듣고, 두 사람의 관계로 가장 적절한 것을 고르시오.

① 영화관 직원 – 관객
② 관광 안내원 – 관광객
③ 비행기 승무원 – 탑승객
④ 여행사 직원 – 손님
⑤ 서점 직원 – 손님

05 대화를 듣고, 여자의 직업으로 가장 적절한 것을 고르시오.

① 경찰관
② 과학자
③ 수리 기사
④ 건축가
⑤ 관리 사무소 직원

02 대화를 듣고, 두 사람이 대화하는 장소로 가장 적절한 곳을 고르시오.

① 교무실   ② 사무실
③ 집   ④ 매점
⑤ 도서관

06 대화를 듣고, 오늘 Luna가 학교에 도착한 시각을 고르시오.

① 7시
② 8시
③ 9시
④ 10시
⑤ 11시

03 대화를 듣고, 자동차 정비소의 위치로 가장 알맞은 곳을 고르시오.

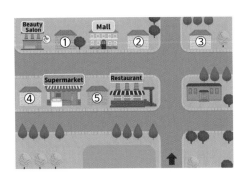

07 다음을 듣고, 무엇에 관한 내용인지 가장 적절한 것을 고르시오.

① 설날
② 밸런타인데이
③ 추석
④ 핼러윈
⑤ 크리스마스

08 대화를 듣고, 여자의 심정으로 가장 적절한 것을 고르시오.

① scared
② bored
③ disappointed
④ nervous
⑤ pleased

09 대화를 듣고, 남자가 지금 재활용품을 버리지 못하는 이유로 가장 적절한 것을 고르시오.

① 다른 일로 바빠서
② 쓰레기 수거 날이 아니라서
③ 재활용품 버리는 시간이 아니라서
④ 밖에 날씨가 좋지 않아서
⑤ 쓰레기 분리 수거를 안해서

10 대화를 듣고, 남자가 이용할 교통수단으로 가장 적절한 것을 고르시오.

① 자동차
② 비행기
③ 고속열차
④ 지하철
⑤ 고속버스

11 대화를 듣고, 여자의 남자 형제가 몇 살인지 고르시오.

① 15세
② 25세
③ 30세
④ 35세
⑤ 45세

12 대화를 듣고, 남자가 대화 직후에 할 일로 가장 적절한 것을 고르시오.

① 집에 가기
② 병원에 가기
③ 도서관에 가기
④ 수업 들어가기
⑤ 식당에 가기

13 대화를 듣고, 대화 내용과 일치하지 않는 것을 고르시오.

① Jenny는 집에 늦게 들어 왔다.
② Jenny는 마지막 지하철을 놓쳤다.
③ Jenny는 Mary와 함께 걸어 왔다.
④ 아빠는 Jenny를 걱정했다.
⑤ Jenny는 아빠에게 연락하지 않았다.

14 대화를 듣고, 남자의 마지막 말에 이어질 여자의 말로 가장 적절한 것을 고르시오.

① It was so expensive.
② No, I like summer.
③ Yes, it was rainy all day.
④ It'll be sunny tomorrow.
⑤ There were so many people.

15 대화를 듣고, 여자의 마지막 말에 이어질 남자의 말로 가장 적절한 것을 고르시오.

① Sure, I'll take care of it.
② Yes, but it's not working.
③ I'm sorry to hear that.
④ I guess I made a mistake.
⑤ No, I took some medicine this morning.

01 다음을 듣고, 'this'가 가리키는 것으로 가장 적절한 것을 고르시오.

This is an _____ _____ and looks like a rectangular metal box. You can _____ _____ this in the _____. This is often used to _____ or cook food quickly. When you don't have time to cook, you just _____ _____ _____ in it. What is this?

electronic device 전자 기기 **rectangular** 직사각형의 **metal** 금속 **easily** 쉽게 **frozen food** 냉동 식품

02 대화를 듣고, 두 사람이 대화하는 장소로 가장 적절한 곳을 고르시오.

W Here is my _____, Mr. Miller.
M Thank you. Just _____ _____ on my desk. By the way, would you do me a favor?
W Sure. What is it?
M Can you _____ the _____ _____ there is anyone else who would like to _____ _____ their _____?
W Okay, Mr. Miller.

assignment 과제, 숙제 **turn in** 제출하다

03 대화를 듣고, 자동차 정비소의 위치로 가장 알맞은 곳을 고르시오.

M Excuse me. I'm looking for an _____ _____ _____ near here.
W Go straight along this street and turn _____ at the _____ _____.

M Turn left at the second intersection?
W Yes. It's _____ the _____ _____ and the _____.

auto repair shop 자동차 정비소

04 대화를 듣고, 두 사람의 관계로 가장 적절한 것을 고르시오.

W How can I help you?
M Hello. I'm _____ about a _____ to Hawaii.
W Yes, sir. _____ _____ or _____?
M Return in _____ class.
W When do you want to _____?
M I'd like to leave on May 12.

one way 편도 **return** 왕복 **economy class** 2등석, 보통석

05 대화를 듣고, 여자의 직업으로 가장 적절한 것을 고르시오.

W Hello. This is the _____ _____. How may I help you?
M Hello. This is Mike from unit 501, block 101.
W Yes? What can I do for you?
M My water pipe is _____ _____ again.
W All right. I'll _____ someone _____ right away.
M Thanks.

management office 관리 사무소 **water pipe** 수도관 **be blocked up** 막히다

06

대화를 듣고, 오늘 Luna가 학교에 도착한 시각을 고르시오.

M Luna, _____ _____ do you
usually arrive at school?

W I usually arrive at 8 a.m., but this
morning, I _____ _____. So I
was _____ _____ _____.

M It's good to arrive at school early, isn't it?

W Yes, it is. It gives you time to _____
_____ _____.

••
sleep in 늦잠을 자다 **unfinished** 끝나지 않은

07

다음을 듣고, 무엇에 관한 내용인지 가장 적절한 것을 고르시오.

It is an _____ Christian _____. On
this day, children _____ _____ and
don't go to school. Families get together
and _____ _____ and cake.
This day _____ near the _____
_____ _____.

••
international 국제적인 **Christian** 기독교의 **turkey** 칠면조 (고기)
fall (날짜가) ~이다

08

대화를 듣고, 여자의 심정으로 가장 적절한 것을 고르시오.

W Next week is Chuseok. I think it's my
_____ _____ of the _____.

M Why is that?

W My entire family _____ _____,
and we have so much food and
_____ _____.

M I can see you are very excited.

••
entire family 온 가족

09

대화를 듣고, 남자가 지금 재활용품을 버리지 <u>못하는</u>
이유로 가장 적절한 것을 고르시오.

W What are you doing, Gary?

M I'm _____ _____ the _____
and the _____.

W Don't forget you can only take out the
_____ _____ after 8 p.m.

M Oh, that's right. I guess I have to
_____ _____ _____.

••
take out 버리다 **recyclable material** 재활용품

10

대화를 듣고, 남자가 이용할 교통수단으로 가장 적절
한 것을 고르시오.

M I'm going to Seoul this weekend.

W _____ are you _____ _____
from Busan? Are you coming _____
_____?

M No, I'll take the _____-_____
_____ from Busan to Seoul.

W How long does it take?

M It takes about _____ _____
_____ _____ hours.

••
high-speed train 고속열차

11

대화를 듣고, 여자의 남자 형제가 몇 살인지 고르시오.

M How old are you?

W I'm _____-_____ years old.

M Really? You _____ so _____. Do
you have any brothers or sisters?

W Yes, I do. I have _____ _____.

M How old is he?

W He is _____ _____ _____ I am.

M So you and he are _____?

W That's right.

---

12 대화를 듣고, 남자가 대화 직후에 할 일로 가장 적절한 것을 고르시오.

W You look like you're _____ _____ _____.

M I am. Have you seen Martin?

W I _____ _____ _____ since this morning.

M Could you do me a favor?

W Sure. What?

M It's an easy one. If you see Martin, _____ him I _____ _____.

W No problem.

---

13 대화를 듣고, 대화 내용과 일치하지 <u>않는</u> 것을 고르시오.

W Daddy, I'm home.

M _____ are you home _____ _____, Jenny?

W I _____ the last bus, so I _____ home with Mary.

M The next time, _____ me _____ _____. I was starting to get really _____.

W I'm sorry. I promise I will.

start to ~하기 시작하다 **promise** 약속하다

---

14 대화를 듣고, 남자의 마지막 말에 이어질 여자의 말로 가장 적절한 것을 고르시오.

M Did you _____ a _____ _____?

W It was not very good.

M Really? What did you do?

W I _____ _____ with my family.

M _____ the weather _____?

W Yes, it was rainy all day.

---

15 대화를 듣고, 여자의 마지막 말에 이어질 남자의 말로 가장 적절한 것을 고르시오.

W You _____ _____. Are you okay?

M I have a headache.

W Oh, you _____ _____! How did you get it?

M I _____ _____ all night yesterday to finish my homework.

W Did you _____ some _____?

M Yes, but it's not working.

stay up all night 밤을 새다 **work** 효과가 있다

A 다음을 듣고, 어휘와 우리말 뜻을 쓰시오.

① _____ _____

② _____ _____

③ _____ _____

④ _____ _____

⑤ _____ _____

⑥ _____ _____

⑦ _____ _____

⑧ _____ _____

⑨ _____ _____

⑩ _____ _____

⑪ _____ _____

⑫ _____ _____

B 우리말을 참고하여 빈칸에 알맞은 단어를 쓰시오.

① He is _____ _____ _____ I am.
그는 저와 나이가 같아요.

② Did you _____ _____ _____?
너는 약은 좀 먹었니?

③ I'm _____ about a _____ _____ Hawaii.
하와이로 가는 항공권 때문에 전화했어요.

④ My _____ _____ is _____ _____ again.
수도관이 또 막혔어요

⑤ I _____ _____ yesterday.
나는 어제 밤을 꼬박 새웠어.

⑥ This is often _____ to _____ or _____ food quickly.
이것은 흔히 음식을 빨리 데우거나 요리하는 데 사용된다.

⑦ I usually _____ at 8 a.m., but this morning, I _____ _____.
나는 보통 8시에 도착하는데, 오늘 아침에 늦잠을 잤어.

⑧ Don't forget you can only _____ _____ the _____
materials after 8 p.m. 재활용품은 오후 8시 이후에만 버릴 수 있다는 거 잊지 마.

NEW
EDITION

실력을 확실히 올려주는 **리스닝 프로그램**

영어듣기 모의고사

CooL
LISTENING

정답 및 해석

DARAKWON

영어듣기 모의고사

CooL LISTENING

정답 및 해석

1

문제 및 정답	받아쓰기 및 녹음내용	해석

01 다음을 듣고, 서울의 내일 날씨로 가장 적절한 것을 고르시오.

Good morning. This is Sam Smith with the <u>weather</u> <u>report</u> for world cities for tomorrow. It will be <u>clear</u> and sunny all day in Tokyo <u>while</u> a lot of <u>rain</u> is <u>expected</u> in London. In Seoul, it will be <u>very</u> <u>cloudy</u> tomorrow.

안녕하세요. 저는 내일의 세계 도시 일기예보의 Sam Smith입니다. 도쿄는 하루 종일 맑고 화창하겠지만, 런던에는 많은 비가 예상됩니다. 서울은 내일 매우 흐리겠습니다.

●●
weather report 일기 예보 **city** 도시 **expect** 예상하다

---

02 대화를 듣고, 두 사람이 대화하는 장소로 가장 적절한 곳을 고르시오.

① 식당
② 백화점
③ 은행
④ 장난감 가게
⑤ 슈퍼마켓

M I'd like to <u>withdraw</u> 300 dollars, please.
W How <u>would</u> you <u>like</u> it?
M I'd like 1 hundred, 5 <u>twenties</u>, 8 tens, and 4 fives, please.
W <u>Here you go</u>.
M Thanks. Have a nice day.

남 저는 300달러를 인출하고 싶습니다.
여 어떻게 드릴까요?
남 100달러짜리 1장, 20달러짜리 5장, 10달러짜리 8장, 5달러짜리 4장으로 부탁합니다.
여 여기 있습니다.
남 고맙습니다. 즐거운 하루 되세요.

●●
withdraw (계좌에서 돈을) 인출하다

---

03 대화를 듣고, 약국의 위치로 가장 알맞은 곳을 고르시오.

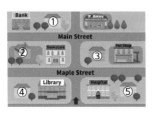

M Is there a <u>drugstore</u> around here?
W Yes, <u>go straight</u> one block and turn left at Maple Street.
M <u>Turn left</u> at Maple Street?
W Yes, it is on your <u>right</u>. It's <u>next to</u> the bookstore.
M Thank you.

남 이 근처에 약국이 있나요?
여 네, 한 블록 직진하다가 Maple 거리에서 왼쪽으로 도세요.
남 Maple 거리에서 왼쪽으로 돌라고요?
여 네, 그것은 오른편에 있어요. 서점 옆에 있어요.
남 감사합니다.

●●
drugstore 약국 **go straight** 직진하다

---

04 대화를 듣고, 두 사람의 관계로 가장 적절한 것을 고르시오.

① 은행원 – 고객
② 스튜어디스 – 승객
③ 우체국 직원 – 손님
④ 의사 – 환자
⑤ 종업원 – 손님

W What can I do for you, sir?
M I want to <u>send this letter</u> to England.
W Do you want <u>regular</u> mail or express mail?
M Send it <u>by express mail</u>, please.

여 뭘 도와드릴까요, 손님?
남 이 편지를 영국으로 보내고 싶습니다.
여 보통 우편으로 부치시겠어요, 아니면 빠른 우편으로 부치시겠어요?
남 빠른 우편으로 보내주세요.

●●
regular mail 보통 우편 **express mail** 빠른 우편

05 대화를 듣고, 여자가 찾는 스마트폰의 위치로 가장 알맞은 곳을 고르시오.

W Dad, can you get my smart phone from <u>upstairs</u>?

M Okay. Where did you <u>put it</u>?

W It is in my room. It <u>might be</u> next to the computer.

M Julie, it isn't here. Oh, it is <u>on the bed</u>.

W Thank you, Dad.

●●
upstairs 위층, 2층

여 아빠, 위층에서 제 스마트폰 좀 가져다 주시겠어요?

남 알았다. 어디에 뒀니?

여 그건 제 방에 있어요. 컴퓨터 옆에 있을 거예요.

남 Julie, 여기에 없어. 오, 침대 위에 있구나.

여 감사해요, 아빠.

---

06 대화를 듣고, 남자가 받을 거스름돈을 고르시오.

① 50 cents
② 1 dollar
③ 1 dollar 50 cents
④ 2 dollars
⑤ 2 dollars 50 cents

W <u>Have</u> you <u>decided</u> what you want?

M Yes, I'd like a <u>sandwich</u> and some milk, please. How much is that?

W That comes to four dollars and <u>fifty cents</u>.

M Great! I'll have that then. Here is <u>five dollars</u>.

●●
decide 결정하다 **come to** ~가 되다, 금액이 ~이다

여 무엇으로 할지 정하셨어요?

남 네, 샌드위치 한 개와 우유 주세요. 얼마예요?

여 4달러 50센트입니다.

남 좋아요! 그럼 그걸로 할게요. 여기 5달러입니다.

---

07 대화를 듣고, 여자가 선물로 구입할 물건으로 가장 적절한 것을 고르시오.

① 셔츠
② 스웨터
③ 책
④ 신발
⑤ 가방

W I want to <u>buy</u> a <u>nice gift</u> for my brother.

M Really? How about a shirt or a <u>sweater</u>?

W He doesn't like <u>clothes</u> that much. I <u>was thinking</u> about a book.

M That's a good idea. I'm <u>sure</u> he'll like that.

●●
gift 선물 **sweater** 스웨터 **clothes** 옷

여 남동생에게 줄 괜찮은 선물을 사고 싶어.

남 정말? 셔츠나 스웨터는 어때?

여 남동생이 옷을 별로 안 좋아해. 나는 책을 생각하고 있었어.

남 그거 좋은 생각이야. 남동생이 분명히 좋아할 거야.

---

08 대화를 듣고, 여자가 한 마지막 말의 의도로 가장 적절한 것을 고르시오.

① 조롱
② 격려
③ 불평
④ 걱정
⑤ 제안

W What did you think of the test?

M That was <u>the worst test</u> ever.

W Was it that hard?

M Yes. I'm sure I didn't get a <u>single answer right</u> on the third part of the test.

W Don't worry. If you did your <u>best</u>, that's all that <u>matters</u>.

●●
worst 최악의 **single** 하나의 **do one's best** 최선을 다하다 **matter** 중요하다

여 시험 어땠어?

남 지금껏 본 시험 중에 제일 못 봤어.

여 시험이 그렇게 어려웠어?

남 응. 시험의 세 번째 부분은 한 개도 맞은 게 없을 게 분명해.

여 걱정하지 마. 최선을 다했다면, 그게 가장 중요한 거야.

09

대화를 듣고, 여자가 우울해하는 이유로 가장 적절한 것을 고르시오.

① TV가 고장 나서
② 밖에 비가 내려서
③ TV를 볼 시간이 없어서
④ 좋아하는 TV 프로그램 시간을 놓쳐서
⑤ 좋아하는 TV 프로그램의 방영이 취소되어서

M What's wrong, Sandra?
W My favorite TV show was canceled.
M I'm sorry to hear that. Is there another show you can watch?
W Maybe. I haven't checked.

남 무슨 일이야, Sandra?
여 내가 제일 좋아하는 TV 프로그램이 취소됐어.
남 안됐다. 네가 볼 수 있는 다른 프로그램이 있니?
여 아마도. 확인 안 해봤어.

•• show (TV, 라디오의) 프로그램 cancel 취소하다

10

대화를 듣고, 어떤 계절에 관한 설명인지 고르시오.

① 봄
② 초여름
③ 여름
④ 가을
⑤ 겨울

M What a beautiful sight!
W I agree. I love it when the leaves turn colors.
M I especially love the yellow leaves.
W I love them, too, but my favorites are the red ones.

남 정말 경치 좋다!
여 맞아. 난 단풍이 들 때가 정말 좋아.
남 난 특히 노란색 낙엽을 좋아해.
여 나도 그걸 좋아하지만 내가 특히 좋아하는 것은 빨간색 낙엽이야.

•• sight 풍경, 광경 agree 동의하다
favorite 특히 좋아하는 것

11

다음을 듣고, 학생들의 등교 방법에 대해 언급되지 <u>않은</u> 것을 고르시오.

① 도보
② 버스
③ 자가용
④ 지하철
⑤ 자전거

There are thirty-two students in my class. Ten students come to school by bus. Five come to school by subway. Eleven come to school by bike. Six walk to school.

우리 반에는 32명의 학생이 있습니다. 10명의 학생은 버스를 타고 학교에 옵니다. 5명은 지하철로 학교에 옵니다. 11명은 자전거로 학교에 옵니다. 6명은 걸어서 학교에 옵니다.

•• by (방법·수단) ~로 subway 지하철
bike 자전거

12

대화를 듣고, 여자가 대화 직후에 할 일로 가장 적절한 것을 고르시오.

① 은행에 가기
② 식당에 예약하기
③ 남자에게 돈을 빌리기
④ 혼자 점심 먹으러 가기
⑤ 남자에게 돈을 빌려주기

W Do you want to have lunch?
M Yeah, I'd love to. Uh-oh. I don't have any cash on me. Could I borrow 10 dollars?
W Sure.
M I will pay you back tomorrow. Is that okay?
W No problem.

여 점심 식사 하시겠어요?
남 네, 그러시죠. 이런. 제게 현금이 없네요. 10달러만 빌릴 수 있을까요?
여 물론이죠.
남 내일 갚을 게요. 괜찮나요?
여 그럼요.

•• have lunch 점심 식사하다 cash 현금
borrow 빌리다 pay back (돈을) 갚다

13 대화를 듣고, 대화 내용과 일치하지 않는 것을 고르시오.

① 내일 날씨는 따뜻하고 화창할 것이다.
② 여자는 내일 뉴욕에 갈 것이다.
③ 여자는 남자에게 동행을 제안했다.
④ 남자는 오늘 집들이를 했다.
⑤ 여자는 남자가 이사한 것을 몰랐다.

W What's <u>tomorrow's weather</u>?
M It is going to be warm and sunny.
W I'm going to <u>drive up to</u> New York tomorrow. Do you want to <u>go with</u> me?
M I'd love to, but I can't. Some of my friends are <u>coming over</u> for my <u>housewarming</u> party.
W Oh, you <u>moved into</u> a new house. I didn't know that.

여 내일 날씨는 어떤가요?
남 따뜻하고 화창할 거예요.
여 전 내일 운전해서 뉴욕에 갈 거예요. 저와 함께 갈래요?
남 가고 싶지만 안 돼요. 친구 몇 명이 집들이에 오기로 했거든요.
여 오, 새집으로 이사하셨군요. 몰랐네요.

••
come over (누구의 집에) 오다
housewarming party 집들이

---

14 대화를 듣고, 남자의 마지막 말에 이어질 여자의 말로 가장 적절한 것을 고르시오.

① We're closed.
② I'm just looking around.
③ I'll buy it if it's 10 dollars.
④ Yes, we do. Try this one.
⑤ No, thanks. It's too expensive.

W Can I help you?
M Yes, I'm <u>looking for a shirt</u>.
W How about this one?
M I like it. Can I <u>try it on</u>?
W Yes, of course. Is the size okay?
M No, it's too big. Do you have a <u>smaller one</u>?
W <u>Yes, we do. Try this one.</u>

여 도와드릴까요?
남 네, 저는 셔츠를 찾고 있어요.
여 이건 어떠세요?
남 마음에 들어요. 입어봐도 될까요?
여 네, 물론이죠. 사이즈는 괜찮나요?
남 아니요, 너무 커요. 더 작은 게 있나요?
여 <u>네, 있어요. 이걸로 입어보세요.</u>

① 영업이 끝났어요.
② 그냥 둘러보고 있어요.
③ 10달러면 살게요.
⑤ 아니요, 괜찮아요. 너무 비싸네요.

••
look for ~을 찾다 **try on** 입어보다
look around 구경하다 **expensive** 비싼

---

15 대화를 듣고, 여자의 마지막 말에 이어질 남자의 말로 가장 적절한 것을 고르시오.

① Terrific!
② I'll be staying for a week.
③ Have a nice trip.
④ Please open your bag.
⑤ I'll be staying at the Maya Hotel.

W May I see <u>your passport</u> and ticket, please?
M Yes, here you are.
W What is the <u>purpose</u> of your visit?
M I'm <u>just sightseeing</u> for a few days.
W Is this your first visit to this country?
M Yes, it is.
W <u>Where</u> will you <u>be staying</u>?
M I'll be staying at the Maya Hotel.

여 여권과 표를 보여주시겠습니까?
남 네, 여기 있습니다.
여 방문 목적이 무엇입니까?
남 단지 며칠간 관광을 할 겁니다.
여 이 나라에 처음 오신 건가요?
남 네, 그렇습니다.
여 어디에서 묵으실 건가요?
남 <u>Maya 호텔에서 묵을 겁니다.</u>

① 멋진데요!
② 한 주간 머물 거예요.
③ 즐거운 여행 되세요.
④ 가방 좀 열어주세요.

••
passport 여권 **purpose** 목적
sightseeing 관광 **terrific** 아주 좋은, 멋진

A
1. drugstore, 약국
2. upstairs, 위층, 2층
3. clothes, 옷
4. cancel, 취소하다
5. sight, 풍경, 광경
6. subway, 지하철
7. try on, 입어보다
8. passport, 여권
9. sightseeing, 관광
10. expect, 예상하다
11. decide, 결정하다
12. go straight, 직진하다

B
1. smaller one
2. purpose, visit
3. regular, express
4. favorite, was canceled
5. school by bus
6. buy, gift for
7. like to withdraw
8. did your best, matters

문제 및 정답	받아쓰기 및 녹음내용	해석

01 다음을 듣고, 'this'가 가리키는 것으로 가장 적절한 것을 고르시오.

①   ②

③   ④

⑤

You take this out on a rainy day. It keeps your clothes from getting wet. This has a long stick, a folding frame, and a cloth. Once you click a button, it gets bigger. When a strong wind blows, it may turn inside-out. What is this?

비 오는 날 당신은 이것을 가지고 나간다. 그것은 당신의 옷이 젖지 않게 한다. 이것은 긴 막대기, 접이식 뼈대, 그리고 천이 있다. 버튼을 누르면 그것은 더 커진다. 강한 바람이 불면 뒤집힐 수도 있다. 이것은 무엇인가?

●●
keep *A* from *B* A가 B하는 것을 막다 folding 접을 수 있는 cloth 옷감, 천 turn inside-out 뒤집히다

---

02 대화를 듣고, 두 사람이 대화하는 장소로 가장 적절한 곳을 고르시오.

① 학교
② 비행기
③ 백화점
④ 경찰서
⑤ 식당

M Excuse me, Professor Burns. I'd like to show you this term paper.
W Please come in and have a seat.
M Please give me your honest opinion.
W Sure. Let me look at it.

남 실례합니다, Burns 교수님. 이 학기 과제물을 보여 드리고 싶어서요.
여 들어와서 앉으세요.
남 솔직한 의견을 말씀해 주세요.
여 그러죠. 어디 봅시다.

●●
term paper (미국 학교, 대학교의) 학기말 과제
honest 정직한; 솔직한 opinion 의견

---

03 대화를 듣고, Brown 씨 사무실의 위치로 가장 알맞은 곳을 고르시오.

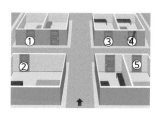

M Excuse me. Do you know where Mr. Brown's office is?
W Go straight down this hall and turn right at the corner. It's the second door on your left. You can't miss it.
M Thank you very much.
W You're welcome.

남 실례합니다. Brown 씨의 사무실이 어디에 있는지 아십니까?
여 이 복도를 따라 직진하다가 모퉁이에서 오른쪽으로 도세요. 왼쪽에서 두 번째 문입니다. 쉽게 찾으실 수 있을 거예요.
남 대단히 감사합니다.
여 천만에요.

●●
office 사무실 hall 복도

---

04 대화를 듣고, 두 사람의 관계로 가장 적절한 것을 고르시오.

① 의사 – 간호사
② 식당 종업원 – 손님
③ 택시 기사 – 승객
④ 선생님 – 학생
⑤ 가수 – 팬

M Are you ready to order, ma'am?
W Yes. I would like to order two hamburgers and two Pepsis.
M Anything else?
W No, thanks. How much is that?
M That'll be 12 dollars.

남 주문하시겠습니까, 부인?
여 네. 햄버거 두 개와 펩시 두 잔 주세요.
남 다른 것은요?
여 괜찮습니다. 얼마예요?
남 12달러입니다.

●●
order 주문하다 anything else 그 밖의 다른 것

05

대화를 듣고, 남자가 전화를 건 목적으로 가장 적절한 것을 고르시오.

① 파티를 취소하려고
② 약속을 변경하려고
③ 생일 파티에 초대하려고
④ 사과하려고
⑤ 상담하려고

M Hello. Can I speak to Sunny, please?
W This is she.
M Hi, Sunny. This is David. What are you going to do this Friday?
W This Friday? I don't have any plans. Why?
M Can you come to my birthday party?
W Of course. What time are you going to have the party?
M At five o'clock. At my place.

남 여보세요. Sunny와 통화할 수 있을까요?
여 전데요.
남 안녕, Sunny. 나 David야. 이번 주 금요일에 너 뭐 할 거니?
여 이번 주 금요일? 아무 계획 없는데. 왜?
남 내 생일 파티에 올 수 있니?
여 물론이지. 파티를 몇 시에 하니?
남 5시에. 우리 집에서.

●●
plan 계획 **place** 장소, 곳

06

대화를 듣고, 여자가 받을 거스름돈을 고르시오.

① 1,000원
② 2,500원
③ 3,000원
④ 3,500원
⑤ 4,000원

W How much is the ball?
M Which ball are you talking about?
W That one there.
M It's 1,000 won.
W Great! I'll take two. Here's 5,000 won.

여 공은 얼마예요?
남 어떤 공 말씀이세요?
여 저기에 있는 거요.
남 천원입니다.
여 좋아요! 2개 살게요. 여기 5천원이요.

07

다음을 듣고, 무엇에 관한 내용인지 가장 적절한 것을 고르시오.

① 김치
② 짜장면
③ 장아찌
④ 불고기
⑤ 비빔밥

This type of food is made of cabbage and has a strong taste. Most Koreans eat this with their meals. Hot pepper powder, garlic, and salt are also ingredients. It is a very healthy food and is uniquely Korean. There are many different types of this food.

이 종류의 음식은 배추로 만들어지고 맛이 강하다. 대부분의 한국인들은 식사 때 이것을 먹는다. 고춧가루, 마늘과 소금 또한 재료이다. 그것은 매우 건강에 좋은 음식이며 한국 특유의 음식이다. 이 음식에는 여러 가지 많은 종류가 있다.

●●
cabbage 배추 **meal** 음식, 식사 **garlic** 마늘 **ingredient** 재료 **uniquely** 특유의 형태로

08

대화를 듣고, 남자의 심정으로 가장 적절한 것을 고르시오.

① 감사함
② 미안함
③ 화가 남
④ 수줍음
⑤ 의심스러움

M Hello. Is this the Customer Service Department?
W Yes, it is. What's the problem, sir?
M Your store clerk was very rude to me today.
W What was the clerk's name?
M Mrs. Stevens, I think.
W Could you tell me about your claim in detail?

남 여보세요. 고객 서비스부인가요?
여 네, 그렇습니다. 무슨 일이십니까, 손님?
남 오늘 매장 직원이 저한테 매우 무례하더군요.
여 직원 이름이 뭐였나요?
남 Stevens 씨로 알고 있습니다.
여 불편 사항을 자세히 말씀해 주시겠습니까?

●●
department 부서 **rude** 무례한 **claim** 불만; 주장 **in detail** 상세히

09 대화를 듣고, 남자가 엄마에게 할 일로 가장 적절한 것을 고르시오.

① 맛있는 음식을 사드리기
② 요리책을 사드리기
③ 조리법을 알려드리기
④ 맛있는 음식을 만들어 드리기
⑤ 점심 도시락을 만들어 드리기

M Do you know any good recipes?
W Yes, I do. Why do you ask?
M I would like to make a delicious meal for my mom.
W That's very nice. I'm sure she'll appreciate that.

남 괜찮은 조리법 좀 알고 있나요?
여 네, 알아요. 왜 물으시죠?
남 엄마를 위해서 맛있는 식사를 만들어 드리고 싶어요.
여 너무 멋지네요. 엄마가 분명 고마워하실 거예요.

recipe 조리법 delicious (아주) 맛있는
appreciate 고마워하다

---

10 다음을 듣고, 두 사람의 대화가 어색한 것을 고르시오.

① ② ③ ④ ⑤

① M Are you tired now?
　W Yes, it's been a hard day.
② M What's the matter?
　W I have a terrible headache.
③ W Do you know where the eraser is?
　M Isn't it in the desk drawer?
④ W This place looks great. I love the seashore.
　M So did I. I went hiking yesterday.
⑤ W Do you know why I love Sunday?
　M Sure. The reason is that you don't work on Sundays.

① 남 너 지금 피곤하니?
　여 응, 힘든 하루였어.
② 남 무슨 일이야?
　여 머리가 너무 아파.
③ 여 지우개가 어디에 있는지 아니?
　남 책상 서랍 안에 있지 않아?
④ 여 이곳 정말 좋아 보인다. 나는 해변을 좋아해.
　남 나도 그랬어. 나는 어제 하이킹을 갔어.
⑤ 여 내가 왜 일요일을 좋아하는지 아니?
　남 물론이지. 그 이유는 일요일에는 일을 안 하기 때문이지.

hard 힘든 desk drawer 책상 서랍
seashore 해변, 해안 reason 이유

---

11 대화를 듣고, 여자의 습관으로 가장 적절한 것을 고르시오.

① 과식하지 않기
② 계획을 기록하기
③ 친척 집에 자주 방문하기
④ 규칙적으로 운동하기
⑤ 쇼핑할 때 필요한 것만 사기

M Shall we go shopping this weekend?
W Let me look at my schedule. Oh, I'd love to, but I can't. I have to visit my uncle.
M Oh, I see. Do you always write down your plans?
W Yes, it's a good way to use time wisely.

남 우리 이번 주말에 쇼핑하러 갈래?
여 스케줄을 볼게. 아, 가고 싶지만 안 되겠어. 삼촌 댁에 가야 해.
남 아, 알겠어. 너는 항상 네 계획들을 적어 두니?
여 응, 그게 시간을 현명하게 쓰는 좋은 방법이야.

schedule 일정, 스케줄 wisely 현명하게

---

12 대화를 듣고, 두 사람이 할 일로 가장 적절한 것을 고르시오.

① 수영하러 가기
② 쇼핑 하러 가기
③ 도서관에 가기
④ 배드민턴 치기
⑤ 배드민턴 경기 관람하기

W Can you swim?
M Yes, I can. Why?
W Well, would you like to go swimming this afternoon?
M Oh, I need to buy a new bathing suit.
W Hmm. How about playing badminton together then?
M That sounds good.

여 수영할 줄 아니?
남 응, 할 줄 알아. 왜?
여 그럼, 오늘 오후에 수영하러 갈래?
남 아, 난 수영복을 새로 사야 해.
여 흠. 그럼 같이 배드민턴 치는 건 어때?
남 좋아.

bathing suit 수영복

13

대화를 듣고, 대화 내용과 일치하지 <u>않는</u> 것을 고르시오.

① 남자와 여자는 쇼핑몰에 있다.
② 남자는 할머니 생신 선물을 샀다.
③ 여자는 선물을 같이 골라 주었다. ✓
④ 여자는 남자를 쇼핑몰에서 찾아 다녔다.
⑤ 여자는 물건을 사지 않았다.

W Hey! There you are. I've <u>been looking</u> all over for you at this mall.
M Oh, you have? I <u>got</u> <u>a scarf</u> at a shop.
W <u>Who</u> is it <u>for</u>?
M It's for my grandma. Tomorrow is her birthday.
W Your grandma will like it.
M Did you get <u>anything for yourself</u>?
W No, I just did a lot of window shopping.

여 야! 여기 있었구나. 이 쇼핑몰 온 데를 널 찾아 다녔어.
남 아, 그랬어? 난 상점에서 스카프를 하나 샀어.
여 누구 주려고?
남 할머니 거야. 내일이 할머니 생신이거든.
여 네 할머니께서 그걸 좋아하실 거야.
남 네 것은 뭐 좀 샀니?
여 아니, 난 그저 구경만 많이 했어.

● ●
window shopping 윈도우 쇼핑, 아이 쇼핑 (물건은 사지 않고 구경만 하는 것)

14

대화를 듣고, 여자의 마지막 말에 이어질 남자의 말로 가장 적절한 것을 고르시오.

① I'm an office worker.
② I have no time to visit.
③ Nice to meet you.
④ I have a terrible cold. ✓
⑤ No, I don't have any allergies.

M I'd like to <u>make an appointment</u> to see the doctor. What are your office hours?
W <u>From</u> ten <u>to</u> five, sir. Is this your first visit?
M Yes, it is.
W Could I <u>have your name</u>, please?
M Yes, my name is Bob Stevens.
W Okay. And what's the <u>matter with</u> you?
M I have a terrible cold.

남 진료 예약을 하고 싶은데요. 진료 시간이 어떻게 되나요?
여 10시부터 5시까지입니다, 선생님. 처음 방문이세요?
남 네, 그렇습니다.
여 성함을 말씀해 주시겠어요?
남 네, 제 이름은 Bob Stevens입니다.
여 네. 그리고 어디가 아프시죠?
남 <u>감기가 심해요.</u>

① 저는 회사원입니다.
② 방문할 시간이 없어요.
③ 만나서 반갑습니다.
⑤ 아니요, 전 어떤 알레르기도 없어요.

● ●
make an appointment 예약하다
office hour 진료 시간 **allergy** 알레르기

15

대화를 듣고, 남자의 마지막 말에 이어질 여자의 말로 가장 적절한 것을 고르시오.

① I usually walk about an hour.
② Because it is interesting.
③ No, I hate this job.
④ Yes, I'm working at a convenience store. ✓
⑤ Yes, I go to the gym for a workout every day.

M Hi, Mary. Long time, no see!
W Hi, Jim. <u>How have</u> you <u>been</u>?
M Not bad. And you?
W I'm fine. But I'm tired these days because I am <u>working at night</u>.
M Did you say you are working at night?
W <u>Yes, I'm working at a convenience store.</u>

남 안녕, Mary. 오랜만이야!
여 안녕, Jim. 어떻게 지냈니?
남 그럭저럭. 너는?
여 난 잘 지내. 그런데 밤에 일해서 요즘 피곤해.
남 밤에 일한다고 했니?
여 <u>응, 난 편의점에서 일하고 있어.</u>

① 나는 보통 한 시간 정도 걸어.
② 흥미롭기 때문이야.
③ 아니, 난 이 일이 너무 싫어.
⑤ 응, 나는 매일 운동하러 체육관에 가.

● ●
convenience store 편의점 **workout** 운동

A
1. hall, 복도   2. meal, 음식, 식사   3. desk drawer, 책상 서랍   4. recipe, 조리법
5. appreciate, 고마워하다   6. rude, 무례한   7. ingredient, 재료   8. wisely, 현명하게
9. workout, 운동   10. seashore, 해변, 해안   11. garlic, 마늘   12. convenience store, 편의점

B
1. honest opinion   2. office hours   3. any good recipes
4. would like, order   5. write down, plans   6. on your left
7. make an appointment   8. cabbage, strong taste

문제 및 정답	받아쓰기 및 녹음내용	해석

01 대화를 듣고, 'we'가 무엇인지 가장 적절한 것을 고르시오.

①
②
③
④
⑤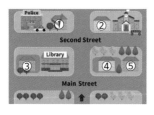

We are <u>twins</u>. Each of us has a round body and <u>long legs</u>. We have to work together. When we <u>cover</u> your eyes, you can <u>see better</u>. We sit on your nose when <u>we work</u>. Who are we?

우리는 쌍둥이입니다. 우리 각자는 둥근 몸과 긴 다리를 가지고 있습니다. 우리는 함께 일해야 합니다. 눈에 씌우면 당신은 더 잘 볼 수 있습니다. 우리는 일할 때 당신의 코에 앉습니다. 우리는 누구일까요?

•• **twin** 쌍둥이 **each** 각자(의), 각각(의) **leg** 다리

---

02 대화를 듣고, 두 사람이 대화하는 장소로 가장 적절한 곳을 고르시오.

① 은행
② 극장
③ 미술관
④ 도로
⑤ 도서관

W Shh. The <u>sign reads</u>, "Keep Quiet."
M Oh, I'm sorry. I <u>didn't notice</u>.
W We should be quiet; otherwise, we <u>might interrupt</u> other people.
M I'll keep that in mind. By the way, where are the <u>children's books</u>?

여 쉬. 표지판에 '조용히 하시오.'라고 쓰여 있어.
남 오, 미안해. 못 봤어.
여 우린 조용히 해야 해, 그렇지 않으면 다른 사람들에게 방해가 될 수 있어.
남 명심할게. 그런데, 아동 도서는 어디에 있어?

•• **sign** 표지판 **notice** 알아채다, 인지하다 **otherwise** 그렇지 않으면 **interrupt** 방해하다 **keep … in mind** ~을 명심하다 **by the way** 그런데

---

03 대화를 듣고, 은행의 위치로 가장 알맞은 곳을 고르시오.

W Excuse me, but I'm looking for a bank.
M A bank? The <u>nearest</u> bank is on Second Street.
W Is that CK Bank?
M That's right. Go straight two blocks and turn left <u>at the intersection</u>. It's on your right.
W Go straight two blocks and turn left?
M Yes! It's next to the police station and <u>opposite the library</u>.
W Thank you.

여 실례지만, 저는 은행을 찾고 있어요.
남 은행이요? 가장 가까운 은행은 Second 거리에 있어요.
여 그게 CK은행인가요?
남 맞아요. 두 블록을 직진하다가 교차로에서 왼쪽으로 도세요. 오른편에 있습니다.
여 두 블록을 직진하다가 왼쪽으로 돌라고요?
남 네! 그건 경찰서 옆이고 도서관 맞은편이에요.
여 감사합니다.

•• **intersection** 교차로 **opposite** 건너편의, 맞은편의

04 대화를 듣고, 두 사람의 관계로 가장 적절한 것을 고르시오.

① 간호사 – 환자
② 은행원 – 고객
③ 의사 – 환자
④ 친구 – 친구
⑤ 선생님 – 학생

W Kelly and I are going camping this Sunday. <u>Can</u> <u>you</u> <u>join</u> <u>us</u>?
M Thanks, but my <u>arm</u> hurts.
W <u>Have</u> <u>you</u> <u>seen</u> a doctor?
M No, not yet.
W <u>Why</u> <u>don't</u> <u>you</u> go to see a doctor first?
M Thank you for <u>your</u> <u>concern</u>. I'll do that soon.

여 Kelly와 나는 이번 일요일에 캠핑 갈 거야. 너도 같이 갈래?
남 고맙지만, 내 팔이 아파서.
여 병원에 가 봤어?
남 아니, 아직.
여 먼저 병원에 가보는 게 어때?
남 걱정해줘서 고마워. 곧 그렇게 할게.

●●
hurt 아프다 **concern** 염려, 걱정

---

05 대화를 듣고, Jane이 누구인지 고르시오.

① ②
③ ④
⑤

W Would you <u>like</u> <u>to</u> <u>meet</u> my friend Jane?
M Sure, why not? Where is she?
W She's <u>over</u> <u>there</u>.
M Is she the girl <u>listening</u> <u>to</u> music?
W No, she is the one <u>drinking</u> <u>juice</u>.

여 내 친구 Jane을 소개해 줄까?
남 물론이지, 좋아. 그녀는 어디에 있니?
여 저쪽에 있어.
남 음악을 듣고 있는 아이니?
여 아니, 주스를 마시고 있는 애야.

●●
over there 저쪽에 **listen to music** 음악을 듣다

---

06 대화를 듣고, 남자가 지불해야 할 금액을 고르시오.

① $50
② $70
③ $100
④ $150
⑤ $200

W You look great in that <u>suit</u>!
M Thanks, but there's a small <u>hole</u> in the <u>pocket</u>.
W Oh, I'm sorry.
M What is the <u>regular</u> <u>price</u> for this suit?
W It's 200 dollars, but because there is a hole, we'll give you a <u>50</u>-<u>percent</u> <u>discount</u>.
M Oh, I will buy it then.

여 그 정장이 아주 잘 어울리세요!
남 감사합니다만, 주머니에 작은 구멍이 있네요.
여 아, 죄송합니다.
남 이 정장은 정가가 얼마죠?
여 200달러인데, 구멍이 있어서 50% 할인해 드릴게요.
남 오, 그럼 그걸로 살게요.

●●
suit 정장 **regular price** 정가 **discount** 할인

---

07 대화를 듣고, 무엇에 관한 내용인지 가장 적절한 것을 고르시오.

① 추석
② 춤
③ 전통 의상
④ 강릉
⑤ 지역 축제

W Did you go to the Danoje Festival?
M No, I didn't, but I <u>heard</u> it was a lot of <u>fun</u>.
W There were so many interesting <u>costumes</u> and <u>dances</u>. And the food was <u>terrific</u>.
M You were very lucky to be there. Where was it?
W It <u>takes</u> <u>place</u> in Gangneung each year.

여 단오제에 갔었니?
남 아니, 하지만 아주 재밌다고 들었어.
여 흥미로운 의상과 춤이 아주 많았어. 음식도 훌륭했어.
남 거기 가서 아주 좋았겠다. 어디에서 열렸는데?
여 그건 매년 강릉에서 열려.

●●
festival 축제 **costume** 의상 **take place** 일어나다, 열리다

08	대화를 듣고, 여자의 심정 변화로 가장 적절한 것을 고르시오.	M Hi, Betty! Are you feeling all right?	남 안녕, Betty! 너 괜찮니?

08 대화를 듣고, 여자의 심정 변화로 가장 적절한 것을 고르시오.

① 행복함 - 걱정
② 초조함 - 안도
③ 황당함 - 기쁨
④ 평온함 - 무서움
⑤ 화가 남 - 슬픔

M Hi, Betty! Are you feeling all right?
W Not really. I have a test tomorrow, but I still don't <u>understand</u> the <u>material</u>.
M Do you need any help? I have some time.
W You <u>made</u> <u>my</u> <u>day</u>!

남 안녕, Betty! 너 괜찮니?
여 아니. 내일이 시험인데 여전히 자료를 이해하지 못하고 있어.
남 도와줄까? 나 시간이 좀 있거든.
여 네 덕분에 기분이 좋아졌어!

●●
material 자료

---

09 대화를 듣고, 여자가 상점에 가는 이유로 가장 적절한 것을 고르시오.

① 우유를 사기 위해
② 외상값을 지불하기 위해
③ 물건을 교환하기 위해
④ 고맙다는 말을 하기 위해
⑤ 물건을 환불 받기 위해

M Sally, where are you going?
W I've got to <u>give</u> some <u>money</u> to the <u>owner</u> of the store around the corner.
M What for?
W I <u>bought</u> some milk there last night, but I didn't have <u>enough</u> money. The owner said I <u>could</u> <u>pay</u> <u>later</u>.
M Yeah, I know her. She's really nice.

남 Sally, 너 어디에 가니?
여 모퉁이에 있는 가게 주인에게 돈을 좀 드리러 가야 해.
남 무슨 일로?
여 어젯밤에 거기서 우유를 샀는데, 돈이 충분치 않았어. 가게 주인이 나중에 돈을 줘도 된다고 했거든.
남 아, 나 그분을 알아. 그분은 정말 좋으셔.

●●
owner 주인

---

10 대화를 듣고, 남자가 대화 직후에 할 일로 가장 적절한 것을 고르시오.

① 엄마에게 전화하기
② 간식 사러 가기
③ 시계 수리하기
④ 친구에게 전화하기
⑤ 프론트에 모닝콜 부탁하기

M Uh-oh.
W What's wrong?
M I was going to call my mother <u>as</u> <u>soon</u> <u>as</u> I <u>got</u> here, but I forgot.
W Call her now.
M It's so late. It's 11 p.m.
W <u>Better</u> <u>late</u> than never. She <u>won't</u> <u>mind</u>.
M Okay.

남 이런.
여 무슨 일이야?
남 여기에 도착하는 대로 엄마에게 전화하기로 했었는데 잊었어.
여 지금 전화드려.
남 너무 늦었어. 밤 11시야.
여 안 하는 것 보다는 늦는 것이 나아. 어머니는 개의치 않으실 거야.
남 알았어.

●●
as soon as ～하자마자

---

11 대화를 듣고, Sophia가 대학에서 전공하고자 하는 과목을 고르시오.

① 영어
② 생물학
③ 화학
④ 역사
⑤ 수학

M What are you going to <u>study</u> <u>at</u> <u>college</u>, Sophia?
W I thought about <u>chemistry</u>, but I think I'm going to study <u>math</u> instead.
M Really? What do your parents say?
W They will <u>support</u> <u>whatever</u> <u>decision</u> I make.

남 대학에서 무슨 공부를 할 거니, Sophia?
여 나는 화학을 생각했었는데, 대신에 수학을 공부할까 해.
남 정말? 부모님은 뭐라고 말씀하시니?
여 부모님은 내가 무슨 결정을 내리든 지지해 주실 거야.

●●
college 대학 **chemistry** 화학
support 지지하다 **decision** 결정

12 대화를 듣고, 두 사람이 살 물건으로 언급되지 <u>않은</u> 것을 고르시오.

① 통조림 음식
② 음료수
③ 신발
④ 손전등
⑤ 텐트

W Hi, Jason. We have to <u>get ready for</u> our trip now.

M I know, Sara. I'll be home as soon as my work <u>is done</u>.

W I'm going shopping for <u>canned food</u> and drinks. And we have to buy a <u>flashlight</u> and a tent.

M Okay. I'll go with you after work.

여 안녕, Jason. 이제 우리 여행 준비를 해야 해.

남 나도 알아, Sara. 일 끝나는 대로 집으로 갈게.

여 나는 통조림 음식과 음료수를 사러 갈 거야. 그리고 손전등과 텐트를 사야 해.

남 알았어. 일 끝나고 너와 같이 갈게.

●●
canned food 통조림 음식 **flashlight** 손전등

---

13 대화를 듣고, 대화 내용과 일치하지 <u>않는</u> 것을 고르시오.

① 여자는 음악을 좋아한다.
② 남자는 클래식 음악을 좋아한다.
③ 여자는 컨트리 음악을 좋아한다.
④ 여자는 모차르트를 좋아하지 않는다.
⑤ 남자는 모차르트를 좋아한다.

M Do you like music?

W Yes, I do.

M <u>What kind of</u> music do you like?

W I like <u>country</u> music. What about you?

M I like <u>classical</u> music. My favorite <u>composer</u> is Mozart.

W Me, too. He was a genius.

남 너는 음악 좋아하니?

여 응, 좋아해.

남 어떤 종류의 음악을 좋아하니?

여 난 컨트리 음악을 좋아해. 너는 어때?

남 나는 클래식 음악을 좋아해. 내가 가장 좋아하는 작곡가는 모차르트야.

여 나도 그래. 그는 천재였어.

●●
composer 작곡가 **genius** 천재

---

14 대화를 듣고, 남자의 마지막 말에 이어질 여자의 말로 가장 적절한 것을 고르시오.

① Yes, I don't mind.
② Yes, I'm going there.
③ Of course not.
④ How kind of you!
⑤ It takes about one week.

M Where are you going now?

W I'm going to the <u>post office</u>.

M Oh, how lucky for me! Would you <u>mind sending</u> this <u>parcel</u> for me?

W <u>Of course not.</u>

남 지금 어디 가는 중이에요?

여 우체국에 가는 중이에요.

남 오, 제가 운이 좋네요! 이 소포를 부쳐 주시겠어요?

여 물론이죠.

① 네, 상관없어요.
② 네, 거기에 가고 있어요.
④ 정말 친절하시네요!
⑤ 약 일주일 걸려요.

●●
parcel 소포

---

15 대화를 듣고, 여자의 마지막 말에 이어질 남자의 말로 가장 적절한 것을 고르시오.

① Talk to you later.
② I broke my ankle.
③ I'm feeling much better.
④ Could you tell me the time?
⑤ I'd love to play computer games.

M What are you doing this weekend?

W I'm <u>going to a party</u> with Daniel. How about you?

M <u>Nothing special</u>. Maybe I'll just watch some movies or play a computer game.

W Oh, it's 10:20. Our <u>break time is over</u>. I've got to go.

M <u>Talk to you later.</u>

남 이번 주말에 뭐 할 거니?

여 Daniel과 파티에 갈 거야. 넌 어때?

남 특별한 건 없어. 아마도 그저 영화를 좀 보거나 컴퓨터 게임을 할 것 같아.

여 오, 10시 20분이네. 쉬는 시간이 끝났어. 나 가야 해.

남 나중에 얘기하자.

② 내 발목이 부러졌어.
③ 훨씬 몸이 나아졌어.
④ 몇 시예요?
⑤ 컴퓨터 게임을 하고 싶어.

●●
special 특별한 **break time** 휴식 시간
be over 끝나다 **ankle** 발목

A
1. twin, 쌍둥이
2. notice, 알아채다, 인지하다
3. concern, 염려, 걱정
4. intersection, 교차로
5. regular price, 정가
6. costume, 의상
7. material, 자료
8. owner, 주인
9. chemistry, 화학
10. flashlight, 손전등
11. genius, 천재
12. break time, 휴식 시간

B
1. favorite composer
2. Better, than never
3. Why don't you
4. study at college
5. mind sending, parcel
6. otherwise, interrupt
7. police station, opposite
8. call, soon as

문제 및 정답	받아쓰기 및 녹음내용	해석

01

다음을 듣고, 속초의 오늘 날씨로 가장 적절한 것을 고르시오.

① ②

③ ④

⑤

Good morning, everyone. Here is today's weather forecast. It <u>will be</u> <u>cloudy</u> in Gangneung, but it will be sunny in Pyeongchang. Hoengseong will be <u>windy</u> and cloudy. Wonju will have <u>heavy rain</u>. There will be <u>thunder</u> and <u>lightning</u> in Sokcho.

안녕하세요, 여러분. 오늘의 일기 예보입니다. 강릉은 흐리겠지만, 평창은 화창하겠습니다. 횡성은 바람이 많이 불고 흐리겠습니다. 원주는 폭우가 내리겠습니다. 속초에는 천둥과 번개가 치겠습니다.

●●
forecast 예측, 예보 **heavy rain** 폭우 **thunder** 천둥 **lightning** 번개

02

다음을 듣고, 무엇에 관한 내용인지 가장 적절한 것을 고르시오.

① 교내 규칙
② 극장 예절
③ 지진 대피 요령
④ 화재 대피 안내
⑤ 비행기 내 수칙

Ladies and gentlemen, may I have your attention, please? Gather your <u>personal</u> <u>belongings</u>, and leave the theater immediately, please. We're sorry for the inconvenience, but there's a <u>small</u> <u>fire</u> at the snack bar. Don't be shocked, and please do not <u>panic</u>. Everything's <u>under control</u>.

신사 숙녀 여러분, 주목해 주십시오. 개인 소지품을 챙겨서 즉시 극장을 떠나 주십시오. 불편을 끼쳐드려 죄송합니다만, 매점에서 경미한 화재가 발생했습니다. 놀라지 마시고, 당황하지 마십시오. 모든 것이 통제되고 있습니다.

●●
attention 주의, 주목 **gather** 모으다, 챙기다 **belongings** 소지품 **immediately** 즉시 **inconvenience** 불편 **panic** 당황하다

03

대화를 듣고, 도서관의 위치로 가장 알맞은 곳을 고르시오.

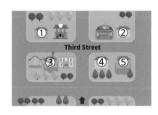

M Excuse me. How can I <u>get to</u> the <u>library</u>?
W It's on Third Street. Go straight and turn left at the <u>second corner</u>.
M Turn left at the second corner?
W Yes. It's the second <u>building</u> on <u>your left</u>.
M Oh, I see. Thank you.

남 실례합니다. 도서관에 어떻게 가나요?
여 그것은 Third 거리에 있어요. 직진해서 두 번째 모퉁이에서 왼쪽으로 도세요.
남 두 번째 모퉁이에서 왼쪽으로 돌라고요?
여 네. 왼편에서 두 번째 건물입니다.
남 아, 알겠습니다. 감사합니다.

●●
building 건물

04	대화를 듣고, 두 사람의 관계로 가장 적절한 것을 고르시오.	M Good evening. How can I <u>help you</u>?	남 안녕하세요. 무엇을 도와드릴까요?

04 대화를 듣고, 두 사람의 관계로 가장 적절한 것을 고르시오.

① 식당 종업원 – 손님
② 승무원 – 승객
③ 여행사 직원 – 손님
④ 점원 – 고객
⑤ 의사 – 환자

M Good evening. How can I <u>help you</u>?
W I'm looking for a dress.
M <u>What</u> <u>color</u> and <u>size</u> do you want?
W Blue and <u>medium</u>, please.
M Here is one.

남 안녕하세요. 무엇을 도와드릴까요?
여 저는 드레스를 찾고 있어요.
남 어떤 색과 사이즈를 원하시나요?
여 파란색과 중간 사이즈를 주세요.
남 여기 있습니다.

•• **dress** 드레스, 원피스 **medium** 중간(의)

---

05 대화를 듣고, Brandon이 누구인지 고르시오.

①   ②
③   ④
⑤

M Cathy, do you know Brandon? He is my <u>new</u> <u>classmate</u>.
W Well, I'm not sure. What does he <u>look</u> <u>like</u>?
M He is very tall and <u>wears</u> <u>glasses</u>.
W Ah, does he have short, curly hair?
M Yes, he has <u>brown</u> <u>curly</u> <u>hair</u>.
W I think I know him.

남 Cathy, Brandon을 아니? 우리 반에 새로 온 전학생이야.
여 글쎄, 잘 모르겠는데. 어떻게 생겼어?
남 그는 키가 아주 크고 안경을 썼어.
여 아, 머리가 짧은 곱슬머리이지?
남 응, 갈색 곱슬머리야.
여 그 애를 알 것 같아.

•• **classmate** 반 친구 **curly** 곱슬머리의

---

06 대화를 듣고, 남자가 기다려야 할 시간을 고르시오.

① 30분
② 50분
③ 1시간
④ 1시간 10분
⑤ 1시간 30분

M Hello. We're looking for a <u>table</u> <u>for</u> <u>four</u> people.
W Well, it looks like you will <u>have</u> <u>to</u> <u>wait</u> for a while before one is <u>available</u>.
M How long do you think we'll have to wait?
W Maybe <u>half</u> <u>an</u> <u>hour</u>.
M Hmm… We'll wait. We're very hungry though.

남 안녕하세요. 저희는 4인이 앉을 자리를 찾고 있어요.
여 글쎄요, 자리가 날 때까지 잠시 기다리셔야 할 것 같아요.
남 얼마나 기다려야 할 것 같아요?
여 아마도 30분 정도요.
남 음… 기다릴게요. 매우 배가 고프긴 하지만요.

•• **for a while** 잠시 **available** 이용할 수 있는 **half** 반

---

07 대화를 듣고, 남자가 부탁한 일로 가장 적절한 것을 고르시오.

① 음식 만들기
② 집 청소하기
③ 아이 등교시키기
④ 아이와 공부하기
⑤ 아이 돌보기

M Sujin, could you <u>do</u> <u>me</u> <u>a</u> <u>favor</u>?
W Sure, just name it.
M I need someone to <u>take</u> <u>care</u> <u>of</u> my son for several hours tonight. Are you available?
W I would be <u>happy</u> <u>to</u> <u>do</u> that for you.
M I <u>insist</u> <u>on</u> paying you.
W No need. It is my <u>pleasure</u>.

남 수진 씨, 부탁 하나 해도 될까요?
여 네, 말만 하세요.
남 오늘 밤에 우리 아들을 몇 시간 동안 돌봐 줄 사람이 필요해서요. 시간 있으세요?
여 기꺼이 해 드릴게요.
남 수고비 꼭 받으셔야 해요.
여 아니에요. 제가 좋아서 하는 건데요.

•• **favor** 부탁 **take care of** ~을 돌보다 **several** 몇의, 몇 개의 **insist on** ~을 주장[고집] 하다

08

대화를 듣고, 여자의 심정으로 가장 적절한 것을 고르시오.

① excited
② nervous
③ sad
④ relaxed
⑤ tired

W Did you hear the news?
M What news?
W My favorite K-pop band won a prize at this year's Billboard Music Awards.
M Why is that news?
W It was the first time for a K-pop band to win at the Billboard Music Awards. How amazing!
M Oh, that's very interesting.

여 그 소식 들었니?
남 무슨 소식?
여 내가 제일 좋아하는 K팝 밴드가 올해의 빌보드 뮤직 어워드에서 상을 받았어.
남 그런데 그게 어째서?
여 K팝 밴드가 빌보드 뮤직 어워드에서 수상한 것은 이번이 처음이었어. 정말 놀라워!
남 오, 그거 매우 흥미로운데.

•• **win** 얻다; 이기다 **prize** 상 **amazing** 놀라운 **nervous** 긴장한 **relaxed** 느긋한

09

대화를 듣고, 남자가 영화를 보러 갈 수 없는 이유로 가장 적절한 것을 고르시오.

① 이미 본 영화라서
② 별로 좋아하지 않는 영화라서
③ 다른 친구와 약속이 있어서
④ 집에서 여동생을 돌봐야 해서
⑤ 시험 공부를 해야 해서

W Sam, how about going to the movies this evening?
M We have an exam tomorrow. Don't you need to study?
W I'm ready to take it right now.
M I'm not. I need to study tonight. I am afraid that you will have to go to the movies alone.

여 Sam, 오늘 저녁에 영화 보러 가는 게 어때?
남 내일 우리 시험 보잖아. 너는 공부 안 해도 되니?
여 난 지금 당장이라도 시험 볼 준비가 돼 있어.
남 난 아니야. 오늘 밤에 공부해야 해. 유감이지만 너 혼자 영화 보러 가야겠어.

•• **exam** 시험 **alone** 혼자서

10

대화를 듣고, 딸에 대한 내용과 일치하지 않는 것을 고르시오.

① 엄마와 함께 병원에 진료를 왔다.
② 오늘 매점에서 햄버거를 먹었다.
③ 햄버거를 먹은 후 이상이 생겼다.
④ 구토와 복통 증상이 있다.
⑤ 같이 식사한 친구들은 아프지 않았다.

W Doctor, would you examine my daughter?
M What happened to her?
W Many children at her school got very sick after eating the hamburgers in the cafeteria today.
M What symptoms does she have?
W She's throwing up a lot, and her stomach hurts.

여 의사 선생님, 제 딸을 좀 진찰해 주시겠어요?
남 따님에게 무슨 일이 있었나요?
여 학교에 많은 아이들이 오늘 매점에서 햄버거를 먹은 후에 매우 아파요.
남 어떤 증상이 있나요?
여 구토를 많이 하고, 배가 아파요.

•• **examine** 검사하다, 진찰하다 **symptom** 증상 **throw up** 토하다 **stomach** 배; 위

11

대화를 듣고, 여자가 남자에게 충고한 것으로 가장 적절한 것을 고르시오.

① 규칙적으로 운동을 해야 한다.
② 공부를 열심히 해야 한다.
③ 학교 규칙을 지켜야 한다.
④ 아침 식사를 거르지 말아야 한다.
⑤ 다이어트를 해야 한다.

W Peter, what's the matter?
M I haven't had breakfast yet, so I'm hungry.
W Oh, Peter. You need to know exactly what's important.
M I never have breakfast. I can get some snacks at school.
W Please have breakfast at home, and you will do well at school. Snacks will make you fat.
M Okay. I'll eat a good breakfast.

여 Peter, 무슨 일 있어?
남 아직 아침을 안 먹어서 배가 고파.
여 오, Peter. 너는 뭐가 중요한지 정확하게 알아야 해.
남 나는 아침은 절대 안 먹어. 학교에서 간식을 먹을 수 있잖아.
여 제발 집에서 아침을 먹어, 그러면 학교에서 좋은 성적을 얻을 거야. 간식은 살찌게 할 거야.
남 알겠어. 제대로 된 아침을 먹을게.

•• **important** 중요한 **snack** 간식

12

대화를 듣고, 여자가 대화 직후에 할 일로 가장 적절한 것을 고르시오.

① 프린터 용지 확인하기
② 숙제하러 가기
③ 수리점에 프린터 맡기기
④ 프린터 용지 구입하기
⑤ 프린터 잉크 교체하기

W Oh, my God. This makes me so angry.
M What happened?
W I have to <u>print</u> my <u>homework</u> now, but the printer <u>isn't working</u>.
M Have you checked to see if it's <u>out</u> of <u>paper</u>?
W No, I haven't. I'll do that now. Thank you.

여 오, 맙소사. 이것 때문에 너무 화가 나.
남 무슨 일인데?
여 지금 숙제를 인쇄해야 하는데 프린터가 작동을 하지 않아.
남 용지가 떨어진 건 아닌지 확인해 봤니?
여 아니, 안 해봤어. 지금 해볼게. 고마워.

●●
print 인쇄하다 **work** 작동하다

13

대화를 듣고, 대화 내용과 일치하지 <u>않는</u> 것을 고르시오.

① 여자는 공포 영화를 좋아한다.
② 남자는 역사 영화를 좋아한다.
③ 여자는 코미디 영화를 좋아하지 않는다.
④ 남자는 무언가를 가르쳐 주는 영화를 좋아한다.
⑤ 두 사람의 영화 취향이 다르다.

W Do you like movies?
M Yes, I like movies.
W What <u>kinds</u> of <u>movies</u> do you like?
M I like <u>history</u> movies.
W Not me. I prefer <u>horror</u> movies. I love watching <u>comedy</u> movies, too.
M Really? <u>I'd rather</u> see movies that <u>teach</u> me something.

여 너는 영화 좋아하니?
남 응, 영화 좋아해.
여 어떤 종류의 영화를 좋아하니?
남 나는 역사 영화가 좋아.
여 나는 아니야. 나는 공포 영화를 선호해. 코미디 영화 보는 것도 아주 좋아해.
남 정말? 나는 나에게 무언가를 가르쳐 주는 영화를 보는 것이 나아.

●●
history 역사 **prefer** 선호하다 **horror** 공포
would rather ~하는 편이 낫다

14

대화를 듣고, 여자의 마지막 말에 이어질 남자의 말로 가장 적절한 것을 고르시오.

① Yes. I'm with you.
② Okay. Let's go shopping.
③ I enjoy skiing very much.
④ Thank you, but I'm scared of the water.
⑤ That's great! I really like cooking.

W Do you have <u>any</u> <u>hobbies</u>?
M Well, I like cooking and playing basketball. Do you like them?
W Not really. I <u>like</u> <u>surfing</u>.
M Really? I have never <u>tried</u> surfing.
W Why don't you <u>learn</u> <u>to</u> <u>surf</u>? It's exiting!
M <u>Thank you, but I'm scared of the water.</u>

여 취미가 좀 있나요?
남 음, 저는 요리와 농구 하는 것을 좋아해요. 그것들을 좋아하세요?
여 아니요. 저는 파도타기를 좋아해요.
남 정말요? 저는 파도타기를 한 번도 안 해봤어요.
여 파도타기를 배워보는 게 어때요? 신나요!
남 <u>고맙지만, 전 물을 무서워해요.</u>

① 네. 전 당신 편이에요.
② 네. 쇼핑 가요.
③ 저는 스키 타는 것을 아주 즐겨요.
⑤ 아주 좋은데요! 전 정말 요리를 좋아해요.

●●
surfing 파도타기 **try** 시도하다 **be scared of** ~을 두려워하다

15 대화를 듣고, 남자의 마지막 말에 이어질 여자의 말로 가장 적절한 것을 고르시오.

① Really? I can't find it.
② How much is it?
③ Nothing in particular.
④ Very good! You did the right thing.
⑤ That's too bad. What should I do?

M Mom, I <u>found a wallet</u> on my way to school today.
W Really? What did you do <u>with it</u>?
M I <u>took</u> it <u>to</u> the lost-and-found office near the school.
W <u>Very good! You did the right thing.</u>

남 엄마, 오늘 학교 가는 길에 지갑을 주웠어요.
여 정말이니? 그걸 어떻게 했니?
남 학교 근처에 있는 분실물 보관소에 갖다 줬어요.
여 <u>정말 잘했어! 옳은 일을 했구나.</u>

① 정말? 그걸 찾을 수가 없어.
② 그건 얼마니?
③ 특별한 건 없어.
⑤ 너무 안됐다. 내가 뭘 해야 할까?

••

wallet 지갑 **on one's way to** ~로 가는 길에
lost-and-found office 분실물 보관소
in particular 특히, 특별히

▶ REVIEW TEST p. 31

A ❶ gather, 모으다, 챙기다 ❷ building, 건물 ❸ take care of, ~을 돌보다 ❹ inconvenience, 불편
❺ prize, 상 ❻ amazing, 놀라운 ❼ examine, 검사하다, 진찰하다 ❽ prefer, 선호하다
❾ available, 이용할 수 있는 ❿ classmate, 반 친구 ⓫ symptom, 증상 ⓬ horror, 공포

B ❶ do me, favor ❷ Don't, shocked, panic ❸ rather, teach
❹ throwing up, stomach ❺ will, thunder, lightning ❻ know exactly, important
❼ How long, wait ❽ wallet on, way

문제 및 정답	받아쓰기 및 녹음내용	해석
01 대화를 듣고, 여자가 구입할 신발로 가장 적절한 것을 고르시오.  	M Hello. May I help you? W Yes, I'd like to buy a <u>pair</u> of <u>sneakers</u> for my brother. M How about these blue ones with <u>green stars</u> on them? W They are nice, but do you have <u>any others</u>? M How about these <u>white</u> ones with blue <u>stripes</u>? W They look great. I'll take them.	남 안녕하세요. 도와드릴까요? 여 네, 제 남동생에게 줄 운동화를 사고 싶어서요. 남 초록색 별이 있는 이 파란색 운동화는 어떠세요? 여 좋긴 하지만, 다른 것도 있나요? 남 파란색 줄무늬가 있는 이 흰색 운동화는 어떠세요? 여 아주 좋아요. 그걸로 할게요. •• **a pair of** 한 쌍의 **stripe** 줄무늬
02 대화를 듣고, 두 사람이 대화하는 장소로 가장 적절한 곳을 고르시오. ① 지하철 안 ② 집 안 ③ 미술관 ④ 버스 정류장 ⑤ 놀이공원	M Excuse me. May I <u>ask</u> you some <u>questions</u>? W Sure. Go ahead. M Do you know <u>which buses</u> go to the art museum from here? W There are <u>several</u> buses going there. The numbers are 12, 78, and 45. You can <u>get on</u> any of those buses at <u>this stop</u>.	남 실례합니다. 뭐 좀 여쭤봐도 될까요? 여 물론이죠. 말씀하세요. 남 어떤 버스들이 여기에서 미술관에 가는지 아세요? 여 그곳에 가는 버스가 몇 대 있어요. 번호는 12, 78, 그리고 45번이에요. 이 정류장에서 그 버스 중 아무거나 타시면 돼요. •• **art museum** 미술관 **get on** 타다
03 다음을 듣고, 남자의 집의 위치로 가장 알맞은 곳을 고르시오. 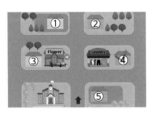	Please come to my birthday party. It's on <u>January</u> 7 at my house. It's <u>not far</u> from our school. Go straight <u>down the street</u> to the first corner. Then, turn right at the corner. My house will be on your left <u>next to</u> a small <u>laundry</u>. See you then.	내 생일 파티에 와 줘. 생일 파티는 1월 7일 우리 집에서 해. 우리 집은 학교에서 멀지 않아. 첫 번째 모퉁이까지 길을 따라 직진해. 그런 다음 모퉁이에서 오른쪽으로 돌아. 우리 집은 왼편에 작은 세탁소 옆에 있어. 그때 보자. •• **far** 멀리 **laundry** 세탁소
04 대화를 듣고, 두 사람의 관계로 가장 적절한 것을 고르시오. ① 식당 종업원 – 손님 ② 승무원 – 승객 ③ 의사 – 환자 ④ 경찰 – 행인 ⑤ 선생님 – 학생	M Are you okay? You look <u>pale</u>. W I feel <u>terrible</u>, Mr. Roberts. M What's wrong with you? W I have a bad <u>stomachache</u>. I'd better <u>leave</u> the class. M Okay. You can go home, and you should <u>see a doctor</u>.	남 너 괜찮니? 창백해 보여. 여 안 좋아요, Roberts 선생님. 남 어디가 안 좋으니? 여 배가 너무 아파요. 조퇴해야 할 것 같아요. 남 그래. 집에 가도 된단다, 그리고 병원에 가보렴. •• **pale** 창백한 **stomachache** 복통

05

다음을 듣고, 내용과 일치하지 <u>않는</u> 것을 고르시오.

① ②

③ ④

⑤

I <u>get up</u> at 7:30 every morning. I have breakfast <u>at 8:00</u>. After that, I go to school at 8:30. School <u>begins</u> at 9:00. I <u>eat lunch</u> at <u>12:00</u>. School is <u>over</u> at 3:00 in the afternoon. I have <u>dinner</u> at <u>about</u> <u>7:00</u>. At 10:00, I go to bed.

나는 매일 아침 7시 30분에 일어난다. 나는 8시에 아침을 먹는다. 그리고 나서 8시 30분에 학교에 간다. 학교는 9시에 시작한다. 나는 12시에 점심을 먹는다. 학교는 오후 3시에 끝난다. 나는 7시경에 저녁을 먹는다. 나는 10시에 잠을 잔다.

●●
begin 시작하다

06

대화를 듣고, 여자가 지불해야 할 금액을 고르시오.

① 1,000원
② 1,500원
③ 2,000원
④ 2,500원
⑤ 3,000원

W How much are the <u>pears</u>?
M They are <u>1,000</u> won each.
W How about the oranges?
M They are <u>500</u> won each.
W I'll take one pear and <u>three oranges</u>, please.

여 배가 얼마예요?
남 한 개에 1,000원입니다.
여 오렌지는요?
남 한 개에 500원이요.
여 배 1개와 오렌지 3개 주세요.

●●
pear 배

07

대화를 듣고, 남자가 전화를 건 목적으로 가장 적절한 것을 고르시오.

① 병원 전화번호를 문의하려고
② 치과 진료 시간을 문의하려고
③ 치과 진료를 예약하려고
④ 친구와 상의하려고
⑤ 약속 시간을 변경하려고

W Dr. Thompson's office. May I help you?
M I'd like to make an <u>appointment</u> to see a <u>dentist</u>.
W What is your problem?
M My <u>face</u> is <u>swollen</u>. I think my tooth is <u>infected</u>.
W Okay. How about tomorrow at 10 a.m.?
M <u>That's fine</u>. Thank you.

여 Thompson 의원입니다. 도와드릴까요?
남 치과 진료 예약을 하고 싶습니다.
여 무슨 문제가 있으시죠?
남 얼굴이 부었어요. 이에 염증이 있는 것 같아요.
여 네. 내일 오전 10시 어떠신가요?
남 좋아요. 감사합니다.

●●
dentist 치과 의사 **swollen** 부어오른
infected 감염된

08

대화를 듣고, 여자의 심정으로 가장 적절한 것을 고르시오.

① 만족스러움
② 지루함
③ 수줍음
④ 자랑스러움
⑤ 초조함

W Let's <u>make sure</u> we have <u>everything</u>. Do you have your passport?
M Of course. Here it is.
W <u>Luggage</u>?
M It's all here.
W Tickets?
M Uh-oh. I <u>left them</u> on the table. I'll go home and get them.
W Please <u>hurry</u>. We only have <u>two hours</u>!

여 다 챙겼는지 다시 한번 점검해보자. 여권 가지고 있니?
남 당연하지. 여기 있어.
여 짐 가방은?
남 여기 다 있어.
여 표는?
남 이런. 탁자 위에 두고 왔어. 집에 가서 가지고 올게.
여 서둘러. 2시간 밖에 안 남았어!

●●
make sure 확인하다 **luggage** 짐, 수하물
leave 놓다, 두다

09	대화를 듣고, 여자가 새 휴대폰을 구입한 이유로 가장 적절한 것을 고르시오. ① 예전 휴대폰이 고장 나서 ② 새 휴대폰이 특별한 기능이 많아서 ③ 예전 휴대폰을 잃어버려서 ④ 새 휴대폰이 가벼워서 ⑤ 경품을 받을 수 있어서	W Look at this. I <u>bought</u> a new <u>smartphone</u> yesterday. M Wow, it looks nice. By the way, did you <u>lose</u> your old phone? W No. I just bought it because it has many <u>special features</u>. M Can I see your phone? W Sure.	여 이것 봐. 나 어제 스마트폰을 새로 샀어. 남 와, 멋지다. 그런데 네 예전 휴대폰을 잃어 버린 거야? 여 아니야. 난 그저 이 휴대폰이 특별한 기능 이 많아서 샀어. 남 네 휴대폰 봐도 될까? 여 물론이지. ●● **feature** 특징
10	다음을 듣고, 두 사람의 대화가 <u>어색한</u> 것을 고르시오. ①　②　③　④　⑤	① M Have you ever been <u>abroad</u>? W Yes, I've <u>been</u> to many countries. ② M <u>How often</u> do you go to the beauty shop? W I go there at least <u>once a month</u>. ③ M Did you see the movie *Frozen*? W Yes, I <u>saw it</u> last week. ④ W Did you buy some oranges? M I'll have some <u>soap</u>. ⑤ W You <u>have a cold</u>, don't you? M Yes, that's right.	① 남 해외에 가본 적 있니? 　여 응, 많은 나라를 가봤어. ② 남 미용실에 얼마나 자주 가나요? 　여 적어도 한 달에 한 번은 거기에 가요. ③ 남 "겨울 왕국" 영화 봤니? 　여 응, 지난 주에 봤어. ④ 여 오렌지 좀 샀니? 　남 비누 주세요. ⑤ 여 너 감기 걸렸구나, 그렇지 않니? 　남 응, 맞아. ●● **abroad** 해외로　**beauty shop** 미용실 **soap** 비누
11	대화를 듣고, 남자가 좋아하는 반려동물이 <u>아닌</u> 것을 고르시오. ① 개 ② 햄스터 ③ 금붕어 ④ 고양이 ⑤ 앵무새	W Do you like pets? M Yes, I like dogs, <u>hamsters</u>, and <u>goldfish</u>. How about you? W I like parrots. M Me, too. They are <u>smart</u> and cute. W How about cats? M Oh, I <u>hate</u> cats. I'm <u>allergic</u> to them.	여 반려동물 좋아하니? 남 응, 난 개, 햄스터, 그리고 금붕어를 좋아 해. 넌 어때? 여 난 앵무새를 좋아해. 남 나도 그래. 그것들은 똑똑하고 귀여워. 여 고양이는 어때? 남 오, 난 고양이는 싫어. 난 고양이에 알레 르기가 있어. ●● **parrot** 앵무새　**allergic** 알레르기가 있는
12	대화를 듣고, 여자가 구하는 집으로 가장 적절한 것을 고르시오. ① 방 1개의 오피스텔 ② 방 3개의 오피스텔 ③ 방 2개와 큰 거실이 있는 아파트 ④ 방 2개와 큰 주방이 있는 아파트 ⑤ 방 3개와 큰 거실이 있는 아파트	W I <u>called you up</u> a little while ago to look for an apartment. M <u>What size</u> do you want? W I need an apartment with two <u>bedrooms</u> and a rather big <u>living room</u>. M Just wait a moment. Let me check.	여 좀 전에 제가 아파트를 구하는 것 때문에 전화 드렸어요. 남 어떤 크기를 원하시죠? 여 저는 방 두 개와 어느 정도 큰 거실이 있 는 아파트가 필요해요. 남 잠시만 기다리세요. 확인해 볼게요. ●● **apartment** 아파트　**bedroom** 침실, 방 **living room** 거실

13 대화를 듣고, 남자가 대화 직후에 할 일로 가장 적절한 것을 고르시오.

① 에어컨 구매하기
② 수리 기사에게 연락하기
③ 호텔 객실 예약하기
④ 선풍기 가져다 주기
⑤ 따뜻한 물로 목욕하기

M Front desk.
W Hello. This is Jennifer Kim in room 407.
M Yes, Ms. Kim. <u>What</u> <u>can</u> I <u>do</u> for you?
W Well, the <u>air</u> <u>conditioner</u> doesn't seem to <u>be</u> <u>working</u>. It is pretty hot in here.
M Oh, I'm sorry. I'll <u>call</u> <u>a</u> <u>repairman</u> right away.
W Thank you.

남 프론트 데스크입니다.
여 여보세요. 407호의 Jennifer Kim인데요.
남 네, Ms. Kim. 무엇을 도와드릴까요?
여 저, 에어컨이 작동하지 않는 것 같아요. 이곳이 너무 더워요.
남 오, 죄송합니다. 지금 당장 수리 기사를 부르겠습니다.
여 고맙습니다.

●●
air conditioner 에어컨 **pretty** 아주, 패
repairman 수리 기사

---

14 대화를 듣고, 남자의 마지막 말에 이어질 여자의 말로 가장 적절한 것을 고르시오.

① Have a good time.
② Yeah. That sounds good.
③ I will give you two tickets.
④ No, we should work together.
⑤ I have no badminton racket.

W Do you play <u>badminton</u>?
M Yes, I do. Actually, it's my favorite sport.
W How often do you play it?
M <u>Once</u> <u>a</u> <u>week</u>.
W I like playing badminton, too.
M Really? Do you want to <u>play</u> <u>together</u> sometime?
W <u>Yeah. That sounds good.</u>

여 배드민턴 치세요?
남 네. 사실 그건 제가 가장 좋아하는 스포츠에요.
여 얼마나 자주 치세요?
남 일주일에 한 번이요.
여 저도 배드민턴 치는 것을 좋아해요.
남 정말이요? 언제 같이 함께 칠까요?
여 <u>네. 좋아요.</u>

① 좋은 시간 보내세요.
③ 표 두 장을 드릴게요.
④ 아니요, 저희는 함께 일해야 해요.
⑤ 배드민턴 채가 없어요.

●●
actually 사실 **racket** 라켓, 채

---

15 대화를 듣고, 여자의 마지막 말에 이어질 남자의 말로 가장 적절한 것을 고르시오.

① Go ahead.
② Don't mention it.
③ No, I can't drive.
④ I can't stand it anymore.
⑤ Sure. I'd be glad to.

M Those bags are <u>too</u> <u>heavy</u> for you to move.
W Right. There are <u>many</u> <u>books</u> in the bags.
M Would you like some help with them?
W Thank you. Could you <u>put</u> <u>them</u> in the <u>trunk</u>?
M <u>Sure. I'd be glad to.</u>

남 그 가방들은 당신이 옮기기에 너무 무거워요.
여 맞아요. 가방에 책이 많아요.
남 도와드릴까요?
여 고맙습니다. 가방을 트렁크에 좀 넣어주시겠어요?
남 <u>그러죠. 기꺼이요.</u>

① 어서 하세요.
② 천만에요.
③ 아니요, 전 운전을 못해요.
④ 전 더 이상 참을 수가 없어요.

●●
trunk 트렁크 **stand** 참다

REVIEW TEST p. 37

A
1. stripe, 줄무늬
2. laundry, 세탁소
3. pale, 창백한
4. swollen, 부어오른
5. luggage, 짐, 수하물
6. feature, 특징
7. living room, 거실
8. repairman, 수리 기사
9. infected, 감염된
10. stomachache, 복통
11. dentist, 치과 의사
12. get on, 타다

B
1. allergic to
2. Have, been abroad
3. is over, afternoon
4. at least once
5. too heavy, to
6. air conditioner, be working
7. pair of sneakers
8. which buses, art museum

문제 및 정답	받아쓰기 및 녹음내용	해석

01

다음을 듣고, 'this'가 가리키는 것으로 가장 적절한 것을 고르시오.

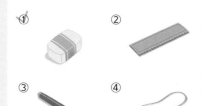

This is usually small and only <u>works</u> <u>with</u> a pencil. This comes in a variety of <u>shapes</u> and <u>colors</u>. You use this to <u>erase</u> your drawings or writing. This is <u>made</u> <u>of</u> <u>rubber</u>. What is this?

이것은 보통 작고 오직 연필과 함께 일한다. 이것은 모양과 색이 다양하다. 당신은 그림이나 글씨를 지우기 위해 이것을 사용한다. 이것은 고무로 만들어져 있다. 이것은 무엇일까?

●●
a variety of 다양한, 여러 가지의 **erase** 지우다 **drawing** (연필 등으로 그린) 그림 **rubber** 고무

02

대화를 듣고, 두 사람이 대화하는 장소로 가장 적절한 곳을 고르시오.

① 공원
② 카페
③ 과수원
④ 음식점
⑤ 과일 가게

M Excuse me. Do you have any grapefruit?
W No, I'm sorry. We're all <u>sold</u> <u>out</u> <u>of</u> it.
M Then I'd like to have <u>three</u> <u>bunches</u> of bananas, please.
W Thank you. Would you like <u>anything</u> <u>else</u>?
M No. That's all.

남 실례합니다. 자몽 있나요?
여 아니요, 죄송해요. 다 팔렸어요.
남 그러면 바나나 세 송이 주세요.
여 감사합니다. 다른 필요한 것이 있나요?
남 아니요, 그게 다입니다.

●●
grapefruit 자몽 **be sold out of** ~이 매진되다 **bunch** 다발, 송이

03

대화를 듣고, 경찰서의 위치로 가장 알맞은 곳을 고르시오.

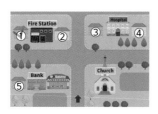

M Please tell me where I can find <u>the</u> <u>nearest</u> police station.
W Sure. That's easy. Just go down <u>this</u> <u>road</u> and turn left.
M I got it. Go down this road and <u>make</u> a <u>left</u> <u>turn</u>, right?
W Right. It's the <u>third</u> building on the right side of the street. It's next to the <u>fire</u> <u>station</u>.
M Thank you so much, ma'am.

남 가장 가까운 경찰서에 가는 길 좀 말씀해주세요.
여 네. 쉬워요. 이 길을 따라 가다가 왼쪽으로 도세요.
남 이해했어요. 이 길을 따라 가다가 왼쪽으로 돌라고요, 맞지요?
여 맞아요. 경찰서는 거리 오른쪽의 세 번째 건물이에요. 소방서 옆에 있어요.
남 대단히 감사합니다, 부인.

●●
police station 경찰서 **road** 도로, 길 **fire station** 소방서

04 대화를 듣고, 두 사람의 관계로 가장 적절한 것을 고르시오.

① 식당 종업원 – 손님
② 승무원 – 승객
③ 교사 – 학부모
④ 백화점 점원 – 고객
⑤ 여행 가이드 – 관광객

W What would you like, sir?
M We'll have a combination pizza and a chicken Caesar salad.
W What about drinks?
M I'll have coffee, and my children will have Coke.

여 무엇을 드시겠습니까, 손님?
남 콤비네이션 피자와 치킨 시저 샐러드 주세요.
여 마실 것은요?
남 저는 커피 주시고, 아이들에겐 콜라 주세요.

●●
salad 샐러드

---

05 대화를 듣고, Kelly의 언니의 직업으로 가장 적절한 것을 고르시오.

① 경찰관
② 제빵사
③ 게임 개발자
④ 요리사
⑤ 변호사

M Is this your family, Kelly? What a nice family picture it is!
W Yeah. My dad, mom, sister, brother, and me.
M What does your dad do?
W He is a police officer.
M Your sister must be in the middle of the picture!
W Yes, she is. She is a baker. She has a bakery in my town.

남 이분들이 네 가족이니, Kelly? 멋진 가족 사진이구나!
여 응. 아빠, 엄마, 언니, 오빠와 나야.
남 아빠는 무슨 일을 하시니?
여 경찰관이셔.
남 너의 언니는 이 사진 가운데에 있는 분이겠구나!
여 응, 맞아. 언니는 제빵사야. 동네에서 빵집을 운영해.

●●
in the middle of ~ 가운데에 **baker** 제빵사
bakery 빵집

---

06 대화를 듣고, 남자가 일주일 동안 읽을 수 있는 책 쪽수를 고르시오.

① 약 100쪽
② 약 300쪽
③ 약 500쪽
④ 약 700쪽
⑤ 약 900쪽

W Do you read books every day?
M Yes, I try to read 100 pages a day.
W You must have read many books then.
M Yes, I have. I stopped counting last year.

여 너는 책을 매일 읽니?
남 응, 하루에 100쪽은 읽으려고 노력해.
여 그럼 너 책을 많이 읽었겠다.
남 응. 몇 권 읽었는지 세는 것을 작년에 그만 뒀어.

●●
try to ~하려고 노력하다 **count** 세다

---

07 대화를 듣고, 남자가 한 마지막 말의 의도로 가장 적절한 것을 고르시오.

① 동의
② 부탁
③ 거절
④ 감사
⑤ 불평

W Did you hear the news? A new game will come out next week!
M Really? I didn't know that.
W How about playing the game together next Saturday?
M I'm sorry, but I can't. I'm going to go camping with my family.

여 너 소식 들었어? 새로운 게임이 다음 주에 출시된대!
남 정말? 몰랐어.
여 다음 주 토요일에 같이 게임하는 게 어때?
남 미안하지만, 안 돼. 가족들과 캠핑을 가.

●●
come out 나오다, 출시되다

08	대화를 듣고, 남자의 심정으로 가장 적절한 것을 고르시오.	W Why are you so late, Johnnie? M I missed the bus and had to walk home. W Oh, what a shame. Are you tired? M Yes, but I picked up a five-dollar bill off the ground, so I feel happy.	여 Johnnie, 왜 이렇게 늦었어? 남 버스를 놓쳐서 집에 걸어와야 했어요. 여 오, 너무 안됐다. 피곤하니? 남 네, 하지만 길에서 5달러짜리 지폐를 주워서 기분이 좋아요.
	① 너무 행복함 ② 피곤하고 짜증남 ③ 창피하고 후회됨 ④ 긴장되지만 기분 좋음 ⑤ 피곤하지만 기분 좋음		●● **shame** 애석한[딱한] 일 **pick up** 줍다 **bill** 지폐 **ground** 땅바닥
09	대화를 듣고, 여자가 돈을 빌린 이유로 가장 적절한 것을 고르시오.	W Can you do me a favor? M Sure. W Could you lend me 10 dollars? I forgot to bring my purse today. M No problem at all. W Thank you. I will pay you back tomorrow.	여 부탁 하나 들어줄래? 남 물론이지. 여 10달러만 빌려 줄래? 오늘 지갑 가지고 오는 것을 깜박했어. 남 전혀 문제없지. 여 고마워. 내일 갚을 게.
	① 돈을 잃어버려서 ② 지갑을 안 가져와서 ③ 용돈이 떨어져서 ④ 책을 사려고 ⑤ 돈을 갚기 위해서		●● **lend** 빌려주다 **purse** 지갑
10	다음을 듣고, 두 사람의 대화가 어색한 것을 고르시오. ① ② ③ ④ ⑤	① M Is it raining now? 　W No, it stopped. ② M Did you buy a birthday gift for your mom? 　W No, not yet. ③ W Can you help me with my homework? 　M Sorry. I can do it by myself. ④ W How was the steak? 　M It was too salty. ⑤ W Where can I find women's shoes? 　M They're on the third floor.	① 남 지금 비가 오니? 　여 아니, 그쳤어. ② 남 엄마께 드릴 생신 선물을 샀니? 　여 아니, 아직. ③ 여 내 숙제 좀 도와줄 수 있니? 　남 미안해. 난 혼자 할 수 있어. ④ 여 스테이크는 어땠어? 　남 그건 너무 짰어. ⑤ 여 여성 신발은 어디에 있나요? 　남 3층에 있어요. ●● **by oneself** 혼자; 도움 받지 않고 **salty** 짠
11	대화를 듣고, 여자의 장래 희망으로 가장 적절한 것을 고르시오.	M What is your favorite TV program? W I like watching news programs. M Really? The news is boring. I like entertainment shows. W Actually, I want to be a news anchor. I doubt that I am talented enough though. M You can't give up your dream until you try it. W Thank you for your advice.	남 네가 가장 좋아하는 TV 프로그램이 뭐야? 여 나는 뉴스 프로그램을 보는 것을 좋아해. 남 정말? 뉴스는 지루해. 나는 예능 프로그램을 좋아해. 여 사실, 나는 뉴스 앵커가 되고 싶어. 내가 충분히 재능이 있는지는 모르겠지만. 남 시도해 보기도 전에 꿈을 포기해서는 안 돼. 여 조언 고마워.
	① 기자 ② 배우 ③ 뉴스 앵커 ④ 가수 ⑤ 사진작가		●● **entertainment** 오락, 예능 **doubt** 확신하지 못하다; 의심하다 **talented** 재능이 있는 **give up** 포기하다 **advice** 충고, 조언

12

대화를 듣고, 대화 내용과 일치하지 <u>않는</u> 것을 고르시오.

① 여자는 토요일에 파티에 갈 계획이다.
② 남자는 토요일에 집에 있을 것이다.
③ 남자의 사촌들이 토요일에 집에 온다.
④ 여자는 친구와 파티에 갈 것이다.
⑤ 여자는 남자에게 파티에 같이 가자고 권유했다.

M Do you <u>have any plans</u> for this Saturday?
W I'm going to a party with my friend.
M Sounds great.
W How about you?
M I'm <u>staying home</u>. My <u>cousins</u> are coming to my house this Saturday.
W I hope you <u>have a good time</u> with your cousins.

남 이번 토요일에 무슨 계획이 있니?
여 친구와 함께 파티에 갈 거야.
남 좋겠다.
여 너는 어때?
남 난 집에 있을 거야. 내 사촌들이 이번 토요일에 우리 집에 올 거야.
여 사촌들과 함께 좋은 시간 보내길 바래.

●●
stay home 집에 머물다 **cousin** 사촌

13

대화를 듣고, 여자가 대화 직후에 할 일로 가장 적절한 것을 고르시오.

① 간식 사러 가기
② 케이크 사러 가기
③ 집안 청소하기
④ 파티 준비하기
⑤ Jane에게 연락하기

M I heard you <u>invited</u> your friends over tonight.
W Yes, I think <u>I'm ready for</u> the party.
M Did you buy some snacks?
W Yes, I did. I <u>bought</u> some <u>cake</u>, too.
M Did you clean the house?
W Yes, I <u>cleaned it</u>.
M It seems <u>everything</u> is <u>ready</u>. Oh, by the way, did you <u>invite</u> Jane?
W Oh, my goodness! I forgot.

남 네가 오늘 밤에 네 친구들을 집으로 초대한다고 들었어.
여 응, 파티 준비는 다 된 것 같아.
남 간식은 좀 샀니?
여 응, 샀어. 그리고 케이크도 샀어.
남 집은 청소했니?
여 응, 청소했어.
남 모든 것이 준비된 것 같네. 아, 그런데 Jane은 초대했니?
여 맙소사! 깜박했다.

●●
invite ... over ~를 집으로 초대하다
clean 청소하다

14

대화를 듣고, 여자의 마지막 말에 이어질 남자의 말로 가장 적절한 것을 고르시오.

① Don't mention it.
② Thank you for helping me.
③ Do you want to go with me?
④ Sure. Let's clean the floor first.
⑤ No, thank you. I'm very full.

M Look at the mess. What happened?
W Kids <u>have sprayed chips</u> everywhere.
M Oh, they <u>scribbled</u> on the wall, too.
W Would you please help me <u>clean</u> this <u>mess up</u>?
M Sure. Let's clean the floor first.

남 어질러진 것 좀 봐. 무슨 일이 있었죠?
여 아이들이 사방에 과자를 뿌려 놓았어요.
남 오, 아이들이 벽에도 낙서를 했네요.
여 이 어질러진 것 치우는 것 좀 도와 줄래요?
남 물론이죠. 바닥 먼저 청소합시다.

① 천만에요.
② 도와주셔서 감사합니다.
③ 저와 같이 가고 싶나요?
⑤ 고맙지만 사양할게요. 배가 아주 불러요.

●●
mess 난잡, 엉망진창 **spray** 뿌리다
chip 감자칩 **everywhere** 모든 곳에
scribble 낙서하다

15 대화를 듣고, 남자의 마지막 말에 이어질 여자의 말로 가장 적절한 것을 고르시오.

① I can't make it tomorrow.
② I'll treat you the next time.
③ I have no Christmas gift.
④ I'll visit you later.
⑤ Thanks for the invite. I'd love to come.

M Hi, Julie. We're having a Christmas party. Would you like to come?
W Sounds good. <u>Is it</u> <u>okay</u> <u>if</u> I bring my friend?
M Sure. The <u>more</u>, the <u>merrier</u>.
W <u>Thanks for the invite. I'd love to come.</u>

남 안녕, Julie. 우린 크리스마스 파티를 할 거야. 너도 올래?
여 좋지. 내 친구를 데려가도 괜찮니?
남 그럼. 사람이 많을수록 더 즐겁지.
여 <u>초대해줘서 고마워. 기꺼이 갈게.</u>

① 내일은 시간이 안될 것 같아.
② 다음에 내가 낼게.
③ 나는 크리스마스 선물이 없어.
④ 나중에 방문할게.

● ●

merry 즐거운 **invite** 초대

◗ REVIEW TEST p. 43

A
① erase, 지우다 ② fire station, 소방서 ③ bakery, 빵집 ④ bill, 지폐
⑤ salty, 짠 ⑥ talented, 재능이 있는 ⑦ shame, 애석한[딱한] 일 ⑧ scribble, 낙서하다
⑨ advice, 충고, 조언 ⑩ entertainment, 오락, 예능 ⑪ rubber, 고무 ⑫ lend, 빌려주다

B
① forgot to bring ② must have read ③ will come out
④ bunches of bananas ⑤ missed, had to walk ⑥ in the middle
⑦ nearest police station ⑧ give up, until

문제 및 정답	받아쓰기 및 녹음내용	해석

01

다음을 듣고, 대구의 오늘 날씨로 가장 적절한 것을 고르시오.

① 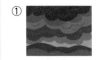 ②

③  ④

⑤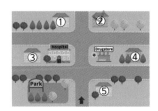

Good morning! This is the <u>weather</u> <u>forecast</u> for today. There will be sunny skies in Seoul. In Daejeon, there will be a <u>light</u> <u>shower</u> in the afternoon, but the sky will <u>clear</u> <u>starting</u> tomorrow morning. In Daegu, it will be hot and <u>humid</u>. It will be cloudy in Busan. Thank you.

안녕하세요! 오늘의 일기 예보입니다. 서울은 하늘이 화창하겠습니다. 대전은 오후에 약한 소나기가 내리겠지만, 내일 아침부터는 하늘이 개겠습니다. 대구는 덥고 습하겠습니다. 부산은 흐리겠습니다. 감사합니다.

●●
shower 소나기 **clear** (날씨가) 개다 **humid** 습한

02

대화를 듣고, 무엇에 관한 내용인지 가장 적절한 것을 고르시오.

① 재활용 가능 품목
② 인터넷 사용 예절
③ 도서관 이용 안내
④ 쓰레기 수거 방법
⑤ 학교 도서관 이용 안내

W You're <u>collecting</u> old books and <u>magazines</u>.
M Yes. We should collect them. They <u>can</u> <u>be</u> <u>recycled</u>.
W What else can we recycle?
M We can recycle <u>empty</u> <u>cans</u>, empty bottles, and milk <u>cartons</u>.
W Good job. Why don't you take <u>this</u> <u>stuff</u> to the recycling center this afternoon?
M Okay, I'll do that.

여 오래된 책과 잡지를 모으고 있구나.
남 네. 우리는 그것들을 모아야 해요. 그것들은 재활용될 수 있거든요.
여 그 밖의 어떤 것들을 재활용할 수 있을까?
남 빈 깡통, 빈 병, 그리고 우유 팩을 재활용할 수 있어요.
여 잘했어. 이것들을 오늘 오후에 재활용 센터로 가져다주는 게 어때?
남 네, 그렇게 할게요.

●●
collect 모으다, 수집하다 **magazine** 잡지 **recycle** 재활용하다 **empty** 빈 **milk carton** 우유 팩 **stuff** 것, 물건

03

대화를 듣고, 남자의 집의 위치로 가장 알맞은 곳을 고르시오.

M David and I are going to <u>watch</u> <u>a movie</u> at my house tonight. Would you like to join us?
W Sure. But I don't know how to <u>get</u> <u>to</u> your house.
M Go straight two blocks from the <u>park</u> and turn right at the corner. It's <u>across</u> <u>from</u> the <u>drugstore</u>.
W Okay. I'll see you tonight.
M See you.

남 David와 나는 오늘 밤에 우리 집에서 영화를 볼 거야. 우리와 함께 할래?
여 좋아. 하지만 네 집에 어떻게 가는지 몰라.
남 공원에서 두 블록을 직진해서 모퉁이에서 오른쪽으로 돌아. 약국 건너편에 있어.
여 알았어. 오늘 밤에 보자.
남 이따 보자.

●●
across from ~의 맞은편에

04 대화를 듣고, 두 사람의 관계로 가장 적절한 것을 고르시오.

① 감독 - 운동선수
② 의사 – 환자
③ 경찰 – 범인
④ 아내 – 남편
⑤ 변호사 – 의뢰인

W Tell me what your problem is.
M My wife says she can't <u>stand</u> my <u>snoring</u>. And sometimes I <u>stop</u> <u>breathing</u> for a few seconds.
W Do you snore all night long?
M I'm <u>afraid</u> <u>so</u>.
W Hmm, I will give you some <u>medicine</u> and treatment. And why don't you sleep <u>on</u> <u>your</u> <u>side</u>?

여 어디가 불편하신지 말씀해주세요.
남 제 아내가 제가 코고는 것을 참을 수 없대요. 그리고 가끔 저는 몇 초간 숨쉬는 걸 멈추기도 해요.
여 밤새도록 코를 고나요?
남 그런 것 같습니다.
여 음, 약과 치료를 해드리겠습니다. 그리고 옆으로 누워서 주무시면 어때요?

snore 코를 골다 breathe 숨을 쉬다
medicine 약 treatment 치료

---

05 다음을 듣고, 내용과 일치하지 <u>않는</u> 것을 고르시오.

① ②
③ ④
⑤

My family likes <u>winter</u> <u>sports</u> very much. My father likes skiing. My mother often <u>goes</u> <u>ice-skating</u> with my brother. My sister likes snowboarding. I am <u>crazy</u> <u>about</u> <u>sledding</u>.

우리 가족은 겨울 스포츠를 매우 좋아한다. 아버지는 스키 타는 것을 좋아한다. 어머니는 형과 함께 자주 스케이트를 타러 간다. 누나는 스노보드 타는 것을 좋아한다. 나는 눈썰매 타는 것을 매우 좋아한다.

crazy 열광적인, 꼭 하고 싶어 하는 sledding 썰매 타기

---

06 대화를 듣고, 남자가 가지고 있던 쿠폰의 금액을 고르시오.

① $1
② $2
③ $5
④ $10
⑤ $20

M How much is it?
W That comes to <u>20 dollars</u>, sir.
M Oh, I have a <u>coupon</u>. Can I use it here?
W No problem. <u>Your</u> <u>total</u> is now 15 dollars.
M Here you are.

남 얼마예요?
여 총 20달러입니다, 손님.
남 아, 저 쿠폰이 하나 있는데요. 여기에서 사용해도 되나요?
여 물론입니다. 그럼 총 15달러입니다.
남 여기 있습니다.

coupon 쿠폰 total 총액

---

07 대화를 듣고, 여자와 남자가 각각 좋아하는 영화의 종류로 가장 적절한 것을 고르시오.

① 액션 | 공상 과학
② 액션 | 로맨스
③ 로맨스 | 공상 과학
④ 공상 과학 | 공포
⑤ 액션 | 공포

M What <u>kinds</u> <u>of</u> <u>movies</u> do you like?
W I like <u>action</u> movies.
M Oh, really? I thought you like <u>romance</u> movies.
W I <u>used</u> <u>to</u> like romance movies. How about you?
M I like <u>sci-fi</u> movies.

남 너는 어떤 종류의 영화를 좋아하니?
여 난 액션 영화를 좋아해.
남 오, 정말? 난 네가 로맨스 영화를 좋아한다고 생각했어.
여 로맨스 영화를 좋아하곤 했었지. 넌 어때?
남 난 공상 과학 영화가 좋아.

action movie 액션 영화 romance 로맨스, 연애 sci-fi movie 공상 과학 영화

08

대화를 듣고, 남자의 심정으로 가장 적절한 것을 고르시오.

① nervous
② happy
③ curious
④ satisfied
⑤ irritated ✓

M This makes me so <u>mad</u>.

W What is it?

M When I get on the subway in the morning, everyone is <u>pushing</u> and <u>shoving</u>.

W Don't think about it. Everyone just wants to go to work <u>as soon as possible</u>.

M I know, but it still upsets me.

남 이건 날 너무 화나게 해.

여 무슨 일인데?

남 아침에 지하철을 탈 때 모든 사람들이 밀고 밀쳐서.

여 그것에 대해 생각하지 마. 사람들은 그저 가능한 빨리 직장에 가고 싶은 것뿐이야.

남 알지만, 여전히 날 화나게 해.

●●
mad 몹시 화가 난 **shove** (거칠게) 밀치다
upset 속상하게 하다 **curious** 호기심이 많은
satisfied 만족한 **irritated** 짜증난

09

대화를 듣고, 남자가 인사동을 추천하는 이유로 가장 적절한 것을 고르시오.

① 쇼핑몰이 많아서
② 조용하고 한적해서
③ 한국을 대표하는 곳이라서
④ 외국인들이 좋아하는 장소라서
⑤ 한국의 전통적인 것을 볼 수 있어서 ✓

M Have you ever been to Insa-dong?

W No, I haven't. Do you <u>recommend going</u> there?

M Yes, there are many interesting <u>things to see</u> there. You can see Korean <u>traditional clothes</u>, arts, and restaurants.

W Really? I'd love to go there sometime.

남 인사동에 가본 적 있어요?

여 아니요, 없어요. 거기 가는 걸 추천하는 거예요?

남 네, 거기에는 흥미로운 볼 것들이 많이 있어요. 한국의 전통적인 의상, 미술품, 음식점들을 볼 수 있어요.

여 정말요? 언젠가 그곳에 가고 싶네요.

●●
recommend 추천하다 **traditional** 전통적인
art 미술품

10

대화를 듣고, 두 사람이 함께 이용할 교통수단으로 가장 적절한 것을 고르시오.

① 택시
② 버스
③ 지하철 ✓
④ 자가용
⑤ 기차

W Why don't we go to the Van Gogh <u>exhibition</u> tomorrow?

M Sound great. How can we go to the art gallery?

W We can go there <u>by bus</u> or <u>subway</u>.

M Hmm, it will be <u>crowded</u> on the bus. How about taking the subway?

W Okay. Let's do that.

여 우리 내일 반 고흐 전시회에 가는 게 어때?

남 아주 좋아. 미술관에 어떻게 갈 수 있니?

여 버스나 지하철을 타고 갈 수 있어.

남 음, 버스는 혼잡할 것 같아. 지하철을 타는 건 어때?

여 좋아. 그러자.

●●
exhibition 전시회 **art gallery** 미술관
crowded 붐비는

11

대화를 듣고, 여자의 장래 희망으로 가장 적절한 것을 고르시오.

① 교사
② 의사
③ 가수
④ 변호사 ✓
⑤ 컴퓨터 프로그래머

W What would you like to do when you <u>finish school</u>?

M I want to become a <u>computer programmer</u>. What about you?

W When I was younger, I <u>wanted to</u> become a <u>singer</u>. But now I want to be a <u>lawyer</u>.

M I hope your dream comes true.

여 너는 졸업하면 뭘 하고 싶니?

남 나는 컴퓨터 프로그래머가 되고 싶어. 너는 어때?

여 난 어렸을 적엔 가수가 되고 싶었어. 하지만 지금은 변호사가 되고 싶어.

남 네 꿈이 이루어지길 바래.

●●
finish school 학업을 마치다, 졸업하다
lawyer 변호사 **come true** 이루어지다, 실현되다

12 대화를 듣고, 두 사람이 할 일로 가장 적절한 것을 고르시오.

① 동생 돌보기
② 파티 하기
③ 식사하기
④ 연극 관람하기
⑤ 농구 경기 관람하기

M Are you <u>interested</u> in basketball?
W Oh, sure. I love it.
M Would you like to go to a <u>basketball</u> <u>game</u> tomorrow?
W I am sorry, but I have to <u>take</u> <u>care</u> <u>of</u> my little brother.
M Hmm. How about taking your little brother with us?
W Oh, that sounds good.

남 너는 농구에 관심이 있니?
여 어, 물론이지. 농구 좋아해.
남 내일 농구 경기 보러 갈래?
여 미안하지만 남동생을 돌봐야 해서.
남 음. 남동생을 우리와 함께 데리고 가는 것은 어때?
여 오, 좋은 생각이야.

••
be interested in ~에 관심이 있다

---

13 대화를 듣고, 대화 내용과 일치하지 <u>않는</u> 것을 고르시오.

① 남자는 뮤지컬 표 두 장을 가지고 있다.
② 여자는 뮤지컬을 보고 싶어 한다.
③ 뮤지컬은 금요일 저녁 8시에 시작한다.
④ 두 사람은 7시에 만나기로 했다.
⑤ 두 사람은 극장 앞에서 만날 것이다.

M Are you busy Friday night?
W Not really. Why?
M I have two <u>tickets</u> to a <u>musical</u>. Would you like to go with me?
W I'd love to! When does the show begin?
M It <u>begins</u> <u>at</u> <u>eight</u> o'clock. I'll pick you up at seven.
W All right. I'll <u>see</u> <u>you</u> <u>then</u>.

남 금요일 밤에 바쁘니?
여 별로. 왜?
남 뮤지컬 표 두 장이 있어. 나랑 같이 갈래?
여 좋아! 공연은 언제 시작하니?
남 8시에 시작해. 내가 7시에 널 태우러 갈게.
여 좋아. 그때 보자.

••
pick up (차에) 태우다

---

14 대화를 듣고, 남자의 마지막 말에 이어질 여자의 말로 가장 적절한 것을 고르시오.

① I'll take a taxi.
② It's over there.
③ There is no museum here.
④ About twenty minutes.
⑤ That'll be great. How kind of you!

M Could you tell me the way to the <u>subway</u> <u>station</u>?
W Where do you want to go?
M To the National Science Museum.
W <u>You'd</u> <u>better</u> take a bus.
M Oh, is that so? Where is <u>the</u> <u>bus</u> <u>stop</u>?
W It's over there.

남 지하철 역으로 가는 길을 알려주실 수 있나요?
여 어디로 가고 싶으세요?
남 국립 과학 박물관이요.
여 버스를 타시는 게 좋을 것 같네요.
남 오, 그런가요? 버스 정류장은 어디죠?
여 저기에요.

① 전 택시를 탈게요.
③ 여기에는 박물관이 없어요.
④ 약 20분이요.
⑤ 아주 좋아요. 정말 친절하시네요!

••
station 역 **National Science Museum** 국립 과학 박물관

15 대화를 듣고, 여자의 마지막 말에 이어질 남자의 말로 가장 적절한 것을 고르시오.

① I'll do a good job.
② I already went there.
③ That's a great idea.
④ You're welcome.
⑤ I think I should rest for two days. ✓

W You look so happy. <u>What's up</u>?
M All my work is <u>finally</u> <u>done</u>.
W Oh, that's great. What are you going to do now?
M <u>I think I should rest for two days.</u>

여 아주 기분이 좋아 보이네요. 무슨 일 있어요?
남 드디어 제 일이 모두 끝났어요.
여 오, 아주 잘됐군요. 이제 뭐 할 거예요?
남 <u>이틀간 쉴 생각입니다.</u>

① 전 잘할 거예요.
② 전 이미 거기에 갔었어요.
③ 아주 좋은 생각이에요.
④ 천만에요.

●●

rest 쉬다 **already** 이미, 벌써

REVIEW TEST p. 49

A ❶ humid, 습한 ❷ recommend, 추천하다 ❸ snore, 코를 골다 ❹ medicine, 약
❺ irritated, 짜증난 ❻ traditional, 전통적인 ❼ crowded, 붐비는 ❽ exhibition, 전시회
❾ lawyer, 변호사 ❿ across from, ~의 맞은편에 ⓫ already, 이미, 벌써 ⓬ sci-fi movie, 공상 과학 영화

B ❶ should rest ❷ interested in basketball ❸ light shower
❹ collecting old, magazines ❺ interesting things, see ❻ stop breathing, seconds
❼ get on, shoving ❽ recycle, bottles, milk cartons

36

	문제 및 정답	받아쓰기 및 녹음내용	해석
01	다음을 듣고, 'I'가 무엇인지 가장 적절한 것을 고르시오. ①  ② ③ ④ ⑤ 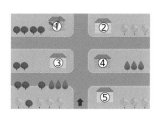	I have four legs and a <u>short</u> <u>tail</u>. My <u>neck</u> is very long, so I can eat food from tall trees. I am <u>the</u> <u>tallest</u> <u>mammal</u> in the world. What am I?	전 4개의 다리가 있고 짧은 꼬리가 있습니다. 저의 목은 매우 길어서 키가 큰 나무에 있는 음식을 먹을 수 있습니다. 저는 세계에서 가장 키가 큰 포유동물입니다. 전 무엇일까요? ●● **tail** 꼬리 **mammal** 포유동물
02	대화를 듣고, 두 사람이 대화하는 장소로 가장 적절한 곳을 고르시오. ① 식당 ② 서점 ③ 슈퍼마켓 ④ 도서관 ⑤ 은행	W Excuse me. Where can I find the yogurt? M The yogurt? It's in the <u>dairy</u> <u>section</u> in aisle P. W <u>Pardon</u> <u>me</u>? Did you say <u>aisle</u> B? M No, P. W Oh, thank you.	여 실례합니다. 요거트가 어디에 있나요? 남 요거트요? P 통로의 유제품 코너에 있습니다. 여 네? 뭐라고요? B 통로라고 하셨나요? 남 아니요, P요. 여 아, 고맙습니다. ●● **dairy** 유제품의; 낙농의 **section** 부분, 구획 **aisle** 통로
03	대화를 듣고, 우체국의 위치로 가장 알맞은 곳을 고르시오.	W Excuse me. Where is <u>the</u> <u>post</u> <u>office</u>? M Go up this street and turn left at the <u>second</u> <u>corner</u>. You'll be able to see it <u>on</u> <u>your</u> <u>right</u>. W Thank you very much. M <u>Don't</u> <u>mention</u> <u>it</u>.	여 실례합니다. 우체국이 어디죠? 남 이 길로 올라 가다가 두 번째 모퉁이에서 왼쪽으로 도세요. 오른편에 그것을 볼 수 있으실 거예요. 여 정말 감사합니다. 남 별말씀을요.
04	대화를 듣고, 두 사람의 관계로 가장 적절한 것을 고르시오. ① 교사 – 학생 ② 엄마 – 아들 ③ 의사 – 환자 ④ 약사 – 손님 ⑤ 미용사 – 손님	M I would like to have some medicine for my <u>skin</u> <u>trouble</u>. W Did you bring a <u>prescription</u>? M Yes, here you are. W Okay. Here's the <u>medicine</u>. Be sure to follow the <u>directions</u>. Take <u>two</u> <u>pills</u> after each meal. M Thank you.	남 피부병 때문에 약이 좀 필요해요. 여 처방전 가져오셨어요? 남 네, 여기 있습니다. 여 네. 약 여기 있습니다. 반드시 지시를 따르도록 하세요. 매 식사 후에 두 알씩 드세요. 남 감사합니다. ●● **skin** 피부 **prescription** 처방전 **direction** 지시, 사용법 **pill** 알약

05	대화를 듣고, 새로 이사 온 여자아이가 누구인지 고르시오.	M	Look at her! She's my new <u>neighbor</u>.	남	저 여자아이 좀 봐! 그 애는 새 이웃이야.

05 대화를 듣고, 새로 이사 온 여자아이가 누구인지 고르시오.

M Look at her! She's my new <u>neighbor</u>.

W Who are you talking about?

M The girl <u>under</u> the <u>big</u> <u>tree</u>.

W There are several girls under the tree. Do you mean the girl with the <u>little</u> <u>dog</u>?

M No, the other girl. She is <u>sitting on</u> the bench and <u>reading</u> a book.

남 저 여자아이 좀 봐! 그 애는 새 이웃이야.

여 누구 말하는 거니?

남 큰 나무 아래에 있는 여자아이 말이야.

여 나무 밑에 여러 명의 여자아이들이 있어. 강아지를 데리고 있는 아이 말하는 거야?

남 아니, 다른 아이야. 그 애는 벤치에 앉아서 책을 읽고 있어.

●●
neighbor 이웃

---

06 대화를 듣고, 무엇에 관한 내용인지 가장 적절한 것을 고르시오.

① 청소기 교환 ✓
② 배송 불만
③ 휴대폰 배터리 구매
④ 인터넷 쇼핑
⑤ 반품 방법 안내

W What's wrong with my vacuum cleaner?

M I think there is a <u>problem</u> with the <u>battery</u>.

W I just <u>bought</u> the vacuum cleaner a few days ago.

M That's strange. You can <u>exchange</u> <u>it</u> <u>for</u> a new one.

여 진공청소기에 무슨 문제가 있는 거죠?

남 배터리에 문제가 있는 것 같습니다.

여 며칠 전에 청소기를 샀는데요.

남 그것 참 이상하군요. 새 것으로 교환하실 수 있습니다.

●●
vacuum cleaner 진공청소기 **battery** 배터리, 건전지 **exchange** 교환하다

---

07 대화를 듣고, 두 사람이 공연을 보기 위해 지불해야 할 금액을 고르시오.

① no charge ✓
② $40
③ $80
④ $120
⑤ $200

W You like <u>music</u> <u>concerts</u>, don't you?

M I like them very much. Why do you ask?

W My friend has two <u>extra</u> <u>tickets</u>.

M Oh, really? How much are they?

W They are selling for <u>40</u> <u>dollars</u> <u>each</u>. He said I can have them for free. Do you want to go with me?

M <u>That's</u> <u>fantastic</u>! Let's go.

여 너 음악 콘서트 좋아하지, 그렇지 않니?

남 아주 좋아해. 왜 묻는 거야?

여 내 친구가 여분의 표 두 장이 있어서.

남 오, 정말? 표가 얼마야?

여 표 한 장에 40달러에 팔려. 내가 표를 무료로 가질 수 있다고 친구가 말했어. 나랑 같이 갈래?

남 멋지다! 가자.

●●
extra 여분의, 추가의 **for free** 무료로 **fantastic** 굉장한, 멋진

---

08 대화를 듣고, 여자가 남자에 대해 느끼는 심정으로 가장 적절한 것을 고르시오.

① 화가 남
② 수줍음
③ 실망스러움
④ 걱정스러움 ✓
⑤ 자랑스러움

W Jack, why are you <u>walking</u> like that?

M I <u>hurt</u> <u>myself</u> playing soccer yesterday.

W I'm sorry to hear that.

M I have to go to the hospital today for some X-rays now.

W Is it <u>very</u> <u>serious</u>?

M I don't think so. It's just to make sure <u>everything</u> is <u>okay</u>.

여 Jack, 너 왜 그렇게 걸어?

남 어제 축구하다가 다쳤어.

여 안됐다.

남 지금 엑스레이 찍으러 병원에 가야 해.

여 아주 심각한 거야?

남 그렇진 않아. 다 괜찮은지 확인하려는 것뿐이야.

●●
serious 심각한

09 대화를 듣고, 여자가 숙제를 하지 못한 이유로 가장 적절한 것을 고르시오.

① 두통이 심해서
② 심부름을 다녀와서
③ 숙제가 있는지 몰라서
④ TV를 보다가 잠들어서 ✓
⑤ 학원 수업이 늦게 끝나서

M Did you do your homework today?
W No, Dad. I was watching TV. Then, I <u>fell</u> <u>asleep</u>.
M No problem. Make sure to <u>finish</u> <u>your</u> <u>homework</u> before bed. Okay?
W Okay. I will.

남 오늘 숙제 했니?
여 아니요, 아빠. TV를 봤어요. 그러다가 잠이 들었어요.
남 괜찮아. 잠자리에 들기 전에 숙제를 꼭 끝내렴. 알겠지?
여 네. 그렇게 할게요.

● ●
fall asleep 잠들다

---

10 대화를 듣고, 남자의 증상으로 가장 적절한 것을 고르시오.

① 설사
② 건망증
③ 불면증 ✓
④ 복통
⑤ 치통

M I don't know what is wrong with me.
W What's <u>going</u> <u>on</u>?
M At night, I <u>can't</u> <u>sleep</u> at all. I keep thinking about work.
W That is a <u>common</u> problem. Please <u>try</u> <u>to</u> <u>relax</u>.

남 나의 어디가 잘못된 건지 모르겠어.
여 무슨 일 있어?
남 밤에 전혀 잠을 잘 수가 없어. 계속 일에 대해 생각하게 되고.
여 그건 흔히 있는 문제야. 긴장을 풀려고 노력해봐.

● ●
common 흔한 **relax** 휴식을 취하다, 긴장을 풀다

---

11 다음을 듣고, 무엇에 관한 내용인지 가장 적절한 것을 고르시오.

① 동물의 의사 소통 방법 ✓
② 동물의 서식지
③ 춤을 추는 동물
④ 벌의 다양한 춤 종류
⑤ 동물의 다양한 종류

Animals have many ways to <u>send</u> <u>messages</u>. The sounds they make, their colors and smells, and their bodies all speak as <u>clearly</u> <u>as</u> <u>words</u>. For example, bees do a kind of <u>dance</u> to <u>let</u> other bees <u>know</u> where food is.

동물에게는 의사를 전달하는 많은 방법이 있다. 그들이 만들어내는 소리, 그들의 색깔과 냄새, 그리고 그들의 몸 모두 말만큼 명확하게 말한다. 예를 들면, 벌은 다른 벌에게 먹이가 어디에 있는지 알려주기 위해 일종의 춤을 춘다.

● ●
smell 냄새 **clearly** 분명히, 명확히

---

12 대화를 듣고, 대화 내용과 일치하지 <u>않는</u> 것을 고르시오.

① 남자는 며칠 전에 이사를 왔다.
② 남자는 여자의 옆집에 산다.
③ 남자는 이사 온 동네를 마음에 들어 한다.
④ 여자는 이곳에서 약 10년간 살았다.
⑤ 식료품 가게는 두 사람이 있는 곳에서 멀리 떨어져 있다. ✓

M Hi. My name is Jason. I <u>moved</u> <u>in</u> next door a few days ago.
W Nice to meet you, Jason. My name is Susan.
M Nice to meet you, too. I think this is a great <u>place</u> <u>to</u> <u>live</u>.
W It's true. I've lived here for about <u>10</u> <u>years</u>.
M Really? Do you know where I can find a grocery store?
W Yes, it's <u>close</u> <u>to</u> <u>here</u>. There's one just around the corner.

남 안녕하세요. 제 이름은 Jason입니다. 전 며칠 전에 옆집으로 이사왔어요.
여 만나서 반갑습니다, Jason. 제 이름은 Susan입니다.
남 저도 만나서 반갑습니다. 이곳은 살기에 참 좋은 곳인 것 같아요.
여 맞아요. 저는 여기서 약 10년간 살았어요.
남 정말이요? 식료품 가게가 어디 있는지 아세요?
여 네, 여기서 가까워요. 모퉁이를 돌면 바로 있어요.

● ●
next door 옆집에 **grocery store** 식료품 가게

13 대화를 듣고, 여자가 대화 직후에 할 일로 가장 적절한 것을 고르시오.

① 미나네 집 방문하기
② 볼링 치러 가기
③ 미나를 데리러 가기
④ 미나에게 전화하기 ✓
⑤ 오늘밤 무엇을 할지 상의하기

M What do you want to do tonight?
W How about _going_ bowling?
M Sounds great! Why don't we _ask_ Mina _to go_, too?
W All right. Do you have her phone number?
M Yes. Here it is.

남 오늘 밤에 뭐하고 싶니?
여 볼링 치러 갈래?
남 좋아! 미나에게도 같이 가자고 물어볼까?
여 좋아. 그녀의 전화번호를 아니?
남 응. 여기 있어.

••
go bowling 볼링 치러 가다

---

14 대화를 듣고, 남자의 마지막 말에 이어질 여자의 말로 가장 적절한 것을 고르시오.

① It is too scary.
② Yes, they are too heavy.
③ We can't afford that.
④ Yes, we do. Please try this on. ✓
⑤ This one is longer than that one.

W May I help you?
M Yes. I wonder if you _have any belts_.
W Of course. How about this one?
M Oh, this is _too short_ for me. Do you have a _longer one_?
W Yes, we do. Please try this on.

여 도와드릴까요?
남 네. 허리띠가 있는지 궁금해서요.
여 물론이죠. 이건 어떠세요?
남 아, 이건 제게 너무 짧네요. 더 긴 것이 있나요?
여 네, 있어요. 이걸로 착용해보세요.

① 그건 너무 무서워요.
② 네, 그것들은 너무 무거워요.
③ 우리는 그걸 살 여유가 안돼요.
⑤ 이것은 저것보다 더 길어요.

---

15 대화를 듣고, 여자의 마지막 말에 이어질 남자의 말로 가장 적절한 것을 고르시오.

① Don't tell lies.
② That's a good idea.
③ You'll do better the next time.
④ Okay. I'll go to the hospital with you.
⑤ Oh, I see. Maybe another time. ✓

M What do you _usually_ do _on Saturdays_?
W I usually play chess.
M Cool. Let's _play chess_ this Saturday afternoon.
W I'd love to, but I can't. I have to _visit my grandparents_.
M Oh, I see. Maybe another time.

남 토요일에는 보통 뭘 하나요?
여 저는 보통 체스를 둬요.
남 좋네요. 이번 토요일 오후에 체스를 둬요.
여 그러고 싶지만, 안 돼요. 조부모님 댁에 방문을 해야 해서요.
남 아, 알겠어요. 다음에 해요.

① 거짓말 하지 마세요.
② 좋은 생각이에요.
③ 당신은 다음 번에 더 잘할 거예요.
④ 네. 당신과 함께 병원에 갈게요.

▶ REVIEW TEST p. 55

A　① pill, 알약　② dairy, 유제품의; 낙농의　③ common, 흔한　④ neighbor, 이웃
　　⑤ for free, 무료로　⑥ serious, 심각한　⑦ relax, 휴식을 취하다, 긴장을 풀다　⑧ tail, 꼬리
　　⑨ extra, 여분의, 추가의　⑩ prescription, 처방전　⑪ fall asleep, 잠들다　⑫ grocery store, 식료품 가게

B　① follow, directions　② exchange, for, new　③ wonder if, belts　④ usually, on Saturdays
　　⑤ around the corner　⑥ the tallest mammal　⑦ Why don't, go　⑧ medicine, skin trouble

문제 및 정답	받아쓰기 및 녹음내용	해석

01

다음을 듣고, 화요일의 날씨로 가장 적절한 것을 고르시오.

① ②

③ ④

⑤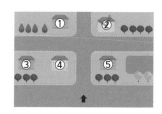

Good evening, everyone! Now, it's time for the weather forecast. It will <u>be warm</u> and <u>sunny</u> from Monday to Wednesday. <u>Clouds</u> will <u>appear</u> on Thursday. On Friday, it is expected to rain all day, so please <u>carry an umbrella</u> with you.

안녕하세요, 여러분! 이제 일기예보 시간입니다. 월요일부터 수요일까지는 따뜻하고 화창하겠습니다. 목요일에는 구름이 끼겠습니다. 금요일에는 하루 종일 비가 내릴 예정이니 우산을 챙기시기 바랍니다.

●●
appear 나타나다 **carry** 가지고 다니다, 휴대하다

02

대화를 듣고, 두 사람이 대화하는 장소로 가장 적절한 곳을 고르시오.

① 극장
② 박물관
③ 식당
④ 도서관
⑤ 공항

W Good evening, sir. <u>How many</u> are in your <u>party</u>?
M A table for six, please.
W Did you <u>make a reservation</u>?
M No, I didn't.
W Wait a moment, please. I'll see if there is a <u>table free</u>.
M If it's possible, I'd like one <u>by the window</u>, please.
W Let me check if there's one.

여 안녕하세요, 손님. 일행이 몇 분이십니까?
남 6명이 앉을 테이블 부탁합니다.
여 예약을 하셨나요?
남 아니요, 안 했습니다.
여 잠시만 기다려주세요. 빈 테이블이 있는지 알아보겠습니다.
남 가능하다면 창가 쪽으로 부탁합니다.
여 있는지 확인해보겠습니다.

●●
party 일행 **make a reservation** 예약하다

03

대화를 듣고, 꽃가게의 위치로 가장 알맞은 곳을 고르시오.

M Excuse me. Where is the <u>nearest flower shop</u>?
W Go down the street and make a <u>right turn</u> at the corner.
M Turn which way?
W Turn right. Then, you'll <u>be able to see</u> it on your left.

남 실례합니다. 가장 가까운 꽃가게가 어디에 있나요?
여 길을 따라 가시다가 모퉁이에서 오른쪽으로 도세요.
남 어느 쪽으로 돌라고요?
여 오른쪽으로 도세요. 그러면 왼편에서 그걸 볼 수 있으실 거예요.

●●
flower shop 꽃가게

| 04 | 대화를 듣고, 두 사람의 관계로 가장 적절한 것을 고르시오.

① 교사 – 학생
② 학부모 – 교사
③ 의사 – 환자
④ 점원 – 손님
⑤ 어머니 – 아들 | W Good morning, sir. I'm Jane's mom.
M Oh, Jane's mother! Nice to meet you.
W Nice to meet you, too. Would you please tell me <u>how</u> Jane <u>is doing</u>?
M She's doing <u>very well</u>. She studies very hard. She <u>gets along well with</u> her classmates. | 여 안녕하세요, 선생님. 저는 Jane의 엄마입니다.
남 아, Jane 어머님! 만나서 반갑습니다.
여 저도 만나서 반갑습니다. Jane이 어떻게 지내고 있는지 말씀해 주시겠어요?
남 아주 잘 하고 있습니다. 공부도 아주 열심히 하고요. 반 친구들과도 잘 지냅니다.

●●
get along with ～와 잘 지내다 |

| 05 | 대화를 듣고, Julia의 어릴 적 모습으로 가장 적절한 것을 고르시오.

① ②
③ ④
⑤ | W Look at that little girl! She <u>reminds me of</u> when Julia was six.
M Oh, yeah! Julia liked to <u>wear pink dresses</u> at that age just like her.
W I remember Julia used to <u>have a ponytail</u>, too.
M Yes, she did. She was so <u>cute</u> with her pink dress and ponytail. | 여 저 어린 여자아이 좀 봐! Julia가 6살 때가 생각나게 하네.
남 어, 그러네! 저 여자아이처럼 Julia도 저 나이에 분홍색 드레스 입는 것을 좋아했어.
여 Julia가 머리를 하나로 묶곤 했던 것도 기억나.
남 맞아, 그랬지. 분홍 드레스를 입고 하나로 묶은 머리를 한 Julia는 정말 귀여웠어.

●●
remind A of B A에게 B가 생각나게 하다
remember 기억하다 **ponytail** 말꼬리 모양으로 하나로 묶은 머리 |

| 06 | 다음을 듣고, 항공사의 영업 시간을 고르시오.

① 오전 7시부터 오후 5시까지
② 오전 7시부터 오후 6시까지
③ 오전 8시부터 오후 5시까지
④ 오전 9시부터 오후 4시까지
⑤ 오전 9시부터 오후 5시까지 | Thank you for calling Travelsafe Airlines. <u>Your call</u> is very important to our company. We <u>are located</u> on the corner of Pine and Starling Streets. We are open 365 days a year. Our office is <u>open from</u> 9 a.m. <u>to</u> 5 p.m. seven days a week. | Travelsafe 항공사에 전화해주셔서 감사합니다. 고객님의 전화는 저희 회사에게 매우 중요합니다. 저희는 Pine 거리와 Starling 거리의 모퉁이에 위치하고 있습니다. 저희는 1년 365일 열려 있습니다. 근무 시간은 오전 9시부터 오후 5시까지이며 일주일 내내 영업합니다.

●●
airline 항공사 **company** 회사 **located** ～에 위치한 |

| 07 | 대화를 듣고, 무엇에 관한 내용인지 가장 적절한 것을 고르시오.

① 사자
② 호랑이
③ 동물원
④ 환경
⑤ 라이거 | M Have you <u>ever seen</u> this animal?
W What is it?
M It is a liger. It's a <u>cross between</u> a lion and a tiger.
W That's interesting. Tell me more about it. | 남 너 이 동물을 본 적 있어?
여 그게 뭐야?
남 라이거야. 사자랑 호랑이를 교배한 동물이야.
여 흥미롭다. 그것에 대해 더 얘기해 줘.

●●
cross 혼합, 교배 |

08

대화를 듣고, 남자의 심정으로 가장 적절한 것을 고르시오.

① thankful
② ashamed
③ relieved
④ worried
⑤ bored

M What time is it now?
W It's nine o'clock.
M Nine o'clock? Are you sure?
W No, I'm sorry. My eyes are not good. It's eight o'clock.
M Oh, you scared me. I thought I was late for work.

남 지금 몇 시야?
여 9시야.
남 9시라고? 확실한 거야?
여 아니, 미안해. 눈이 안 좋아서. 8시야.
남 오, 놀랐어. 회사에 늦은 줄 알았거든.

●●
scare 놀라게 하다 thankful 감사하는
ashamed 창피한, 부끄러운 relieved 안도하는

09

대화를 듣고, 여자가 핸드 크림을 사지 않은 이유로 가장 적절한 것을 고르시오.

① 너무 끈적거려서
② 냄새가 안 좋아서
③ 크기가 너무 작아서
④ 현금이 없어서
⑤ 너무 비싸서

W I'm looking for some hand cream.
M This hand cream makes your skin smooth and soft.
W It smells nice. How much is it?
M It's 30 dollars. Would you like to buy a bottle?
W No, thanks. It is too expensive.

여 전 핸드 크림을 찾고 있어요.
남 이 핸드 크림은 피부를 매끄럽고 부드럽게 해줘요.
여 냄새 좋은데요. 얼마예요?
남 30달러입니다. 한 통 사시겠어요?
여 괜찮습니다. 너무 비싸네요.

●●
smooth 매끄러운

10

대화를 듣고, 캐나다의 겨울에 대한 특징으로 가장 적절한 것을 고르시오.

① 한국의 겨울보다 더 춥다.
② 한국의 겨울보다 더 따뜻하다.
③ 한국의 겨울보다 더 짧다.
④ 한국의 겨울보다 더 건조하다.
⑤ 한국의 겨울보다 더 습하다.

W Which country is colder in winter, Canada or Korea?
M Canada is colder, and the winter is much longer.
W But winter in Korea is sometimes very cold. Don't you think so?
M For sure. At times, the weather here can be just as cold as it is in Canada.

여 캐나다와 한국 중에서 어느 나라가 겨울에 더 추워?
남 캐나다가 더 춥고, 겨울도 훨씬 길어.
여 그런데 한국의 겨울도 가끔 매우 추워. 그렇게 생각하지 않니?
남 맞아. 가끔 여기 날씨가 캐나다만큼 추울 수도 있어.

●●
colder 더 추운 longer 더 긴 at times
가끔은

11

대화를 듣고, 남자가 내일 아침 식사로 먹고 싶지 않은 것을 고르시오.

① 토스트
② 우유
③ 베이컨
④ 계란
⑤ 채소

W What would you like for breakfast?
M Well, I'd like to have some toast and a glass of milk.
W Would you like to have some bacon and eggs?
M No, I don't want bacon for breakfast. Eggs would be better.
W Is there anything else?
M I'd like some vegetables, too.

여 아침 식사로 무엇을 드시겠습니까?
남 음, 토스트와 우유 한 잔 주세요.
여 베이컨과 달걀 좀 드시겠어요?
남 아니요, 아침 식사로 베이컨은 싫어요. 계란이 더 좋겠네요.
여 다른 필요한 게 있으신가요?
남 채소도 좀 주세요.

●●
vegetable 채소

12

대화를 듣고, 여자가 내일 할 일로 가장 적절한 것을 고르시오.

① 남자와 함께 도서관에 가기
② 아빠 생신 선물 사러 가기
③ 남자와 함께 생일 파티에 가기
④ 엄마가 요리하는 것을 돕기
⑤ 혼자 쇼핑하러 가기

M Do you want to go to the library to study tomorrow?
W I'm sorry, but I <u>have</u> <u>to</u> <u>help</u> my mom <u>cook</u>. Tomorrow is my father's birthday.
M Did you <u>buy</u> <u>a</u> <u>present</u> for him?
W Not yet. I will go shopping <u>after</u> <u>school</u> today.
M Have a nice time shopping.

남 내일 공부하러 도서관에 갈래?
여 미안하지만, 엄마가 요리하시는 것을 도와야 해. 내일이 아버지 생신이야.
남 아버지 선물은 샀니?
여 아직 안 샀어. 오늘 방과 후에 쇼핑을 갈 거야.
남 즐거운 쇼핑 시간 보내.

●●
present 선물

13

대화를 듣고, 대화 내용과 일치하지 <u>않는</u> 것을 고르시오.

① 남자는 학교에 늦었다.
② 양말은 소파 밑에 있다.
③ 가방은 책상 밑에 있다.
④ 교과서는 가방 안에 있다.
⑤ 엄마는 남자를 학교에 데려다 줄 것이다.

M I'm late for school, Mom. Where are my socks?
W They're <u>on</u> <u>the</u> <u>sofa</u>, dear.
M Where is my bag?
W It's <u>under</u> the desk.
M Where is my <u>textbook</u>?
W It is <u>in</u> your <u>bag</u>.
M Thanks, Mom. Can you take me to school now?
W Sure.

남 학교에 늦었어요, 엄마. 제 양말은 어디 있어요?
여 소파 위에 있단다, 얘야.
남 제 가방은 어디 있어요?
여 책상 밑에 있어.
남 교과서는 어디 있어요?
여 가방 안에 있잖니.
남 감사해요, 엄마. 지금 학교에 데려다 주실 수 있나요?
여 그래.

●●
socks 양말 **textbook** 교과서

14

대화를 듣고, 남자의 마지막 말에 이어질 여자의 말로 가장 적절한 것을 고르시오.

① I don't think you are right.
② It's too big for you.
③ Of course. Here you are.
④ It's also too dark for you.
⑤ I'm sorry. We have no shirts in size 4.

M Can you help me <u>find</u> <u>my</u> <u>size</u>?
W Sure. What is your size?
M <u>I'd</u> <u>like</u> <u>a</u> size 5.
W Here you are.
M Hmm. I don't like this color. Could you show me some <u>other</u> <u>colors</u>?
W How about this one?
M It's too <u>dark</u>. Do you have a <u>brighter</u> <u>one</u>?
W Of course. Here you are.

남 사이즈 찾는 것 좀 도와주시겠어요?
여 네. 사이즈가 어떻게 되시죠?
남 5 사이즈요.
여 여기 있습니다.
남 음. 이 색은 마음에 들지 않아서요. 다른 색을 보여주실 수 있나요?
여 이건 어떤가요?
남 그건 너무 어두워요. 더 밝은 게 있나요?
여 <u>물론이죠. 여기 있어요.</u>

① 당신이 맞다고 생각하지 않아요.
② 그건 손님에게 너무 커요.
④ 그것도 손님에게 너무 어두워요.
⑤ 죄송합니다. 4 사이즈 셔츠는 없어요.

●●
dark (색상이) 어두운 **bright** 밝은

15 대화를 듣고, 여자의 마지막 말에 이어질 남자의 말로 가장 적절한 것을 고르시오.

① Long time, no see.
② Yes, you'd better not be late.
③ Sure. See you tomorrow.
④ Mr. Thomas will wait for you.
⑤ Why not? I like computer games.

W You look busy now.
M Yes, I have an appointment with Mr. Thomas at noon.
W I thought it was tomorrow.
M No. It's today. I've got to go now.
W Then can you help me fix my computer tomorrow?
M Sure. See you tomorrow.

여 너 지금 바빠 보여.
남 응, 정오에 Thomas 씨와 약속이 있거든.
여 난 내일인 줄 알았어.
남 아니야. 오늘이야. 난 지금 가야 해.
여 그럼 내일 내 컴퓨터 고치는 것 좀 도와줄 수 있어?
남 물론이야. 내일 보자.

① 오랜만이야.
② 응, 늦지 않는게 좋아.
④ Thomas 씨가 널 기다릴 거야.
⑤ 왜 안되겠어? 난 컴퓨터 게임을 좋아해.

● ●
fix 고치다, 수리하다

◗ REVIEW TEST p. 61

A ① bright, 밝은 ② appear, 나타나다 ③ airline, 항공사 ④ company, 회사
⑤ vegetable, 채소 ⑥ textbook, 교과서 ⑦ fix, 고치다, 수리하다 ⑧ party, 일행
⑨ at times, 가끔은 ⑩ present, 선물 ⑪ relieved, 안도하는 ⑫ ashamed, 창피한, 부끄러운

B ① make a reservation ② expected to rain ③ take, to school
④ colder, much longer ⑤ possible, by, window ⑥ gets along, with, classmates
⑦ used to, ponytail ⑧ makes, skin smooth

문제 및 정답	받아쓰기 및 녹음내용	해석

01

대화를 듣고, 여자가 구입한 머그컵으로 가장 적절한 것을 고르시오.

① ②

③ ④

⑤

M May I help you?

W I am looking for <u>a mug</u> for my father.

M How about this one <u>with a star</u> on it?

W It's nice, but my father likes <u>animals</u>.

M Then how about this one with a <u>dog on it</u>?

W I love it. I will take it.

남 도와드릴까요?

여 아버지께 드릴 머그컵을 찾고 있어요.

남 별이 그려진 이것은 어때요?

여 좋아요, 하지만 아빠는 동물들을 좋아해서요.

남 그럼 강아지 그림이 있는 이건 어때요?

여 정말 맘에 들어요. 그것으로 할게요.

●● **mug** 머그컵

02

대화를 듣고, 두 사람이 대화하는 장소로 가장 적절한 곳을 고르시오.

① 은행
② 서점
③ 미용실
④ 고속도로
⑤ 도서관

M I'd like to <u>return</u> these books.

W Oh, dear. These are <u>all overdue</u>. You have to pay a <u>fine</u>.

M Really? I'm sorry. I didn't know that.

W I'm afraid that'll be three dollars and <u>seventy</u>-<u>five</u> cents.

M There you go. I'm sorry for <u>bringing them back</u> late.

남 이 책들을 반납하고 싶어요.

여 아, 이런. 이 책들은 모두 기한이 지났군요. 벌금을 물어야 돼요.

남 정말요? 죄송합니다. 몰랐어요.

여 유감이지만 3달러 75센트를 내셔야 합니다.

남 여기 있습니다. 늦게 가져와서 죄송합니다.

●● **return** 반납하다 **overdue** (지불·반납 등의) 기한이 지난 **fine** 벌금

03

대화를 듣고, 호텔의 위치로 가장 알맞은 곳을 고르시오.

M Do you know a <u>shortcut to</u> this hotel?

W Yes. Go straight and turn right at Wood Street.

M Turn right at Wood Street?

W That's correct. It's <u>on your right</u>.

남 이 호텔로 가는 지름길을 아시나요?

여 네. 곧장 가다가 Wood 거리에서 오른쪽으로 도세요.

남 Wood 거리에서 오른쪽으로 돌라는 거죠?

여 맞아요. 그것은 오른편에 있어요.

●● **shortcut** 지름길 **correct** 맞는, 정확한

04

대화를 듣고, 두 사람의 관계로 가장 적절한 것을 고르시오.

① 의사 - 환자
② 경찰 - 시민
③ 점원 - 손님
④ 감독 - 배우
⑤ 구조대원 - 사고 피해자

W Officer, wait. That's my car.
M Oh, it is? Then I won't need a tow truck.
W I'll move it right away.
M Good. You should not park there.
W Sorry. But there wasn't anywhere else to park. I was only gone for a minute.
M Okay. I'll let you go this time. But be more careful in the future.

여 경찰관님, 잠깐만요. 그건 제 차예요.
남 아, 그래요? 그러면 견인차가 필요 없겠군요.
여 당장 차를 옮길게요.
남 좋아요. 저기에 주차를 하시면 안됩니다.
여 죄송합니다. 하지만 주차할 데가 없었어요. 저는 잠깐만 자리를 비웠어요.
남 알겠어요. 이번에는 그냥 보내드릴게요. 하지만 앞으로는 좀 더 주의하세요.

●●
tow truck 견인차 **anywhere** 어디에도 **careful** 주의 깊은, 조심하는

05

대화를 듣고, Peter가 누구인지 고르시오.

M Did you enjoy the Halloween party, Jane?
W Sure, the party was fun.
M Was Peter at the party?
W Yes, he was there. Peter was a magician. He was holding a magic wand.

남 Jane, 핼러윈 파티 재미있었니?
여 네, 파티는 재미있었어요.
남 Peter도 파티에 있었니?
여 네, 그 애도 있었어요. Peter는 마법사였어요. 마법 지팡이를 들고 있었어요.

●●
magician 마법사 **magic wand** 마법 지팡이

06

대화를 듣고, 여자가 지불해야 할 숙박비를 고르시오.

① $30
② $40
③ $50
④ $80
⑤ $100

M Happy Youth Hostel. How can I help you?
W I'm staying in town for a couple of nights. How much is a room per night?
M The rate is 50 dollars per night.
W Do you have a special rate for students?
M Yes, we do. It is 40 dollars per night.
W Oh, good. I'd like to stay there for two nights, please.

남 Happy 유스호스텔입니다. 무엇을 도와드릴까요?
여 저는 마을에 이틀 정도 머무를 예정이에요. 일박에 얼마예요?
남 요금은 일박에 50달러입니다.
여 학생 특별 할인이 있나요?
남 네, 있어요. 일박에 40달러입니다.
여 오, 좋네요. 저는 그곳에서 2박하고 싶습니다.

●●
a couple of 둘의; 두서너 개의 **per night** 하룻밤에, 일박에 **rate** 가격, 요금

07

대화를 듣고, 남자가 원하는 것으로 가장 적절한 것을 고르시오.

① 컴퓨터를 싼 가격에 사기를 원한다.
② 컴퓨터를 교환하기를 원한다.
③ 컴퓨터를 빌리기를 원한다.
④ 오래된 컴퓨터를 고치기를 원한다.
⑤ 컴퓨터를 비싼 가격에 팔기를 원한다.

M I'd like to buy your old computer for a good price.
W How much do you want to pay for it?
M I'll give you 50 dollars.
W 50 dollars? Your offer is too low.
M Your computer is so old, and it's almost worthless anyway.

남 네 오래된 컴퓨터를 내가 좋은 가격에 사고 싶어.
여 얼마를 지불하고 싶은데?
남 50달러를 줄게.
여 50달러? 네가 제의한 액수는 너무 낮아.
남 네 컴퓨터는 오래됐고, 어쨌든 거의 쓸모 없잖아.

●●
offer 제안; 제의한 액수 **worthless** 쓸모 없는

| 08 | 다음을 듣고, Jensen 씨의 성격으로 가장 적절한 것을 고르시오. | Mr. Jensen is always smiling when you see him. Whenever someone <u>needs</u> <u>a</u> <u>hand</u>, he is there to help. Sometimes he sees <u>elderly</u> people that need help crossing the street or <u>carrying</u> <u>groceries</u>. He is always there for them. Mr. Jensen is a <u>good</u> <u>man</u>, and everyone likes him. | Jensen 씨는 볼 때마다 항상 웃고 있어요. 그는 누군가 도움이 필요할 때마다 도와줘요. 가끔 그는 길을 건너거나 장 본 것을 들 때 도움이 필요한 노인들을 봐요. 그는 항상 그들을 위해 그곳에 있어요. Jensen 씨는 훌륭한 분이고, 모든 사람들이 그를 좋아합니다. |
| | ① 비판적이다.
② 친절하다.
③ 무관심하다.
④ 정직하다.
⑤ 불평이 많다. | | ●●
need a hand 도움이 필요하다 **elderly** 연세가 드신 **groceries** 식료 잡화류 |

| 09 | 대화를 듣고, 남자가 여자를 깨우지 <u>않은</u> 이유로 가장 적절한 것을 고르시오. | W Dad, what time is it?
M It's eight thirty.
W Oh, my God. I am late for a <u>meeting</u> with my classmate. Why didn't you <u>wake</u> me <u>up</u>?
M Today is <u>Saturday</u>. You're not going to school today, are you?
W No, Dad. But we're meeting to <u>finish</u> <u>a</u> <u>project</u> by Monday. | 여 아빠, 몇 시예요?
남 8시 30분이야.
여 맙소사. 반 친구와 만나기로 했는데 늦었네. 저를 왜 안 깨워주셨어요?
남 오늘은 토요일이야. 오늘 학교 안가잖아, 그렇지?
여 네, 아빠. 하지만 저희는 월요일까지 과제를 끝내기 위해서 만나기로 했어요. |
| | ① 어제 여자가 밤샘을 해서
② 깨우는 것을 잊어버려서
③ 학교에 가는 날이 아니라서
④ 너무 이른 새벽 시간이라서
⑤ 알람이 울리지 않아서 | | ●●
wake up 깨우다 **project** 과제, 연구 프로젝트 |

| 10 | 다음을 듣고, 두 사람의 대화가 어색한 것을 고르시오.

① ② ③ ④ ⑤ | ① W Can you play the violin?
  M It <u>has</u> <u>been</u> <u>a</u> <u>while</u>, so I don't think I can.
② W Have you been to Canada?
  M No, I <u>haven't</u>.
③ W Do you hear me?
  M Your <u>mouth</u> is <u>full</u>.
④ M Do you know her?
  W Yes, I do. She was my <u>classmate</u> last year.
⑤ M We <u>will</u> <u>arrive</u> in Korea in two hours.
  W Thank you for letting me know. | ① 여 바이올린 연주할 수 있어요?
  남 안 한 지 오래돼서 못할 것 같아요.
② 여 캐나다에 가본 적 있어요?
  남 아니요, 없어요.
③ 여 내 말 들려?
  남 네 입 안이 꽉 찼어.
④ 남 너 그녀를 아니?
  여 응. 그녀는 작년에 같은 반 친구였어.
⑤ 남 2시간 후에 한국에 도착합니다.
  여 알려줘서 고맙습니다. |
| | | | ●●
full 꽉 찬 **arrive** 도착하다 |

| 11 | 대화를 듣고, 무엇에 관한 내용인지 가장 적절한 것을 고르시오. | M What's your writing homework?
W I have to write a <u>short</u> <u>novel</u> by this Friday.
M What will you <u>write</u> <u>about</u>?
W A basketball player <u>who</u> <u>falls</u> <u>in</u> <u>love</u>.
M That sounds interesting. | 남 네 작문 숙제는 뭐니?
여 나는 이번 금요일까지 단편 소설을 써야 해.
남 뭐에 대해 쓸 건데?
여 사랑에 빠진 농구 선수.
남 재미있겠다. |
| | ① 작문 숙제
② 장편 소설
③ 농구 선수
④ 로맨스 영화
⑤ 농구 경기 | | ●●
novel 소설 **fall in love** 사랑에 빠지다 |

12 대화를 듣고, 여자가 대화 직후에 할 일로 가장 적절한 것을 고르시오.

① 백화점에서 쇼핑하기
② 백화점 화장실에 가기
③ 도서관에 가서 책을 빌리기
④ 도서관 화장실에 가기
⑤ 택시를 타고 집에 가기

W Excuse me. Is there a <u>restroom</u> <u>here</u>?
M Hmm, no. There isn't a restroom here.
W Oh, no! My <u>daughter</u> needs to go to the bathroom right away.
M Well, there is one in the <u>department</u> <u>store</u> on Apple Street.
W On Apple Street?
M Yes. It's <u>next</u> <u>to</u> <u>the</u> <u>library</u>.

여 실례합니다. 여기에 화장실이 있나요?
남 음, 아뇨. 여기에는 화장실이 없어요.
여 오, 이런! 딸이 당장 화장실에 가야 해서요.
남 그럼, Apple 거리에 백화점 안에 있어요.
여 Apple 거리에요?
남 네. 그건 도서관 옆에 있어요.

●●
restroom 화장실 **department store** 백화점

---

13 대화를 듣고, 대화 내용과 일치하지 <u>않는</u> 것을 고르시오.

① 여자는 아침형 인간이다.
② 남자는 일찍 일어나는 것을 힘들어 한다.
③ 남자는 늦게 잠자리에 든다.
④ 여자는 컴퓨터 게임하는 것을 좋아한다.
⑤ 여자는 남자에게 일찍 자라고 충고했다.

M What time do you usually get up?
W About six o'clock.
M Wow! You're a morning person. I have a <u>hard</u> <u>time</u> getting up <u>early</u>.
W Do you go to bed late?
M Yes, I usually <u>play</u> <u>computer</u> <u>games</u> before sleeping.
W You should <u>quit</u> <u>doing</u> that and try to go to bed early.
M Okay. I'll try.

남 너는 보통 몇 시에 일어나니?
여 6시쯤.
남 와! 넌 아침형 인간이구나. 난 일찍 일어나기가 어렵거든.
여 늦게 자니?
남 응, 난 보통 잠자기 전에 컴퓨터 게임을 해.
여 게임 그만하고 일찍 잠자리에 들려고 노력해야 해.
남 알겠어. 노력해볼게.

●●
quit 그만두다, 그만하다

---

14 대화를 듣고, 남자의 마지막 말에 이어질 여자의 말로 가장 적절한 것을 고르시오.

① For three hours.
② Last weekend.
③ I went there with my mom.
④ It's too late.
⑤ Usually by train.

M Have you ever been to Gyeongju?
W Yes, I have. My grandfather lives there.
M I <u>saw</u> a <u>TV</u> <u>program</u> about Gyeongju yesterday. It's very beautiful.
W Yes, it's a beautiful city.
M <u>How</u> do you <u>get</u> <u>there</u>?
W <u>Usually by train.</u>

남 경주에 가 본 적 있나요?
여 네, 있어요. 할아버지께서 거기에 사세요.
남 어제 경주에 관한 TV 프로그램을 봤어요. 아주 아름답더라고요.
여 맞아요, 아름다운 도시에요.
남 거기는 어떻게 가나요?
여 <u>보통 기차로 가요.</u>

① 3시간이요.
② 지난주에요.
③ 엄마와 함께 거기에 갔어요.
④ 너무 늦어요.

15 대화를 듣고, 여자의 마지막 말에 이어질 남자의 말로 가장 적절한 것을 고르시오.

① I'm glad you like it.
② It was a good meal!
③ I was going to put in more sugar.
④ Why did you put in too much salt?
⑤ I'd like to have this one.

W I can't believe you <u>made dinner</u>.
M I've always wanted to make dinner for you.
W How did you make it?
M I just <u>followed the recipes</u> in the cookbook.
W Wow, it looks good.
M <u>Just try</u> some of this.
W It's very <u>delicious</u>.
M <u>I'm glad you like it.</u>

여 당신이 저녁을 만들었다니 믿어지지가 않아.
남 항상 당신에게 저녁을 만들어 주고 싶었어.
여 어떻게 만들었어?
남 그저 요리책에 있는 조리법을 따라했을 뿐이야.
여 와, 맛있어 보여.
남 이것 좀 한번 맛봐.
여 아주 맛있어.
남 <u>당신이 좋아하니 기분이 좋네.</u>
② 훌륭한 식사였어!
③ 설탕을 좀 더 넣으려고 했었어.
④ 왜 소금을 너무 많이 넣었어?
⑤ 이걸로 하고 싶어.

••
cookbook 요리책

▶ REVIEW TEST p. 67

A
① careful, 주의 깊은, 조심하는 ② novel, 소설 ③ magician, 마법사 ④ offer, 제안; 제의한 액수
⑤ restroom, 화장실 ⑥ rate, 가격, 요금 ⑦ arrive, 도착하다 ⑧ elderly, 연세가 드신
⑨ wake up, 깨우다 ⑩ quit, 그만두다, 그만하다 ⑪ worthless, 쓸모 없는 ⑫ overdue, 기한이 지난

B
① pay a fine ② return these books ③ hard time getting up
④ stay, two nights ⑤ special rate for students ⑥ shortcut to this hotel
⑦ short novel by ⑧ Whenever, hand, help

문제 및 정답	받아쓰기 및 녹음내용	해석

01 대화를 듣고, 남자가 만든 가방으로 가장 적절한 것을 고르시오.

① ②

③ ④

⑤

M Mom, <u>this is for you</u>. I made this eco bag for you.

W Wow, it looks very nice. Thank you.

M I wanted to <u>draw a rose</u>, but it was not easy. So I <u>drew</u> this <u>tree</u>.

W It's okay. I like it. The <u>bird</u> on the tree is so <u>cute</u>.

M I'm glad you like it.

남 엄마, 이건 엄마께 드리는 거에요. 엄마를 위해서 이 에코백을 만들었어요.

여 와, 정말 멋져 보여. 고맙다.

남 장미를 그리고 싶었지만 쉽지 않았어요. 그래서 이 나무를 그렸어요.

여 괜찮아. 마음에 들어. 나무 위에 새가 아주 귀엽구나.

남 엄마가 마음에 들어 하셔서 기뻐요.

draw (drew-drawn) 그리다

---

02 대화를 듣고, Mike가 있는 장소로 가장 적절한 곳을 고르시오.

① 주방
② 욕실
③ 방
④ 차고
⑤ 거실

M Honey, I'm home.

W <u>How was your day</u>?

M Not bad. Where are the kids?

W Ivy is <u>studying</u> in her room, and Mike is in the <u>garage repairing</u> his bicycle.

M Where is Mark?

W He is <u>taking a shower</u> in the bathroom.

남 여보, 다녀왔어요.

여 오늘 하루 어땠어요?

남 괜찮았어요. 아이들은 어디 있어요?

여 Ivy는 방에서 공부하고 있고, Mike는 차고에서 자전거를 수리하고 있어요.

남 Mark는 어디에 있어요?

여 Mark는 욕실에서 샤워하고 있어요.

garage 차고 **repair** 수리하다
take a shower 샤워하다

---

03 대화를 듣고, 변호사 사무실의 위치로 가장 알맞은 곳을 고르시오.

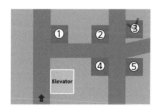

W Excuse me.

M Yes, ma'am. Can I help you?

W Yes. Could you tell me how to get to the <u>lawyer's office</u>?

M Take the elevator up to <u>the fourth floor</u>. From the elevator, go straight, and then turn right.

W <u>Turn right</u> from the elevator, right?

M Yes. After that, walk to <u>the end</u> of the <u>hall</u>, and then turn left again. It will be on your right.

여 실례합니다.

남 네, 부인. 도와드릴까요?

여 네. 변호사 사무실 가는 길을 알려주시겠어요?

남 엘리베이터를 타고 4층으로 올라가세요. 엘리베이터에서 직진한 다음 오른쪽으로 도세요.

여 엘리베이터에서 내려 오른쪽으로 돌라고요, 맞죠?

남 네. 그 다음 복도 끝까지 걸어가서 왼쪽으로 다시 도세요. 오른편에 있을 거에요.

04	대화를 듣고, 두 사람의 관계로 가장 적절한 것을 고르시오.	M May I help you?	남 도와드릴까요?

04 대화를 듣고, 두 사람의 관계로 가장 적절한 것을 고르시오.

① 여행 가이드 – 관광객
② 연예인 – 매니저
③ 조종사 – 승무원
④ 식당 종업원 – 손님 ✓
⑤ 호텔 지배인 – 종업원

M May I help you?
W Yes, please. I want a piece of this cake and some mango pudding for dessert, please.
M What would you like for a drink?
W I'd like a cup of coffee, please.
M Is there anything else that you want?
W No, thank you. That'll be all.

남 도와드릴까요?
여 네. 디저트로 이 케이크 한 조각과 망고 푸딩을 주세요.
남 음료는 무엇으로 하시겠어요?
여 커피 한 잔 부탁합니다.
남 다른 필요한 것은 없으세요?
여 아니요, 괜찮습니다. 그게 전부에요.

••
piece 조각; 한 개 **dessert** 디저트

---

05 대화를 듣고, 여자가 전화를 건 목적으로 가장 적절한 것을 고르시오.

① 약속 날짜를 잡기 위해서
② 수업 시간을 물어 보기 위해서
③ 지갑을 사러 가자고 하기 위해서
④ 남자의 지갑을 주웠다고 알려주기 위해서 ✓
⑤ 자신의 지갑을 본 적이 있는지 물어보기 위해서

M Hello. This is Tom speaking.
W Hi, Tom. This is Jenny.
M Hi.
W I called because I picked up your wallet in our classroom.
M Thank you for telling me. Can I go to your house right now to get it?
W Sure. See you soon!

남 여보세요. Tom입니다.
여 안녕, Tom. 나 Jenny야.
남 안녕.
여 내가 네 지갑을 우리 교실에서 주워서 전화했어.
남 알려줘서 고마워. 지금 그걸 가지러 네 집으로 가도 되니?
여 물론이지. 곧 보자!

••
classroom 교실

---

06 대화를 듣고, 마드리드까지 가는 데 걸리는 시간을 고르시오.

① 2시간
② 8시간
③ 10시간 ✓
④ 12시간
⑤ 18시간

M I heard you're going to Spain.
W Yes. I'm going to visit my friend who lives in Madrid.
M How long does it take to get there?
W It takes eight hours to fly to London and another two hours to Madrid.
M That's a long trip.

남 너 스페인 간다고 들었어.
여 응. 마드리드에 사는 친구를 방문할 거야.
남 거기까지 가는 데 얼마나 걸려?
여 런던까지 비행기를 타고 8시간 걸리고 또 마드리드까지 2시간 걸려.
남 정말 오래 걸리는구나.

••
fly (비행기를) 타다, 타고 가다

---

07 대화를 듣고, 여자가 남자에게 부탁한 일로 가장 적절한 것을 고르시오.

① 여자의 조부모님 배웅하기
② 선물 같이 사기
③ 여자의 개를 돌봐주기 ✓
④ 여행 계획 같이 짜기
⑤ 시험 공부 같이 하기

W I'd like to ask you for a favor.
M Sure. What is it?
W I'm planning to take a trip to see my grandparents next week.
M That sounds like fun.
W I was wondering if you'd take care of my dog for me.
M Sure. I don't mind.

여 부탁을 하나 하고 싶은데요.
남 물론이죠. 뭔데요?
여 다음 주에 조부모임을 뵈러 여행을 갈 예정이에요.
남 재미있겠네요.
여 제 개를 돌봐주실 수 있나 해서요.
남 물론이죠. 괜찮아요.

08 대화를 듣고, 여자의 심정으로 가장 적절한 것을 고르시오.

① bored
② annoyed
③ scared
④ satisfied
⑤ disappointed

W Good morning, John.
M Hello, Nicole. How was your Christmas?
W It was great. The food was good, and my whole family visited us.
M Did you receive lots of presents?
W Yes, I received many wonderful gifts.

••
whole 전체의, 모든 **receive** 받다 **annoyed** 짜증 나는, 화가 난 **disappointed** 실망한

여 안녕, John.
남 안녕, Nicole. 크리스마스 어땠어?
여 아주 좋았어. 음식도 좋았고, 가족들이 모두 왔어.
남 선물 많이 받았어?
여 응, 멋진 선물을 많이 받았어.

---

09 대화를 듣고, 남자가 포스터를 붙이고 있는 이유로 가장 적절한 것을 고르시오.

① 공연 홍보를 위해서
② 잃어버린 개를 찾기 위해서
③ 동물 병원 개원 홍보를 위해서
④ 안전 수칙을 알려주기 위해서
⑤ 유기견 보호소 안내를 위해서

W Hi, Charles. What are you doing?
M I'm putting up some "missing dog" posters. We lost our dog yesterday. We hope someone may have seen him.
W I hope someone calls with some information.
M Me, too. We really miss our dog.

••
put up a poster 포스터를 붙이다 **information** 정보

여 안녕, Charles. 뭐 하는 중이야?
남 '잃어버린 개를 찾고 있음'이라는 포스터를 붙이고 있어. 어제 개를 잃어 버렸어. 누군가가 우리 개를 보았기를 바랄 뿐이야.
여 누군가 전화해서 어떤 소식이라도 알려주면 좋겠다.
남 나도 그래. 우리 개가 정말 보고 싶어.

---

10 대화를 듣고, 어떤 계절인지 가장 적절한 것을 고르시오.

① 봄
② 여름
③ 가을
④ 겨울
⑤ 이른 봄

W Why are you going out without a coat, Luke?
M I don't need a coat. I have a sweater on.
W Well, a sweater is not warm enough. It is already December.
M Okay, Mom. I guess I'd better wear a coat.

••
coat 외투, 코트

여 Luke, 왜 코트도 안 입고 밖에 나가려고 하니?
남 코트는 필요 없어요. 스웨터 입었어요.
여 글쎄, 스웨터로는 충분히 따뜻하지가 않아. 벌써 12월이잖니.
남 알겠어요, 엄마. 코트를 입는 것이 낫겠어요.

---

11 다음을 듣고, 가족이 한 일에 대해 언급되지 않은 것을 고르시오.

① 페인트 칠하기
② 잔디 깎기
③ 지하실 청소하기
④ 빨래하기
⑤ 세차하기

My family was all busy doing chores around the house. Dad painted the walls and cleaned the basement. Mom did the laundry. My older brother washed the car, and I cared for my little sister.

••
chore 허드렛일; 가사 **basement** 지하실 **do the laundry** 빨래하다 **care for** ~을 돌보다

우리 가족은 집 주변의 가사 일하느라 모두 바빴다. 아빠는 벽에 페인트 칠을 하고 지하실을 청소했다. 엄마는 빨래를 했다. 오빠는 세차를 했고, 나는 내 여동생을 돌봤다.

12

다음을 듣고, 민수의 오늘 일과에 대한 내용으로 일치하지 않는 것을 고르시오.

① 오전 7:00 기상
② 오전 8:30 등교
③ 오후 3:30 귀가
④ 오후 7:00 저녁 식사
⑤ 오후 8:00 목욕

Minsu usually gets up at 7:00 a.m. But today he <u>got up</u> at 7:30 a.m. because his alarm didn't <u>go off</u>. He went to school at 8:30 a.m. He <u>came home</u> at 3:30 p.m. He <u>ate</u> dinner at 7:00 p.m. and <u>took a bath</u> at 8:00 p.m.

민수는 보통 오전 7시에 일어난다. 그러나 오늘은 알람이 울리지 않아서 오전 7시 30분에 일어났다. 그는 오전 8시 30분에 학교에 갔다. 그는 오후 3시 30분에 집에 왔다. 그는 오후 7시에 저녁을 먹고 오후 8시에 목욕을 했다.

•• **go off** (경보기 등이) 울리다 **take a bath** 목욕하다

13

대화를 듣고, 대화 내용과 일치하지 <u>않는</u> 것을 고르시오.

① 여자는 자매가 두 명이 있다.
② 여자는 장녀이다.
③ 남자는 둘째이다.
④ 남자는 네 명의 남자 형제가 있다.
⑤ 남자의 큰형은 고등학생이다.

M <u>How many</u> brothers and sisters do you have?
W I have two sisters.
M Are you <u>the oldest</u>?
W Yes, I am. How about you?
M I have four brothers, and I am <u>the second oldest</u>. My oldest brother is a university student.

남 형제자매가 어떻게 되니?
여 자매가 둘 있어.
남 너는 장녀니?
여 응, 그래. 넌 어때?
남 난 형제가 네 명이 있고, 난 둘째야. 큰형은 대학생이야.

•• **university** 대학교

14

대화를 듣고, 남자의 마지막 말에 이어질 여자의 말로 가장 적절한 것을 고르시오.

① You'd better stand here.
② That sounds good.
③ I should have worked harder.
④ But you'd better get some rest.
⑤ I'll go home as soon as I'm done with these.

W <u>How</u> do you <u>feel</u> today? You look terrible.
M This cold is <u>killing</u> me.
W Why don't you <u>stay in bed</u> today?
M I have to <u>study</u> for an <u>exam</u>.
W <u>But you'd better get some rest.</u>

여 오늘 기분이 어때? 안색이 안 좋아 보여.
남 감기 때문에 죽겠어.
여 오늘 좀 누워 있지 그래?
남 시험 공부해야 해.
여 <u>그렇지만 쉬는 것이 더 낫겠어.</u>

① 여기 서 있는게 낫겠어.
② 좋아.
③ 난 더 열심히 했어야 했는데.
⑤ 이게 끝나자마자 집으로 갈게.

•• **get some rest** 쉬다 **should have p.p.** ~했었어야 했는데

15

대화를 듣고, 여자의 마지막 말에 이어질 남자의 말로 가장 적절한 것을 고르시오.

① I will call you tomorrow night.
② Please call me at six.
③ You'd better sleep early.
④ I'm sorry, but I'm just too busy.
⑤ I have to get up at 7.

M What time do you <u>usually get up</u>?
W I usually get up at 6 a.m.
M Oh, that's great. Will you <u>do me a favor</u>?
W Sure. What is it?
M It is <u>hard</u> for me to get up so early. So could you <u>wake me up</u> tomorrow morning?
W How should I wake you up?
M <u>Please call me at six.</u>

남 너는 보통 몇 시에 일어나니?
여 나는 보통 오전 6시에 일어나.
남 오, 잘됐다. 내 부탁 좀 들어줄래?
여 물론이야. 뭔데?
남 난 그렇게 일찍 일어나기가 힘들어. 그래서 내일 아침에 날 좀 깨워 줄 수 있니?
여 어떻게 깨워야 할까?
남 <u>6시에 전화해 줘.</u>

① 네게 내일 밤에 전화할게.
③ 넌 일찍 잠을 자는 게 나아.
④ 미안하지만, 내가 너무 바빠서.
⑤ 난 7시에 일어나야 해.

54

A
1 garage, 차고 2 repair, 수리하다 3 whole, 전체의, 모든 4 dessert, 디저트
5 information, 정보 6 chore, 허드렛일; 가사 7 basement, 지하실 8 disappointed, 실망한
9 classroom, 교실 10 university, 대학교 11 get some rest, 쉬다 12 do the laundry, 빨래하다

B
1 anything else 2 oldest, university student 3 Did, receive, presents
4 hope, have seen 5 does, take, get 6 busy doing chores
7 hard, me, get up 8 take a trip

| 01 ④ | 02 ⑤ | 03 ④ | 04 ⑤ | 05 ④ | 06 ② | 07 ④ | 08 ② |
| 09 ② | 10 ⑤ | 11 ③ | 12 ⑤ | 13 ⑤ | 14 ② | 15 ③ | |

문제 및 정답	받아쓰기 및 녹음내용	해석

01 다음을 듣고, 내일의 날씨로 가장 적절한 것을 고르시오.

①   ②

③   ④

⑤

Good morning. This is the weather report. It is <u>foggy</u> outside now. Please <u>be careful</u> when you drive. It will be clear this afternoon. Tomorrow, it will be <u>snowy</u> and very cold. <u>Don't forget</u> to wear <u>warm clothes</u>. Thank you.

안녕하세요. 일기 예보입니다. 지금 밖에 안개가 껴 있습니다. 운전 조심하시기 바랍니다. 오늘 오후에는 날이 개겠습니다. 내일은 눈이 오고 매우 춥겠습니다. 따뜻한 옷차림하시는 것을 잊지 마세요. 감사합니다.

●●
foggy 안개가 낀 **snowy** 눈이 내리는

---

02 대화를 듣고, 두 사람이 대화하는 장소로 가장 적절한 곳을 고르시오.

① 버스 안
② 서점
③ 방송국
④ 경찰서
⑤ 지하철

W Excuse me. <u>How</u> can I <u>get to</u> Midway Bookstore?
M Stay on this train. You should <u>get off</u> at the <u>next station</u>.
W I get off at the next station?
M Yes, but you need to <u>change to</u> the purple line there and get off at City Hall Station.

여 실례합니다. Midway 서점에 어떻게 가나요?
남 이 전철을 계속 타고 계세요. 다음 역에서 내리셔야 해요.
여 다음 역에서 내리라고요?
남 네, 하지만 거기서 보라색 노선으로 갈아타고 시청역에서 내리셔야 합니다.

●●
get off 내리다 **city hall** 시청

---

03 대화를 듣고, 미용실의 위치로 가장 알맞은 곳을 고르시오.

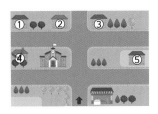

M Where is a beauty shop near here? I need to <u>get a haircut</u>.
W Go straight two blocks and turn left. Go to the <u>end of</u> the <u>block</u>. It'll be on the corner on your left.
M I got it. Thank you. By the way, is that place any good?
W Of course. It's one of <u>the best</u> in this <u>area</u>.

남 이 근처에 미용실이 어디 있어? 머리를 잘라야 해서.
여 두 블록을 직진해서 왼쪽으로 돌아. 그 블록이 끝나는 지점까지 가. 왼편에 모퉁이에 있을 거야.
남 알겠어. 고마워. 그런데, 거기 괜찮니?
여 물론이지. 이 지역에서 제일 잘하는 곳 중 하나야.

●●
get a haircut 머리를 자르다 **area** 지역

---

04 대화를 듣고, 두 사람의 관계로 가장 적절한 것을 고르시오.

① 점원 – 손님
② 교사 – 학생
③ 사진작가 – 고객
④ 택시 운전사 – 승객
⑤ 외국인 관광객 – 행인

W Hello. Do you speak English?
M Yes, <u>a little</u>.
W That's good. Can you <u>take a picture of us</u>, please?
M Sure! Should I push here?
W Yes, that's <u>correct</u>.

여 안녕하세요. 영어할 줄 아세요?
남 네, 조금요.
여 잘됐네요. 저희 사진 좀 찍어 주시겠어요?
남 물론이죠! 여기 누르면 되나요?
여 네, 맞아요.

●●
take a picture 사진을 찍다

05 다음을 듣고, 콘서트 시작 시각을 고르시오.

①
②
③
④
⑤

Hi, Sen! It's Tony. I'm sending this <u>message</u> to ask <u>if</u> you <u>have</u> <u>time</u> tomorrow. I have two concert tickets. The concert is tomorrow at <u>8:30</u>. Let's go together. Call me soon. <u>Talk</u> <u>to</u> <u>you</u> <u>later</u>. Bye.

●●
message 메시지, 문자

안녕, Sen! 나 Tony야. 네가 내일 시간이 있는지 물어보려고 문자 보내. 내가 콘서트 티켓이 두 장 있거든. 콘서트는 내일 8시 30분이야. 같이 보러 가자. 빨리 전화해줘. 나중에 얘기 하자. 안녕.

---

06 대화를 듣고, 남자의 하루 약 복용 횟수를 고르시오.

① 1번
② 2번
③ 3번
④ 4번
⑤ 5번

M Mary, I'm sorry I <u>couldn't</u> go to your party yesterday.
W That's okay. Why didn't you come?
M I <u>didn't</u> <u>feel</u> <u>well</u>, so I went to the doctor.
W What did he say?
M He said I <u>have</u> <u>the</u> <u>flu</u>. I have to take some pills <u>twice</u> <u>a</u> <u>day</u> for five days.
W I'm sorry to hear that. Please <u>get</u> <u>well</u> soon.

●●
flu 독감 **get well** 병이 낫다

남 Mary, 어제 네 파티에 못 가서 미안해.
여 괜찮아. 왜 못 온 거니?
남 몸이 안 좋아서 병원에 갔었어.
여 의사가 뭐랬어?
남 독감에 걸렸다고 말했어. 난 5일 동안 하루에 두 번 약을 먹어야 해.
여 유감이야. 빨리 낫기를 바래.

---

07 대화를 듣고, 여자가 원하는 것으로 가장 적절한 것을 고르시오.

① 교환
② 사과
③ 수선
④ 환불
⑤ 답례

M Good afternoon. May I help you, ma'am?
W Yes, I'd like to <u>get</u> my money <u>back</u> for <u>this</u> <u>shirt</u>.
M What's the problem?
W It <u>shrunk</u> when I <u>washed</u> it.
M Okay. Do you have the <u>receipt</u>?
W Here it is.

●●
shrink (shrunk-shrunken) 줄어들다
receipt 영수증

남 안녕하세요. 도와드릴까요, 부인?
여 네, 이 셔츠를 환불하고 싶어요.
남 무슨 문제인가요?
여 빨았더니 옷이 줄어들었어요.
남 알겠습니다. 영수증 있으신가요?
여 여기 있습니다.

---

08 대화를 듣고, 시에 대한 여자의 의견으로 가장 적절한 것을 고르시오.

① 낭만적이다.
② 재미없다.
③ 아름답다.
④ 교훈적이다.
⑤ 감동적이다.

M I think this <u>poem</u> is very beautiful. It is <u>so</u> <u>romantic</u>.
W Really? I don't agree. It is not interesting at all.
M Can't you feel the <u>author's</u> <u>love</u> in the poem?
W No, I'm sorry. I think we <u>see</u> <u>things</u> <u>differently</u>.

●●
poem 시 **romantic** 낭만적인 **author** 저자
differently 다르게

남 이 시는 매우 아름다운 것 같아. 아주 낭만적이야.
여 정말? 난 그렇게 생각 안 해. 전혀 재미없는 걸.
남 시에서 작가의 사랑을 느끼지 못하겠니?
여 아니, 미안해. 우리는 서로 의견이 다른 것 같아.

09	대화를 듣고, 남자의 기분이 좋지 <u>않은</u> 이유로 가장 적절한 것을 고르시오.	W You don't look happy. What's wrong?	여 기분이 안 좋아 보이네. 무슨 일이야?

09 대화를 듣고, 남자의 기분이 좋지 <u>않은</u> 이유로 가장 적절한 것을 고르시오.

① 과일을 살 수가 없어서
② 상한 과일을 사서
③ 과일 가게 주인이 불친절해서
④ 과일을 많이 먹고 배탈이 나서
⑤ 배송 받은 과일이 멍들어 있어서

W You don't look happy. What's wrong?
M The <u>fruit I bought</u> yesterday is bad.
W Didn't you <u>check</u> it before you bought it?
M I usually do that, but I <u>was in a hurry</u> the last time I was there.

여 기분이 안 좋아 보이네. 무슨 일이야?
남 어제 내가 산 과일이 상한 거야.
여 사기 전에 확인 안 했니?
남 보통은 그렇게 하는데, 내가 거기 지난 번에 갔을 때 급했어.

•• **in a hurry** 서둘러; 바쁜

---

10 다음을 듣고, 두 사람의 대화가 <u>어색한</u> 것을 고르시오.

①　②　③　④　⑤

① W Hello. May I speak to Carl?
　 M He <u>went out</u> to <u>lunch</u>.
② W I hope you get better soon.
　 M Thank you.
③ W How <u>was</u> your <u>field trip</u>?
　 M It was great. I had a lot of fun.
④ M Did you get many birthday messages?
　 W Yes, I did. I <u>got</u> three <u>gift coupons</u> from my friends, too.
⑤ M Do you have <u>these pants</u> in a <u>different</u> color?
　 W I don't like red.

① 여 여보세요. Carl과 통화할 수 있을까요?
　 남 그는 점심을 먹으러 나갔어요.
② 여 빨리 낫길 바래.
　 남 고마워.
③ 여 네 현장 학습은 어땠어?
　 남 아주 좋았어. 정말 재미있었어.
④ 남 너 생일 축하 문자 많이 받았니?
　 여 응. 친구들한테 선물 쿠폰 3개도 받았어.
⑤ 남 이 바지 다른 색도 있나요?
　 여 전 빨간색을 싫어해요.

•• **field trip** 현장 학습　**pants** 바지

---

11 대화를 듣고, 두 사람이 대화 직후에 할 일로 가장 적절한 것을 고르시오.

① 편의점에서 라면 먹기
② 집에서 간식 먹기
③ 중국 음식점에 가기
④ 길을 건너 집에 가기
⑤ 중국 음식점에 전화로 배달 시키기

M I'm <u>getting hungry</u>.
W So am I.
M Let's go out to eat.
W <u>Where</u> do you <u>want</u> to go?
M How about the <u>Chinese restaurant</u> down the street?
W Sure. Anywhere is okay.

남 배가 고파져.
여 나도 마찬가지야.
남 먹으러 나가자.
여 넌 어디 가고 싶어?
남 길 아래 있는 중국 음식점은 어때?
여 좋아. 어디든 괜찮아.

•• **Chinese** 중국의

---

12 대화를 듣고, 남자가 이용할 교통수단으로 가장 적절한 것을 고르시오.

① 자동차
② 비행기
③ 기차
④ 지하철
⑤ 고속버스

W What are you doing <u>on the weekend</u>?
M I'm going to visit my parents in Busan. Saturday is <u>Parents' Day</u>.
W Are you <u>getting a ride</u> there with someone?
M No, I'm going to <u>take the express bus</u>.

여 너 주말에 뭐 할 거니?
남 부산에 계신 부모님을 뵈러 가려고. 토요일은 어버이날이잖아.
여 누가 거기에 태워다 주니?
남 아니, 고속버스를 탈 거야.

•• **express bus** 고속버스

13 대화를 듣고, 대화 내용과 일치하지 않는 것을 고르시오.

① 남자는 2분 차이로 기차를 놓쳤다.
② 다음 기차는 목적지에 11시 50분에 도착한다.
③ 다음 기차의 탑승구는 6번이다.
④ 현재 시각은 9시이다.
⑤ 남자는 50분 후에 다음 기차를 탈 것이다.

M I just <u>missed</u> <u>the</u> <u>train</u> by two minutes. What time does the next train leave?
W It <u>leaves</u> at 9:15 a.m. and <u>arrives</u> at 11:50 a.m.
M <u>Which</u> <u>gate</u> does it leave from?
W Gate 6.
M Thank you. Do you have the time?
W It's 9:00.
M 9:00! <u>I'd</u> <u>better</u> <u>hurry</u>.

남 제가 2분차로 기차를 막 놓쳤어요. 다음 기차는 몇 시에 떠나나요?
여 오전 9시 15분에 떠나서 오전 11시 50분에 도착합니다.
남 몇 번 탑승구에서 출발하죠?
여 6번 탑승구요.
남 고맙습니다. 지금 몇 시인가요?
여 9시요.
남 9시요! 서둘러야겠군요.

●●
gate 탑승구; 문

---

14 대화를 듣고, 여자의 마지막 말에 이어질 남자의 말로 가장 적절한 것을 고르시오.

① I usually get there by subway.
② Oh, I love it very much.
③ Thanks for your help.
④ I like Chicago-style pizza.
⑤ I have been here for two years.

W Where are you from?
M I'm from Korea.
W <u>How</u> <u>long</u> have you <u>been</u> in Chicago?
M About <u>six</u> <u>months</u>.
W How do you like it here?
M <u>Oh, I love it very much.</u>

여 어디에서 오셨나요?
남 한국에서 왔어요.
여 시카고에는 얼마나 계셨나요?
남 약 6개월이요.
여 여기가 마음에 드세요?
남 <u>오, 굉장히 좋습니다.</u>

① 전 보통 거기에 지하철로 갑니다.
③ 도와주셔서 감사합니다.
④ 저는 시카고 스타일 피자를 좋아해요.
⑤ 저는 여기 온지 2년 됐습니다.

●●
How do you like ~? ~은 어떻습니까?, 마음에 듭니까?

---

15 대화를 듣고, 남자의 마지막 말에 이어질 여자의 말로 가장 적절한 것을 고르시오.

① Please help yourself.
② Thank you for the invitation.
③ Yes, please. It's very good.
④ That's very kind of you!
⑤ It's 15 dollars in all.

M <u>Have you tried</u> this?
W No, I haven't.
M Please try some.
W Okay. Oh, it's <u>so delicious</u>.
M Would you like some more?
W <u>Yes, please. It's very good.</u>

남 이거 드셔보셨어요?
여 아니요, 안 먹어봤어요.
남 좀 드셔보세요.
여 네. 오, 정말 맛있네요.
남 좀 더 드시겠어요?
여 <u>네, 주세요. 정말 맛있네요.</u>

① 마음껏 드세요.
② 초대해주셔서 감사합니다.
④ 당신은 정말 친절하시네요!
⑤ 다해서 15달러입니다.

●●
invitation 초대

A

1. foggy, 안개가 낀
2. author, 저자
3. area, 지역
4. express bus, 고속버스
5. flu, 독감
6. receipt, 영수증
7. shrink, 줄어들다
8. poem, 시
9. invitation, 초대
10. romantic, 낭만적인
11. field trip, 현장 학습
12. get well, 병이 낫다

B

1. get a haircut
2. see, differently
3. take, picture of
4. missed, train by
5. Which gate, leave
6. get, money back
7. pills twice, for
8. change to, get off

문제 및 정답	받아쓰기 및 녹음내용	해석

01 대화를 듣고, 여자가 원하는 머리 스타일로 가장 적절한 것을 고르시오.

① ②

③ ④

⑤

W I am here for my haircut.
M Okay, <u>what</u> <u>hairstyle</u> do you want?
W I would like to have a <u>trim</u>.
M So just <u>up</u> <u>to</u> your <u>shoulders</u>?
W Yes, please!

여 머리를 자르러 왔는데요.
남 네, 어떤 머리 스타일을 원하세요?
여 머리를 다듬고 싶어요.
남 그러니까 어깨까지요?
여 네!

●●
trim (머리를) 다듬기 shoulder 어깨

---

02 대화를 듣고, 두 사람이 대화하는 장소로 가장 적절한 곳을 고르시오.

① 경기장
② 식당
③ 공항
④ 비행기 안
⑤ 버스 터미널

M I'll <u>miss</u> <u>you</u> very much.
W We'll miss you, too. Have a <u>nice</u> <u>flight</u> and take care of yourself.
M Thank you. I have to <u>board</u> <u>the</u> <u>plane</u> now. Bye! I hope to see you again soon.
W Please <u>say</u> <u>hello</u> <u>to</u> your family.

남 네가 많이 그리울 거야.
여 우리도 네가 그리울 거야. 즐거운 비행하고 몸조심 해.
남 고마워. 이제 비행기 탑승해야 해. 안녕! 곧 다시 보게 되길 바래.
여 너의 가족에게 안부 전해 줘.

●●
flight 비행 board (비행기·배 등에) 타다

---

03 대화를 듣고, 편의점의 위치로 가장 알맞은 곳을 고르시오.

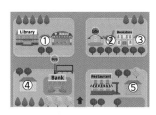

M Excuse me. Is there a <u>convenience</u> <u>store</u> near here?
W Hmm... Go straight and turn right. You'll see a coffee shop.
M Turn what?
W Turn right. It is <u>between</u> the coffee shop <u>and</u> <u>the</u> <u>bookstore</u>.

남 실례합니다. 이 근처에 편의점이 있나요?
여 음… 곧장 가다가 오른쪽으로 도세요. 카페가 보일 거에요.
남 어느 쪽으로 돌라고요?
여 오른쪽으로 도세요. 그건 카페와 서점 사이에 있어요.

●●
between A and B A와 B 사이에

---

04 대화를 듣고, 두 사람의 관계로 가장 적절한 것을 고르시오.

① 코치 - 운동선수
② 직장 상사 – 사원
③ 판매자 – 고객
④ 교사 – 학생
⑤ 미용사 – 손님

M I <u>placed</u> my <u>order</u> with you two weeks ago. I <u>haven't</u> <u>received</u> my shipment yet.
W What is your order number?
M My order number is 31823436. I'd like to <u>cancel</u> my order.
W We're very sorry. We've had some problems <u>with</u> <u>transportation</u>.

남 2주 전에 주문을 했는데요. 아직 제 물건을 못 받았어요.
여 주문 번호가 어떻게 되시나요?
남 주문 번호는 31823436입니다. 주문을 취소하고 싶어요.
여 대단히 죄송합니다. 운송에 문제가 좀 있었습니다.

●●
place an order 주문하다 shipment 수송품
transportation 운송

05

대화를 듣고, Mary가 누구인지 고르시오.

① ② ③ ④ ⑤

M Is that woman <u>new to</u> our company?

W Which one? Where?

M Right over there. She's kind of tall and has a <u>headband</u> and <u>glasses</u>.

W Do you mean the one with the long hair?

M No. The one <u>right next to</u> her. She's the one with short hair and a skirt.

W Yes. That's Mary. She <u>joined our company</u> a week ago.

남 저 여자분이 우리 회사에 입사한 분이니?

여 누구? 어디?

남 바로 저쪽에. 키가 좀 크고 머리띠를 하고 안경을 썼어.

여 머리가 긴 사람 말하는 거야?

남 아니. 그 사람 바로 옆에. 머리가 짧고 치마를 입은 사람이야.

여 맞아. 그녀는 Mary야. 그녀는 일주일 전에 입사했어.

●●
headband 머리띠

06

대화를 듣고, 여자의 생일이 언제인지 고르시오.

① 1월 25일
② 1월 26일
③ 1월 27일
④ 1월 29일
⑤ 1월 31일

M Happy birthday, Gail! This is just a little <u>gift for you</u>.

W Thank you. How did you know today is my birthday?

M You <u>once said</u> your birthday is two days <u>before mine</u>.

W Oh, I remember. Your birthday is on <u>January 29</u>, right?

남 생일 축하해, Gail! 너를 위해 준비한 작은 선물이야.

여 고마워. 오늘이 내 생일이라는 거 어떻게 알았어?

남 네가 전에 네 생일이 내 생일 이틀 전이라고 말한 적이 있어.

여 아, 기억 나. 네 생일은 1월 29일이지, 맞지?

07

대화를 듣고, 여자가 오늘 학교에 갈 수 없는 이유로 가장 적절한 것을 고르시오.

① 머리가 아파서
② 배가 아파서
③ 엄마가 아파서
④ 감기에 걸려서
⑤ 체험 학습을 가서

W I'm sorry, but I can't go to school today. I am sick.

M Oh, I'm <u>sorry to hear</u> that. What is wrong?

W I have got a cold. I have a <u>cough</u> and a <u>fever</u>.

M Stay home and <u>get some rest</u>. Call me after you feel better.

여 미안하지만, 오늘 학교에 갈 수 없어. 몸이 아파.

남 오, 안됐다. 어디가 아픈 거야?

여 감기에 걸렸어. 기침하고 열도 나.

남 집에서 좀 쉬어. 괜찮아지면 내게 전화해.

●●
cough 기침 **fever** 열

08

대화를 듣고, 남자의 심정으로 가장 적절한 것을 고르시오.

① 지쳐 있음
② 행복함
③ 걱정스러움
④ 지루함
⑤ 부러워함

W Cory, are you <u>coming</u> to the <u>picnic</u> this afternoon?

M No, thanks. I've worked all week. I'm too tired, and I'm in a <u>bad mood</u>.

W You might feel better if you come.

M I'm sorry, but I need to <u>be alone</u> and just <u>relax</u>. I don't want to do anything.

여 Cory, 오늘 오후에 소풍 갈 거야?

남 아니, 사양할게. 이번 주 내내 일했거든. 난 너무 피곤하고, 기분이 안 좋아.

여 오면 기분이 좋아질지도 몰라.

남 미안하지만 난 혼자서 그저 쉬어야 해. 어떤 것도 하고 싶지 않아.

●●
picnic 소풍 **be in a bad mood** 기분이 나쁘다

09

대화를 듣고, 남자가 매주 수요일에 하는 것으로 가장 적절한 것을 고르시오.

① 미술 동아리 가기
② 축구 교실 가기
③ 영어 학원 가기
④ 댄스 동아리 가기 ✓
⑤ 요리 학원 가기

M Do you go to <u>the art</u> <u>club</u> every Friday?

W Yes, I do. Drawing is really fun. <u>Which</u> <u>club</u> do you go to?

M I go to the <u>dance</u> club every <u>Wednesday</u>. I'm <u>learning</u> hip-hop dancing now.

W Wow, that sounds exciting.

남 너는 금요일마다 미술 동아리에 가니?

여 응. 그림 그리는 건 정말 재미있어. 넌 어떤 동아리에 가니?

남 난 매주 수요일에 댄스 동아리에 가. 지금은 힙합 댄스를 배우고 있어.

여 와, 신나겠다.

●●

club 동아리

10

다음을 듣고, this season이 가리키는 것으로 가장 적절한 것을 고르시오.

① 봄
② 여름 ✓
③ 가을
④ 늦가을
⑤ 겨울

This season is hot and <u>humid</u>. There are no more <u>cool</u> <u>winds</u>. The days are long, and people can swim at the beach. People often <u>take</u> <u>vacations</u> during this season.

이 계절은 덥고 습하다. 더 이상의 시원한 바람이 없다. 낮이 길고, 사람들은 바닷가에서 수영할 수 있다. 사람들은 흔히 이 계절 동안 휴가를 갖는다.

●●

season 계절 **beach** 해변, 바닷가 **vacation** 방학, 휴가

11

대화를 듣고, 두 사람이 공통으로 좋아하는 과목을 고르시오.

① 국어
② 영어
③ 과학 ✓
④ 수학
⑤ 음악

M Do you like English?

W Yes, I do. I like math and science, too.

M Do you like math? I have <u>difficulty</u> <u>doing</u> math <u>problems</u>. I got a low grade in math. But I'm <u>interested</u> <u>in</u> <u>science</u>.

W How about Korean?

M I also like Korean.

남 너 영어 좋아하니?

여 응, 좋아해. 수학과 과학도 좋아해.

남 수학을 좋아한다고? 난 수학 문제 푸는 게 어려워. 수학에서 낮은 성적을 받았어. 하지만 과학에는 흥미가 있어.

여 국어는 어때?

남 국어도 좋아해.

●●

difficulty 어려움 **grade** 성적, 학점

12

대화를 듣고, 여자가 주말에 한 일로 언급되지 않은 것을 고르시오.

① 수영하기
② 영화 보기 ✓
③ 청소하기
④ 쇼핑하기
⑤ 할아버지 댁 방문하기

M Did you have a <u>good</u> <u>weekend</u>?

W Yes, I did. But I feel a little tired.

M Why?

W Well, on Saturday, I <u>swam</u> in the morning. Then, my father and I <u>cleaned</u> the house. And then I <u>went</u> <u>shopping</u>.

M So what did you do on Sunday?

W I <u>visited</u> my grandpa.

남 주말 잘 보냈니?

여 응, 잘 보냈어. 하지만 조금 피곤해.

남 왜?

여 음, 토요일에는 아침에 수영을 했어. 그 다음에 아빠와 나는 집을 청소했지. 그리고 나서 쇼핑을 했어.

남 그래서 일요일에는 뭐 했어?

여 할아버지 댁을 방문했어.

13

대화를 듣고, 대화 내용과 일치하지 <u>않는</u> 것을 고르시오.

① 여자는 사건을 직접 목격했다.
② 여자는 사건 현장에 있었다.
③ 뺑소니차는 흰색 세단이다.
④ 중년 남성이 뺑소니를 쳤다.
⑤ 뺑소니차의 운전자는 금발이다.

M Did anyone see what happened here?
W I'm a <u>witness</u>. I was at the <u>scene</u> of the <u>accident</u>.
M Did you see the hit-and-run car?
W Yes, it was a <u>white</u> <u>sedan</u>. And the driver was a young man <u>with</u> <u>blond</u> <u>hair</u>.

남 여기서 일어난 것을 본 사람 있나요?
여 제가 목격자예요. 사고 현장에 있었어요.
남 뺑소니 차를 보셨나요?
여 네, 흰색 세단이었어요. 그리고 운전자는 금발의 젊은 남자였어요.

●●
witness 목격자 **scene** 현장 **hit-and-run car** 뺑소니차 **sedan** 세단형 자동차

14

대화를 듣고, 여자의 마지막 말에 이어질 남자의 말로 가장 적절한 것을 고르시오.

① That's too bad.
② Yes, she is.
③ She is very cute.
④ Thank you very much.
⑤ No, not yet. I'll show you later.

M I have the most <u>wonderful</u> <u>news</u>!
W What happened?
M My sister <u>finally</u> had a <u>baby girl</u>!
W How wonderful! Do you have any <u>photos</u> of the baby?
M <u>No, not yet. I'll show you later.</u>

남 정말 굉장한 소식이 있어!
여 무슨 일인데?
남 언니가 마침내 여자아이를 낳았어!
여 정말 멋진데! 아기 사진이 좀 있니?
남 <u>아니, 아직. 나중에 보여줄게.</u>

① 정말 안됐다.
② 응, 그래.
③ 그 애는 정말 귀여워.
④ 정말 고마워.

15

대화를 듣고, 남자의 마지막 말에 이어질 여자의 말로 가장 적절한 것을 고르시오.

① Twice a week.
② About 3 hours.
③ I like practicing the piano.
④ I will be a good pianist.
⑤ Practice makes perfect.

M What do you <u>want</u> <u>to</u> <u>be</u>?
W I want to be a pianist.
M How nice! Do you <u>practice a lot</u>?
W Yes, I do.
M <u>How</u> <u>many</u> <u>hours</u> a day do you practice?
W About 3 hours.

남 넌 뭐가 되고 싶니?
여 피아니스트가 되고 싶어요.
남 멋지네! 연습을 많이 하니?
여 네, 많이 해요.
남 하루에 몇 시간이나 연습하니?
여 <u>대략 3시간이요.</u>

① 일주일에 두 번이요.
③ 전 피아노 연습하는 것을 좋아해요.
④ 전 훌륭한 피아니스트가 될 거예요.
⑤ 연습이 완벽을 만들어요.

●●
practice 연습하다; 연습

◗ REVIEW TEST p. 85

A ① fever, 열 ② board, (비행기·배 등에) 타다 ③ season, 계절 ④ scene, 현장 ⑤ cough, 기침 ⑥ club, 동아리 ⑦ flight, 비행 ⑧ vacation, 방학, 휴가 ⑨ difficulty, 어려움 ⑩ witness, 목격자 ⑪ transportation, 운송 ⑫ shoulder, 어깨

B ① have a trim ② say hello to ③ cancel my order ④ low grade in ⑤ in, bad mood ⑥ How many, practice ⑦ flight, take care ⑧ between, and, bookstore

	문제 및 정답	받아쓰기 및 녹음내용	해석
01	다음을 듣고, 'this'가 가리키는 것으로 가장 적절한 것을 고르시오. ① ② ③ ④ ⑤	Many people love this. <u>Kids especially</u> like to have this. People who like <u>warm</u> <u>food</u> don't want to pay for this. People look for this when they want <u>something</u> <u>sweet</u> and <u>cold</u>. It comes in many <u>flavors</u>. It is very <u>popular</u> in summer. What is this?	많은 사람들은 이것을 아주 좋아한다. 특히 아이들은 이것을 먹는 것을 좋아한다. 따뜻한 음식을 좋아하는 사람들은 이것을 위해 돈을 지불하고 싶어 하지 않는다. 사람들은 달콤하고 시원한 것을 원할 때 이것을 찾는다. 그것은 맛이 다양하다. 그것은 여름에 아주 인기가 있다. 이것은 무엇일까? **flavor** 풍미; 맛 **popular** 인기 있는
02	대화를 듣고, 두 사람이 대화하는 장소로 가장 적절한 곳을 고르시오. ① 편의점 ② 주유소 ③ 식당 ④ 학교 ⑤ 자동차 정비소	M Good morning. <u>How</u> <u>much</u> would you like me to put in? W <u>Fill it up</u>, please. M Please turn off your engine. W Okay. M Your <u>tank</u> is now <u>full</u>. How would you like to pay? W <u>By</u> <u>credit</u> <u>card</u>. Here you go.	남 안녕하세요. 얼마큼 넣어드릴까요? 여 가득 채워 주세요. 남 엔진을 꺼주세요. 여 네. 남 연료 탱크가 이제 가득 채워졌습니다. 어떻게 지불하시겠어요? 여 신용카드로요. 여기 있습니다. **fill up** ~을 가득 채우다 **credit card** 신용카드
03	대화를 듣고, 여자가 찾는 이어폰의 위치로 가장 알맞은 곳을 고르시오. 	M Yunji, can you <u>get</u> <u>my</u> <u>earphones</u> in the living room? W Okay. Where did you put them? M I think they are <u>on</u> <u>the</u> <u>sofa</u>. W Dad, they are not here. M Then look on the table. W I found them. They are <u>under</u> <u>the</u> <u>table</u>.	남 유진아, 거실에서 내 이어폰 좀 가져다 주겠니? 여 네. 어디에 두셨어요? 남 내 생각엔 소파 위에 있을 거야. 여 아빠, 여기에 없어요. 남 그럼 탁자 위를 보렴. 여 찾았어요. 탁자 밑에 있어요. **earphones** 이어폰
04	대화를 듣고, 두 사람의 관계로 가장 적절한 것을 고르시오. ① 감독 - 배우 ② 아버지 - 딸 ③ 운전 기사 - 승객 ④ 의사 - 환자 ⑤ 서비스 센터 기사 - 고객	M How may I help you? W I <u>bought</u> this <u>laptop</u> two weeks ago, but it doesn't <u>work</u>. M Let me take a look at it. W Here you are. M Oh, the <u>battery</u> is <u>dead</u>. I guess you <u>didn't</u> <u>recharge</u> it.	남 무엇을 도와드릴까요? 여 이 노트북 컴퓨터를 2주 전에 샀는데 작동이 되지 않아요. 남 어디 한번 볼게요. 여 여기 있어요. 남 아, 배터리가 다 되었네요. 배터리를 충전 안하신 것 같아요. **laptop** 노트북 컴퓨터 **recharge** 충전하다

| 05 | 대화를 듣고, 두 사람이 구입할 목걸이로 가장 적절한 것을 고르시오. | M Look at these <u>necklaces</u>. Do you like the <u>heart-shaped</u> one?
W No, I don't like it. Hmm, I don't like the <u>round</u> one <u>either</u>.
M Then what about the <u>cross-shaped</u> one?
W Oh, I like it.
M Okay, let's get it. | 남 이 목걸이들 좀 봐. 하트 모양 목걸이가 마음에 드니?
여 아니, 그건 마음에 들지 않아. 음, 둥근 것도 마음에 안들어.
남 그러면 십자가 모양은 어때?
여 오, 그거 좋아.
남 그래, 그걸로 사자.

necklace 목걸이 **heart-shaped** 하트 모양의 **cross-shaped** 열십자 모양의 |

① 　②
③ 　④
⑤

| 06 | 대화를 듣고, 케이크를 만드는 데 걸리는 총 시간을 고르시오.
① 10분
② 20분
③ 30분
④ 40분
⑤ 50분 | M How long does it take to <u>bake a cake</u>?
W First, you have to heat up the oven <u>for 10 minutes</u>.
M And then what?
W You bake it for <u>20</u> minutes. Then, <u>it's done</u>.
M It sounds so easy. | 남 케이크 굽는데 얼마나 걸리지?
여 먼저 10분 정도 오븐을 예열해야 해.
남 그리고 어떻게 하는데?
여 20분간 그걸 굽는 거야. 그러면 끝이야.
남 아주 쉽게 들린다.

bake 굽다 **heat up** 달구다, 데우다 |

| 07 | 다음을 듣고, 무엇에 관한 내용인지 가장 적절한 것을 고르시오.
① 테니스
② 수영
③ 조깅
④ 배드민턴
⑤ 야구 | This is a <u>simple</u> exercise. All you need is a pair of <u>sneakers</u>. These days, many people enjoy this <u>at</u> the <u>gym</u>. When the weather is nice, people do this outside, too. When you start this, <u>look straight ahead</u> and run slowly. | 이것은 간단한 운동이다. 당신이 필요한 건 운동화 한 켤레뿐이다. 요즘 많은 사람들이 체육관에서 이것을 즐긴다. 날씨가 좋을 때는 사람들은 야외에서도 이것을 한다. 이것을 시작할 때 똑바로 앞으로 보고 천천히 달려라.

simple 간단한 **exercise** 운동 |

| 08 | 대화를 듣고, 남자의 심정으로 가장 적절한 것을 고르시오.
① nervous
② relaxed
③ proud
④ bored
⑤ disappointed | M Do you know <u>what</u> the <u>weather</u> is going to be <u>like</u> tomorrow?
W I heard that it's going to rain.
M Oh, no. Tomorrow is my only <u>day off</u>. I wanted to play soccer.
W Maybe you can <u>rest</u> at <u>home</u> instead. | 남 내일 날씨가 어떨지 아니?
여 비가 올 거라고 들었어.
남 어, 이런. 내일이 나의 유일한 휴일인데. 축구를 하고 싶었어.
여 대신에 집에서 쉴 수 있을 거야.

day off (일을) 쉬는 날 **maybe** 아마, 어쩌면 |

09 대화를 듣고, 여자가 전화를 한 이유로 가장 적절한 것을 고르시오.

① 가게 여는 시간을 물어보기 위해서
② 물건을 주문하기 위해서
③ 가게의 주소를 알아보기 위해서
④ 직원을 구하는지 물어보기 위해서
⑤ 물건을 반품할 수 있는지 묻기 위해서

M This is the Galleria. How may I help you?
W I bought <u>some</u> <u>vegetables</u> yesterday. They are not fresh. Can I <u>return</u> them?
M Yes, you can return them.
W What time do you <u>close</u> today?
M We are <u>open</u> <u>until</u> 9 p.m. today.
W Thank you.

남 Galleria 가게입니다. 어떻게 도와드릴까요?
여 제가 어제 채소를 좀 샀는데요. 신선하지가 않아요. 반품을 할 수 있을까요?
남 네, 반품할 수 있습니다.
여 오늘 몇 시에 문닫으시죠?
남 오늘 저녁 9시까지 영업합니다.
여 고맙습니다.

•• **fresh** 신선한 **return** 돌려주다, 반품하다

---

10 대화를 듣고, 남자가 대화 직후에 할 일로 가장 적절한 것을 고르시오.

① 집에서 쉬기
② 셔츠 갈아 입기
③ 도시락 가지러 가기
④ 집에 가서 전등 끄기
⑤ 집에 가서 레인지 확인하기

W Harold, will you go back home and make sure I <u>turned</u> <u>off</u> the stove?
M Oh, honey, not again! Okay, <u>I'll</u> <u>go</u> home and <u>check</u>.
W I'm sorry, but I just don't remember.
M That's fine. It's good to <u>be</u> <u>safe</u>.

여 Harold, 집에 돌아가서 내가 레인지를 껐는지 확인 좀 해 줄래요?
남 오, 여보, 또! 알았어요. 내가 집에 가서 확인해 볼게요.
여 미안해요, 하지만 기억이 잘 안 나서요.
남 괜찮아요. 안전한 게 좋은 거죠.

•• **stove** 레인지; 난로 **safe** 안전한

---

11 대화를 듣고, 두 사람이 Kevin의 어떤 점에 대해 의견이 다른지 고르시오.

① 근면함
② 정직함
③ 친절함
④ 겸손함
⑤ 검소함

M I think Kevin is <u>hardworking</u> and <u>honest</u>.
W Really? I agree that he is hardworking, but...
M But what?
W I don't think he is honest. He <u>told</u> <u>lies</u> <u>before</u>.

남 나는 Kevin이 근면하고 정직하다고 생각해.
여 정말? 난 그가 근면하다는 것은 동의하지만……
남 그렇지만 뭐?
여 난 그가 정직하다고 생각하지 않아. 전에 거짓말을 했거든.

•• **hardworking** 근면한 **tell a lie** 거짓말하다

---

12 대화를 듣고, 여자가 한 마지막 말의 의도로 가장 적절한 것을 고르시오.

① 사과
② 거절
③ 수락
④ 감사
⑤ 불평

M It's a <u>surprise</u> <u>to</u> <u>meet</u> you here. I was just walking by, and I thought it was you.
W It was me! It's <u>good</u> <u>to</u> <u>see</u> you.
M Well, let's get together sometime.
W Yeah, please <u>give</u> <u>me</u> <u>a</u> <u>call</u>.

남 당신을 여기서 만나다니 놀랍군요. 그냥 걸어가는 길이었는데 당신이라고 생각했어요.
여 저였어요! 당신을 뵈니 반갑네요.
남 음, 언제 한번 모여요.
여 네, 전화 주세요.

•• **surprise** 놀라움; 뜻밖의 일 **get together** 만나다, 모이다

13	대화를 듣고, 대화 내용과 일치하지 않는 것을 고르시오.	M Excuse me. <u>Which</u> bus <u>goes to</u> City Hall?	남 실례합니다. 어떤 버스가 시청에 가나요?
	① 남자는 시청에 가려고 한다.	W You can take bus number 11.	여 11번 버스를 타시면 됩니다.
	② 남자는 11번 버스를 타야 한다.	M Where does the bus leave from?	남 버스는 어디에서 떠나나요?
	③ 남자는 버스를 갈아타야 한다.		여 버스는 5번 탑승구에서 떠납니다.
	④ 도착지까지는 약 40분이 걸린다.	W The bus will <u>leave</u> <u>from</u> gate 5.	남 감사합니다. 여기에서 먼가요?
	⑤ 버스는 5번 탑승구에서 출발한다.	M Thank you. Is it <u>far</u> <u>from</u> <u>here</u>?	여 네, 약 40분 정도 걸릴 거에요.
		W Yes, it'll take about 40 minutes.	

14	대화를 듣고, 여자의 마지막 말에 이어질 남자의 말로 가장 적절한 것을 고르시오.	M How do you get to school?	남 넌 학교에 어떻게 가니?
		W I always <u>go</u> by <u>bicycle</u>. How about you?	여 난 항상 자전거를 타고 가. 너는?
	① I go there by bus.	M I usually <u>walk</u> <u>to</u> my <u>school</u>.	남 나는 학교에 보통 걸어서 가.
	② My bicycle is broken.	W How long does it take?	여 얼마나 걸리니?
	③ Thanks. I'll take it.	M <u>About 10 minutes.</u>	남 <u>약 10분쯤.</u>
	④ About 10 minutes.		① 나는 거기에 버스를 타고 가.
	⑤ It's too late.		② 내 자전거가 고장 났어.
			③ 고마워요. 그걸로 할게요.
			⑤ 너무 늦었어.

15	대화를 듣고, 남자의 마지막 말에 이어질 여자의 말로 가장 적절한 것을 고르시오.	W <u>How</u> do you <u>feel about</u> video games?	여 넌 비디오 게임에 대해 어떻게 생각해?
		M What do you mean?	남 무슨 소리야?
	① Yes, they are fun.	W Do you think video games are <u>bad for kids</u>?	여 너는 비디오 게임이 아이들에게 해롭다고 생각하니?
	② Actually, I really don't know.	M Not at all. They're <u>fun</u> and <u>educational</u>. Do you think they're bad?	남 전혀. 비디오 게임은 재미있고 교육적이야. 너는 게임이 나쁘다고 생각해?
	③ Let's play video games.	W <u>Actually, I really don't know.</u>	여 <u>사실, 난 잘 모르겠어.</u>
	④ I prefer watching movies.		① 응, 그것들은 재미있어.
	⑤ No, I don't like them.		③ 비디오 게임을 하자.
			④ 나는 영화 보는 것을 더 좋아해.
			⑤ 아니, 난 그것들을 안 좋아해.

●●
educational 교육적인

REVIEW TEST p. 91

A ① bake, 굽다 ② necklace, 목걸이 ③ safe, 안전한 ④ fill up, ~을 가득 채우다 ⑤ popular, 인기 있는 ⑥ flavor, 풍미; 맛 ⑦ exercise, 운동 ⑧ hardworking, 근면한 ⑨ get together, 만나다, 모이다 ⑩ educational, 교육적인 ⑪ surprise, 놀라움; 뜻밖의 일 ⑫ credit card, 신용카드

B ① day off ② are open until ③ usually walk to ④ like to pay ⑤ Where, leave from ⑥ didn't recharge, battery ⑦ bought, doesn't work ⑧ heat up, oven

문제 및 정답	받아쓰기 및 녹음내용	해석

01 다음을 듣고, 내일의 날씨로 가장 적절한 것을 고르시오.

① 　②

③ 　④

⑤

Good afternoon. Today, we can <u>expect</u> the weather to be <u>cloudy</u>. The <u>temperature</u> will go down to five degrees Celsius. Tomorrow, the clouds will <u>disappear</u> <u>early</u> in the morning. It will be <u>warm</u> and <u>sunny</u> for most of the day. The high temperature for tomorrow will be <u>fifteen</u> <u>degrees</u> Celsius.

안녕하세요. 오늘은 날씨가 흐릴 것으로 예상됩니다. 기온은 섭씨 5도로 떨어지겠습니다. 내일 이른 아침에 구름이 개겠습니다. 거의 하루 종일 따뜻하고 화창하겠습니다. 내일 최고 기온은 섭씨 15도가 되겠습니다.

●●
temperature 기온, 온도 degree (온도 단위) 도 Celsius 섭씨의 disappear 사라지다

---

02 대화를 듣고, 두 사람이 대화하는 장소로 가장 적절한 곳을 고르시오.

① 주유소
② 서점
③ 놀이공원
④ 대형마트
⑤ 택시 정류장

W Kyle, can you <u>get</u> a <u>cart</u>?
M Sure. This place is really big.
W Oh, do you think so?
M Yes, <u>it's</u> <u>huge</u>. Is that your shopping list?
W Yes. I like to <u>buy</u> <u>groceries</u> for the whole week.

여 Kyle, 카트 하나 가져 올래?
남 네. 이 곳은 정말 크네요.
여 오, 그렇게 생각해?
남 네, 굉장히 커요. 그것이 쇼핑 목록이에요?
여 응. 일주일 내내 쓸 식료품을 사려고.

●●
huge 거대한 shopping list 쇼핑 목록

---

03 대화를 듣고, 주유소의 위치로 가장 알맞은 곳을 고르시오.

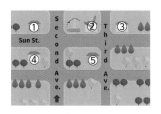

M How do I <u>get</u> <u>to</u> the <u>gas</u> <u>station</u> from here?
W It's easy. Go up Second Avenue two blocks. When you get to Sun Street, <u>turn</u> <u>right</u>.
M That sounds simple. And then?
W You can see the gas station on your left. It's <u>at</u> <u>the</u> <u>corner</u> of Third Avenue and Sun Street. You <u>can't</u> <u>miss</u> it.

남 여기서 주유소까지 어떻게 가야 하나요?
여 쉬워요. Second 대로를 두 블록 따라 올라 가세요. Sun 거리에 이르면 오른쪽으로 도세요.
남 간단하네요. 그러고 나서요?
여 왼편에 주유소가 보일 거예요. Third 대로와 Sun 거리의 모퉁이에 있어요. 쉽게 찾으실 거예요.

●●
gas station 주유소 avenue 거리, 대로

---

04 대화를 듣고, 두 사람의 관계로 가장 적절한 것을 고르시오.

① 우편 배달부 – 고객
② 식당 종업원 – 손님
③ 엄마 – 아들
④ 슈퍼마켓 점원 – 손님
⑤ 대사관 직원 – 비자 신청자

W May I help you?
M <u>I'd</u> <u>like</u> a *bulgogi* <u>burger</u> and a Pepsi.
W Will that be a <u>large</u> Pepsi?
M Yes, please.
W Would you like <u>French</u> <u>fries</u>?
M Um... No, thanks.

여 도와드릴까요?
남 불고기 버거 하나와 펩시 콜라 주세요.
여 펩시 큰 사이즈로 드릴까요?
남 네, 부탁합니다.
여 감자 튀김도 드릴까요?
남 음… 아니요, 괜찮습니다.

05

대화를 듣고, 여자의 친구가 누구인지 고르시오.

W Hi, Charles! How have you been?

M I'm fine. By the way, what are you doing here?

W I'm <u>waiting for</u> my friend. He's at the snack bar <u>buying</u> some popcorn.

M Which one is your friend? Is that him at the <u>end of</u> <u>the</u> line?

W No, he's the one with <u>the</u> <u>cap</u>.

여 안녕, Charles! 어떻게 지냈니?

남 잘 지냈어. 그런데, 여기서 뭐 하고 있어?

여 친구를 기다리고 있어. 그는 팝콘 사려고 매점에 있어.

남 누가 네 친구야? 저기 줄 마지막에 있는 사람이니?

여 아니, 그는 모자를 쓴 사람이야.

●●

cap (챙이 달린) 모자

06

대화를 듣고, 연극 시작 시각을 고르시오.

① 5시 10분
② 5시 20분
③ 5시 30분
④ 5시 40분
⑤ 5시 50분

W Let's hurry. It's 5:20. The play will <u>start</u> <u>soon</u>.

M I'm sorry, but can you wait here <u>while</u> I go to the <u>washroom</u>?

W Oh, the play starts <u>in 10</u> <u>minutes</u>. I don't want to be late.

M I'll <u>only</u> be <u>a minute</u>.

W Okay. I'll wait.

여 서두르자. 5시 20분이야. 연극이 곧 시작할 거야.

남 미안하지만, 나 화장실 갔다 올 동안 여기서 기다릴 수 있어?

여 아, 연극이 10분 후에 시작할 거야. 난 늦고 싶지 않아.

남 잠깐이면 돼.

여 알겠어. 기다릴게.

●●

play 연극   washroom 화장실

07

대화를 듣고, 무엇에 관한 내용인지 가장 적절한 것을 고르시오.

① 점심 식단
② 다이어트
③ 식당 홍보
④ 건강 검진
⑤ 비만의 위험

W Let's go to lunch.

M I'm not <u>going out</u> for <u>lunch</u> today.

W What? You told me you <u>didn't</u> <u>even</u> have breakfast.

M I want to <u>lose</u> <u>some</u> <u>weight</u>. I put on 5 kg in the last three months.

W You don't need to lose weight. You <u>seem</u> <u>fine</u> to me.

여 점심 먹으러 가요.

남 전 오늘 점심 먹으러 나가지 않을 거예요.

여 뭐라고요? 아침도 안 먹었다면서요.

남 살을 좀 빼고 싶거든요. 지난 세 달 동안 5kg이나 쪘어요.

여 당신은 살을 뺄 필요가 없어요. 제게는 지금 보기 좋아요.

●●

lose weight 체중이 줄다, 살이 빠지다   put on (살이) 찌다   seem ~인 것처럼 보이다

08

대화를 듣고, 여자의 심정으로 가장 적절한 것을 고르시오.

① 기쁨
② 아쉬움
③ 두려움
④ 후회
⑤ 슬픔

M Congratulations on <u>winning</u> a gold medal in swimming.

W Thanks. I <u>trained</u> very hard for many years. I can't <u>explain</u> <u>how</u> happy I am.

M You deserve it.

W I think I also need a vacation.

M If anyone <u>deserves</u> <u>a</u> <u>rest</u>, it is you.

남 수영에서 금메달 딴 거 축하해요.

여 고마워요. 몇 년 동안 아주 열심히 훈련했어요. 얼마나 행복한지 말로 설명할 수가 없네요.

남 당신은 받을 자격이 있어요.

여 전 휴가도 필요한 것 같아요.

남 누군가 휴식할 자격이 있다면, 그건 당신이에요.

●●

congratulations 축하해요   train 훈련하다
explain 설명하다   deserve 가치가 있다, ~할 자격이 있다

09 대화를 듣고, 여자가 전화를 받을 수 <u>없는</u> 이유로 가장 적절한 것을 고르시오.

① 식사 중이어서
② 청소하는 중이어서
③ 요리를 하는 중이어서
④ 목욕을 하고 있어서 ✓
⑤ 다른 사람과 통화 중이어서

M Hey, the telephone is for you.
W I can't <u>answer</u> <u>the</u> <u>phone</u>. Who's calling?
M Your friend Helen.
W Can you tell her that I will <u>call</u> <u>her</u> <u>later</u>?
M What are you doing now?
W I am <u>taking</u> <u>a</u> <u>bath</u>.

남 여기, 네 전화야.
여 전화를 받을 수 없어. 누구야?
남 네 친구 Helen이야.
여 내가 나중에 전화하겠다고 그녀에게 얘기 좀 해 줄래?
남 지금 뭐 하는 중인데?
여 목욕하고 있어.

●●
answer the phone 전화를 받다

---

10 다음을 듣고, 두 사람의 대화가 <u>어색한</u> 것을 고르시오.

① ② ③✓ ④ ⑤

① W Can I <u>have a</u> <u>menu</u>, please?
 M Here you go, ma'am.
② M What is your <u>pet's</u> <u>name</u>?
 W His name is Rover.
③ W Please call 119!
 M Thanks for asking.
④ M She is <u>angry</u> <u>with</u> me.
 W Why? What did you do?
⑤ W <u>Pass</u> <u>the</u> <u>salt</u>, will you?
 M Sure, here you are.

① 여 메뉴판 좀 주시겠어요?
 남 여기 있습니다, 부인.
② 남 반려동물 이름이 뭐예요?
 여 Rover예요.
③ 여 119에 전화해 주세요!
 남 물어봐 줘서 고마워.
④ 남 그녀는 나한테 화가 났어.
 여 왜? 네가 뭘 했는데?
⑤ 여 소금 좀 건네 주시겠어요?
 남 물론이죠, 여기 있어요.

●●
be angry with ~에게 화가 나다
pass 건네주다

---

11 대화를 듣고, 남자가 등교한 방법으로 가장 적절한 것을 고르시오.

① by bus
② by subway
③ by bicycle
④ by taxi
⑤ on foot ✓

W What's <u>the</u> <u>matter</u> with you? Are you tired?
M Yeah. I got up late and <u>missed</u> the school bus.
W So did you ride your bike?
M I <u>was going to</u>. But it was broken.
W Oh, no. Then how did you get to school?
M I <u>had</u> <u>to</u> <u>run</u> not to be late for school this morning.

여 너 무슨 일이야? 피곤하니?
남 응. 늦게 일어나서 스쿨 버스를 놓쳤어.
여 그래서 자전거를 탔어?
남 그러려고 했지. 그런데 자전거가 고장 났어.
여 오, 저런. 그럼 학교에 어떻게 왔어?
남 오늘 아침에 학교에 늦지 않기 위해 뛰어야 했어.

●●
on foot 도보로

12	대화를 듣고, 여자가 방과 후에 할 일로 가장 적절한 것을 고르시오.	W What are you going to do after school?	여 방과 후에 뭐 할 거니?

12

대화를 듣고, 여자가 방과 후에 할 일로 가장 적절한 것을 고르시오.

① 야구 하고 생일 파티에 가기
② 야구 경기 보고 쇼핑하기
③ 선물 사고 야구 경기 보러 가기 ✓
④ 선물 사고 생일 파티에 가기
⑤ 경기장에 가서 응원하기

W What are you going to do after school?
M I'm going to go to the <u>baseball game</u>. Would you like to go with me?
W I'd love to, but I can't. I have to <u>buy</u> a <u>birthday</u> <u>present</u> for my brother.
M We can do that <u>on the way</u> to the stadium.
W That's a great idea.

여 방과 후에 뭐 할 거니?
남 야구 경기 보러 갈 거야. 나랑 같이 갈래?
여 가고 싶지만 안 돼. 남동생에게 줄 생일 선물을 사야 해.
남 경기장에 가는 길에 살 수 있어.
여 아주 좋은 생각이야.

●●
on the way ~하는 중에 **stadium** 경기장

13

대화를 듣고, 대화 내용과 일치하지 <u>않는</u> 것을 고르시오.

① 여자는 요리를 하고 있다.
② 여자의 남동생은 TV를 보고 있다. ✓
③ 여자의 할머니는 주무시고 계신다.
④ 남자는 여자를 도와줄 것이다.
⑤ 남자는 요리하는 것을 좋아한다.

M What are you doing now?
W <u>I'm cooking</u>.
M Is your grandma in the house?
W Yes, she is <u>sleeping in</u> her <u>bed</u>.
M What is your brother doing?
W He is <u>listening to music</u>.
M I will go and help you. I love cooking.
W Thank you.

남 지금 뭐 하고 있니?
여 요리하고 있어.
남 할머니는 집에 계시니?
여 응, 침대에서 주무셔.
남 남동생은 뭐 하고 있니?
여 음악 듣고 있어.
남 내가 가서 도와줄게. 난 요리하는 거 아주 좋아하거든.
여 고마워.

14

대화를 듣고, 남자의 마지막 말에 이어질 여자의 말로 가장 적절한 것을 고르시오.

① It looks like black.
② No, I like the bigger one.
③ I'll buy them, too.
④ They are too heavy.
⑤ Yes, they really suit you. ✓

M Do you like my new glasses?
W Yes, they make you <u>seem very smart</u>. Where did you buy them?
M I <u>bought</u> them at the AZ Shopping Mall. Do you <u>like the color</u>, too?
W Yes, they really suit you.

남 내 새 안경 마음에 드니?
여 응, 그 안경이 널 아주 똑똑하게 보이게 해. 그거 어디서 샀어?
남 AZ 쇼핑몰에서 샀어. 색깔도 괜찮아?
여 <u>응, 너한테 정말 잘 어울려.</u>

① 검정색처럼 보여.
② 아니, 난 더 큰 것이 좋아.
③ 나도 그걸 살 거야.
④ 그건 너무 무거워.

●●
suit 어울리다

15

대화를 듣고, 여자의 마지막 말에 이어질 남자의 말로 가장 적절한 것을 고르시오.

① Twice a month.
② I will call you later.
③ I tried to go there, but I can't.
④ You can't go there without me.
⑤ Oh, sorry, but I've been busy all day. ✓

W Hey, Jimmy. What have you <u>been doing</u> here the <u>whole day</u>?
M What's the matter?
W I called you <u>several times</u>.
M <u>Oh, sorry, but I've been busy all day.</u>

여 이봐, Jimmy. 여기서 하루 종일 뭐 하고 있었어?
남 무슨 일이야?
여 너한테 몇 번이나 전화했어.
남 <u>오, 미안해, 하지만 하루 종일 바빴어.</u>

① 한 달에 두번.
② 내가 나중에 전화할게.
③ 거기에 가려고 했지만, 못 했어.
④ 나 없이는 넌 거길 갈 수 없어.

A
1. degree, (온도 단위) 도
2. train, 훈련하다
3. pass, 건네주다
4. stadium, 경기장
5. suit, 어울리다
6. on foot, 도보로
7. temperature, 기온, 온도
8. gas station, 주유소
9. huge, 거대한
10. on the way, ~하는 중에
11. explain, 설명하다
12. deserve, 가치가 있다, ~할 자격이 있다

B
1. need to lose weight
2. will call her
3. doing, whole day
4. put on, last
5. run, be late
6. temperature, go down
7. winning, gold medal
8. wait, while, washroom

문제 및 정답	받아쓰기 및 녹음내용	해석

01

대화를 듣고, 남자가 구입할 휴대폰 케이스로 가장 적절한 것을 고르시오.

①   ②

③   ④

⑤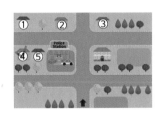

W Can I help you?

M Yes, I'm looking for a <u>cellphone case</u> for my sister.

W What <u>design</u> do you want?

M I like the one with the polar bear, but my sister <u>likes flowers</u>.

W I'm sorry. All the cases with flowers <u>are sold out</u>. How about this one with the strawberry?

M Well, <u>I'd rather</u> take this one with the <u>rabbit</u>.

여 도와드릴까요?

남 네, 여동생에게 줄 휴대폰 케이스를 찾고 있어요.

여 어떤 디자인을 원하세요?

남 저는 북극곰이 있는 것을 좋아하지만, 제 여동생은 꽃을 좋아해요.

여 죄송합니다. 꽃이 있는 케이스들은 다 팔렸어요. 딸기가 있는 이건 어떠세요?

남 음, 토끼가 있는 이것으로 할게요.

●●
cellphone case 휴대폰 케이스 **polar bear** 북극곰

02

대화를 듣고, 두 사람이 대화하는 장소로 가장 적절한 곳을 고르시오.

① 병원
② 주차장
③ 약국
④ 슈퍼마켓
⑤ 소방서

M I would like some <u>cold medicine</u>.

W Sure. What are your symptoms?

M Oh, it's not for me. My mother <u>has been sneezing</u>, and she has a runny nose.

W You should buy this one.

M Okay. <u>How much</u> does it <u>cost</u>?

W Five dollars.

남 감기약을 사고 싶어요.

여 네. 어떤 증상이 있으시죠?

남 아, 제 약이 아니에요. 엄마가 재채기를 하고 콧물을 흘리세요.

여 이 약을 사시면 됩니다.

남 네. 얼마예요?

여 5달러입니다.

●●
cold medicine 감기약 **sneeze** 재채기하다
have a runny nose 콧물이 흐르다

03

대화를 듣고, 미국 대사관의 위치로 가장 알맞은 곳을 고르시오.

M I'm looking for the <u>American Embassy</u>. Can you tell me where it is?

W Sure. Take this street and turn left at the <u>second intersection</u>.

M Okay.

W Then go straight <u>past the police station</u>. It's the second building on your left after the police station.

M The second building on the left?

W Yes, that's right.

남 저는 미국 대사관을 찾고 있어요. 어디인지 알려주시겠어요?

여 물론이죠. 이 길을 가시다가 두 번째 교차로에서 왼쪽으로 도세요.

남 네.

여 그 다음 경찰서를 지나서 직진하세요. 경찰서 지나 왼편의 두 번째 건물입니다.

남 왼편의 두 번째 건물이라고요?

여 네, 맞습니다.

●●
embassy 대사관 **past** 지나서

04 대화를 듣고, 두 사람의 관계로 가장 적절한 것을 고르시오.

① 가수 – 팬
② 감독 – 배우
③ 드라마 작가 – 연출가
④ 경찰관 - 시민
⑤ 변호사 – 의뢰인

M Excuse me. Are you Avril?
W Yes, I am.
M Wow, how lucky I am to meet you! I love your songs. I listen to them every day.
W Thank you so much.
M Could I have your autograph?
W Of course.

남 실례합니다. Avril이세요?
여 네, 맞아요.
남 와, 당신을 만나다니 정말 행운이에요! 당신의 노래를 정말 좋아해요. 전 노래를 매일 들어요.
여 정말 고마워요.
남 사인 좀 받을 수 있을까요?
여 물론이죠.

●●
autograph (유명인의) 사인

---

05 대화를 듣고, Jenny가 누구인지 고르시오.

W Billy, look over there. She is my cousin Jenny.
M Which one is she?
W She is wearing the yellow T-shirt. She has long, straight hair.
M You know, I don't have my glasses on. I can't see her clearly. What is she doing now?
W She is jumping rope.
M Oh, I see. Let's go and talk to her.

여 Billy, 저기 좀 봐. 그녀는 내 사촌 Jenny야.
남 어떤 사람이지?
여 그녀는 노란색 티셔츠를 입고 있어. 긴 생머리야.
남 저기, 내가 안경을 안 쓰고 있어서. 그녀가 잘 안 보여. 그녀는 지금 뭐 하고 있어?
여 줄넘기를 하고 있어.
남 아, 알겠다. 가서 그녀와 얘기하자.

●●
jump rope 줄넘기하다

---

06 대화를 듣고, 여자가 전화 통화한 시간을 고르시오.

① 1분
② 10분
③ 20분
④ 30분
⑤ 1시간

M Lindsey, I have to use my cellphone. Please hang up!
W In a minute, Dad.
M You've been on the phone for an hour. That's too long.
W Sorry, Dad. I am almost finished.

남 Lindsey, 내 휴대전화 써야 해. 제발 전화 좀 끊어!
여 잠깐만요, 아빠.
남 너 지금 한 시간째 전화기 붙들고 있잖니. 너무 길게 하는구나.
여 죄송해요, 아빠. 거의 끝났어요.

●●
hang up 전화를 끊다

---

07 대화를 듣고, 무엇에 관한 내용인지 가장 적절한 것을 고르시오.

① 회의 장소
② 병원 진료
③ 교통사고
④ 생일 파티
⑤ 교통 신호 위반

W Carl, what happened to you?
M I was in a car accident yesterday.
W Oh, no! Are you okay?
M Yes. I'm not hurt too badly.
W Can you still come to the meeting tomorrow?
M I'll see how I feel later.

여 Carl, 무슨 일 있었어요?
남 어제 교통사고가 났어요.
여 오, 저런! 괜찮은 거예요?
남 네. 그렇게 심하게 다치지는 않았어요.
여 내일 회의에 올 수 있겠어요?
남 나중에 몸이 어떤지 봐서요.

●●
car accident 교통사고 **badly** 심하게, 몹시

08	대화를 듣고, 남자의 심정으로 가장 적절한 것을 고르시오.	W Charles, did you go to the concert last night?	여 Charles, 어젯밤에 공연 갔었니?

08 대화를 듣고, 남자의 심정으로 가장 적절한 것을 고르시오.

① 만족
② 수줍음
③ 감동
④ 화가 남
⑤ 부러움

W Charles, did you go to the concert last night?
M I sure did.
W How was it?
M I waited for three hours to see the singers. But they only sang for an hour. I want my money back.
W I'm sorry to hear that.

여 Charles, 어젯밤에 공연 갔었니?
남 물론이지.
여 어땠어?
남 가수들을 보려고 3시간을 기다렸어. 그런데 가수들은 겨우 한 시간만 노래했어. 환불 받고 싶어.
여 유감이네.

---

09 대화를 듣고, 여자가 시험을 잘 본 이유로 가장 적절한 것을 고르시오.

① 운이 좋아서
② 시험이 너무 쉬워서
③ 시험 전날 밤새 공부를 해서
④ 평상시 시험 공부를 열심히 해서
⑤ 지리학에 관한 책을 많이 읽어서

W Guess what? I've got an A on the last geography exam.
M Congratulations! How did you do so well? I haven't seen you studying.
W Frankly speaking, geography is my field of interest.
M Was it too easy for you?
W No, no. I just spend more time reading books about geography.

여 있잖아. 나 지난 지리학 시험에서 A를 받았어.
남 축하해! 어떻게 그렇게 잘 봤어? 네가 공부하는 것을 못 봤는데.
여 솔직히 말하면, 지리학은 내 관심 분야야.
남 시험이 너에게 너무 쉬웠니?
여 아니, 아니. 난 단지 지리학에 관한 책을 읽는 데 더 많은 시간을 보낼 뿐이야.

●●
geography 지리학 **frankly speaking**
솔직히 말해서 **field of interest** 관심 분야

---

10 대화를 듣고, 여자의 마지막 말의 의도로 가장 적절한 것을 고르시오.

① 격려
② 사과
③ 비난
④ 허락
⑤ 거절

W Henry, do you have any good news? You look happy.
M Yes, I finally finished writing my book!
W Really? I'm so proud of you.
M Thanks. It feels good to be finished.
W I hope it is successful.

여 Henry, 뭐 좋은 소식이 있니? 너 기분 좋아 보여.
남 응, 나 드디어 내 책 쓰는 걸 끝냈어!
여 정말? 네가 정말 자랑스러워.
남 고마워. 끝내니까 정말 좋다.
여 성공하기를 바래.

●●
be proud of ~을 자랑스러워 하다
successful 성공한, 성공적인

---

11 다음을 듣고, 민수가 가본 곳으로 언급되지 않은 곳을 고르시오.

① 유럽
② 북아메리카
③ 남아메리카
④ 중국
⑤ 아프리카

Minsu loves to travel alone. He wants to visit every part of the world. He has already been to Europe and North and South America. And he traveled around China with his father last summer. He plans to go to another country in Asia this winter.

민수는 혼자 여행하는 것을 아주 좋아한다. 그는 전세계를 방문하길 원한다. 그는 이미 유럽과 남아메리카, 북아메리카를 다녀왔다. 그리고 그는 작년 여름에 아버지와 함께 중국을 두루 여행했다. 그는 이번 겨울에 아시아에 있는 다른 나라를 갈 계획이다.

●●
travel 여행하다

12 대화를 듣고, 두 사람이 내일 할 일로 가장 적절한 것을 고르시오.

① 영화 보러 가기
② 기차 여행하기
③ 소풍 가기
④ 쇼핑하기
⑤ 집에서 공부하기

M Do you know what the <u>weather's going</u> to be <u>like</u> tomorrow?
W Yes. The weather forecast says it's going to <u>be rainy</u>.
M Oh, no. We're going to go on a picnic.
W How about <u>going shopping instead</u>?
M Okay. See you tomorrow.

남 내일 날씨가 어떨지 아니?
여 응. 일기 예보에서는 비가 올 거래.
남 오, 안돼. 우리 소풍 가려고 했는데.
여 대신에 쇼핑 가는 게 어때?
남 좋아. 내일 보자.

---

13 대화를 듣고, 대화 내용과 일치하지 <u>않는</u> 것을 고르시오.

① 여자는 오늘 아침에 체육관에 갔다.
② 남자는 운동을 좋아하지 않는다.
③ 여자는 살을 빼는 중이다.
④ 남자는 경기장에 자주 간다.
⑤ 남자는 TV로 운동 경기 보는 것을 좋아한다.

W I went to the <u>gym</u> to <u>exercise</u> this morning. I'm trying to <u>lose weight</u>. Do you work out?
M No, I don't. I don't like exercise.
W Do you play <u>any sports</u>?
M No, I don't. But I like <u>watching sports</u>.
W Do you ever go to see a game?
M Not really. I usually <u>watch games on TV</u>.

여 나는 오늘 아침에 운동하러 체육관에 갔어. 살을 빼려고 노력하고 있거든. 너는 운동하니?
남 아니, 안 해. 난 운동을 좋아하지 않아.
여 무슨 운동이라도 하니?
남 아니, 안 해. 하지만 운동 경기를 보는 것은 좋아해.
여 경기를 보러 간 적이 있니?
남 간 적은 없어. 난 주로 TV로 경기를 봐.

●●
work out 운동하다

---

14 대화를 듣고, 남자의 마지막 말에 이어질 여자의 말로 가장 적절한 것을 고르시오.

① I have to go to the hospital.
② Thank you very much.
③ I was at the science room.
④ I'm okay. I was going to call you.
⑤ Really? I don't have your phone number.

M You <u>weren't in class</u> yesterday. What happened?
W Oh, I was at home. I <u>was sick</u>.
M Was it bad?
W It <u>wasn't</u> really <u>bad</u>. I just had a fever and a <u>stomachache</u>. I'm okay now.
M By the way, <u>where were</u> you this morning?
W I was at the science room.

남 너 어제 수업에 없더라. 무슨 일 있었니?
여 아, 집에 있었어. 아팠거든.
남 많이 아팠어?
여 심하게 아프지는 않았어. 단지 열이 있고 복통이 있었어. 이젠 괜찮아.
남 그런데, 오늘 아침에는 어디에 있었니?
여 <u>과학실에 있었어.</u>

① 난 병원에 가봐야 해.
② 정말 고마워.
④ 난 괜찮아. 네게 전화하려고 했어.
⑤ 정말? 난 네 전화번호가 없어.

●●
science room 과학실

15 대화를 듣고, 여자의 마지막 말에 이어질 남자의 말로 가장 적절한 것을 고르시오.

① I have no mobile phone.
② This is my office number.
③ I'm so happy with you.
④ I'll call you back later.
⑤ My office is near my house.

W How can I get in touch with you?

M I'll give you my phone number. The number is 423-1572.

W Is this your home number or office number?

M This is my office number.

여 당신에게 어떻게 연락하면 되나요?

남 제 전화번호를 드릴게요. 번호는 423-1572예요.

여 이게 집 전화번호인가요, 아니면 사무실 번호인가요?

남 이건 제 사무실 전화번호예요.

① 전 휴대폰이 없어요.
③ 당신과 함께 있어서 아주 기쁘네요.
④ 나중에 다시 전화할게요.
⑤ 제 사무실은 집 근처에 있어요.

••
get in touch with ～와 연락하다

REVIEW TEST p. 103

A
① travel, 여행하다 ② autograph, (유명인의) 사인 ③ embassy, 대사관 ④ cold medicine, 감기약
⑤ jump rope, 줄넘기하다 ⑥ hang up, 전화를 끊다 ⑦ successful, 성공한, 성공적인
⑧ cellphone case, 휴대폰 케이스 ⑨ work out, 운동하다 ⑩ geography, 지리학
⑪ polar bear, 북극곰 ⑫ car accident, 교통사고

B
① long, straight hair ② finally finished writing ③ rather take, rabbit
④ get, touch with ⑤ straight past, police station ⑥ Frankly, field, interest
⑦ weather forecast, be rainy ⑧ sneezing, runny nose

문제 및 정답	받아쓰기 및 녹음내용	해석

01

다음을 듣고, 'I'가 무엇인지 가장 적절한 것을 고르시오.

①   ②

③   ④

⑤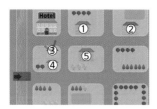

Some people think that I am a mammal, but I <u>belong</u> <u>to</u> the <u>bird</u> <u>family</u>. I cannot fly, but I am an <u>excellent</u> <u>swimmer</u>. I can catch fish while I swim in the water. I have a <u>black</u> <u>back</u> and black wings, but my <u>belly</u> is <u>white</u>. What am I?

사람들은 저를 포유동물이라고 생각하지만, 저는 조류과에 속합니다. 저는 날지는 못하지만, 수영을 아주 잘합니다. 저는 물에서 수영하는 동안 물고기를 잡을 수 있습니다. 저는 등과 날개는 검지만 배는 하얗습니다. 저는 무엇일까요?

●●
belong to ~에 속하다 **family** (동식물)과 **excellent** 훌륭한 **wing** 날개 **belly** 배

02

대화를 듣고, 두 사람이 대화하는 장소로 가장 적절한 곳을 고르시오.

① 공연장
② 정육점
③ 식당
④ 공항
⑤ 건설 현장

W I'd like <u>some</u> <u>meat</u>.
M What kind do you need?
W I need <u>ground</u> <u>beef</u>. How much is it?
M It's just five dollars <u>a pound</u>.
W I'll have three pounds, then.

여 고기 좀 주세요.
남 어떤 종류가 필요하세요?
여 간 소고기로 주세요. 얼마예요?
남 1 파운드에 5달러밖에 안해요.
여 그러면 3파운드 주세요.

●●
ground (고기·채소를) 간 **beef** 소고기 **pound** 파운드(무게 단위)

03

대화를 듣고, 놀이공원의 위치로 가장 알맞은 곳을 고르시오.

W Excuse me. Could you please tell me the way to JOY <u>amusement</u> <u>park</u>?
M Are you going by bus or <u>on</u> <u>foot</u>? It'll <u>take</u> about <u>20</u> minutes to get there on foot.
W I'd like to walk.
M Okay. <u>Cross</u> the <u>bridge</u> and turn left. <u>Go</u> <u>along</u> the <u>river</u> and turn right at the first corner.
W Do you mean the bridge over there?
M Yes, then you will see a <u>hotel</u> on your <u>left</u>. The main gate is <u>across</u> <u>from</u> the hotel.

여 실례합니다. JOY 놀이공원에 가는 길을 알려 주시겠습니까?
남 버스를 타고 가실 건가요, 아니면 걸어서 가실 건가요? 그곳까지는 걸어서 약 20분 정도 걸릴 거예요.
여 걸어가려고 해요.
남 알겠습니다. 다리를 건너서 왼쪽으로 도세요. 강을 따라 가다가 첫 번째 모퉁이에서 오른쪽으로 도세요.
여 저기에 있는 다리 말씀하시는 건가요?
남 네, 그러면 왼쪽으로 호텔이 보일 겁니다. 정문은 호텔 맞은편에 있습니다.

●●
amusement park 놀이공원 **cross** 건너다 **bridge** 다리

| 04 | 대화를 듣고, 두 사람의 관계로 가장 적절한 것을 고르시오. | M Thanks for <u>teaching</u> me about <u>Korean</u>.
W It was my pleasure.
M I <u>learned</u> a lot about Korean <u>language</u> and <u>culture</u> from you.
W I'm glad you enjoyed my class. | 남 한국어를 가르쳐 주셔서 감사합니다.
여 별말씀을요.
남 선생님께 한국어와 한국 문화에 대해서 많이 배웠어요.
여 제 수업을 재미있게 들었다니 저도 기쁘네요.

●●
language 언어 **culture** 문화 |

① 집주인 - 세입자
② 영화감독 - 영화배우
③ 운동선수 - 관중
④ 한국어 선생님 - 학생
⑤ 의사 - 환자

| 05 | 대화를 듣고, 여자의 개인 정보와 일치하는 것을 고르시오. | W I'd like to <u>open</u> a <u>savings account</u>.
M Would you please <u>fill out</u> this form?
W Yes, of course. Here you are.
M I'm afraid that you forgot to fill out <u>these</u> <u>sections</u>. May I ask for your e-mail <u>address</u> and phone number?
W My e-mail address is sunny0826@mail.com, and my phone number is 001-<u>3742</u>-<u>5839</u>.
M Is it S-U-N-N-Y-0-8-2-6@mail.com and 001-<u>3742</u>-<u>5839</u>?
W Yes. That's right. | 여 예금 계좌를 만들고 싶습니다.
남 이 양식을 채워주시겠어요?
여 네, 물론이지요. 여기 있습니다.
남 죄송하지만 이 부분들 기입하는 것을 잊으셨네요. 이메일 주소와 전화번호가 어떻게 되시나요?
여 제 이메일 주소는 sunny0826@mail.com이고, 전화번호는 001-3742-5839입니다.
남 S-U-N-N-Y-0-8-2-6-@mail.com과 001-3742-5839가 맞나요?
여 네. 맞아요.

●●
savings account 예금 계좌 **fill out** 채우다, 기입하다 **form** 양식 |

① sunny0816@mail.com | 001-3752-5836
② sunny0816@mail.com | 001-4752-5829
③ sunny0826@mail.com | 001-3742-5839
④ sunny0826@mail.com | 001-3742-5869
⑤ sunny0926@mail.com | 001-3842-5849

| 06 | 대화를 듣고, 할인 전의 음식 가격을 고르시오. | M Welcome to Burger Queen. May I help you?
W Yes, I would like a <u>cheeseburger</u> and French fries, please.
M You're in luck. Everything is <u>half</u> <u>price</u> today. That comes to <u>four</u> <u>dollars</u>.
W Here you go. Thank you. | 남 Burger Queen입니다. 도와드릴까요?
여 네, 치즈 버거 하나와 감자 튀김 주세요.
남 운이 좋으시네요. 오늘 모든 음식이 반값이거든요. 모두 4달러입니다.
여 여기요. 고맙습니다.

●●
in luck 행운인 **half price** 반값 |

① $4
② $6
③ $8
④ $12
⑤ $15

| 07 | 대화를 듣고, 남자가 다친 곳을 고르시오. | W What did you do on the <u>weekend</u>?
M I <u>went</u> <u>skiing</u>.
W Oh, what's wrong with your <u>foot</u>? Did you hurt yourself?
M Yes, I <u>fell</u> and <u>broke</u> two <u>toes</u>. | 여 주말에 뭐 했어요?
남 스키 타러 갔어요.
여 오, 발에 무슨 문제 있어요? 다쳤나요?
남 네, 넘어져서 발가락 두 개가 부러졌어요.

●●
toe 발가락 |

① 손가락
② 손목
③ 다리
④ 발가락
⑤ 허리

08 대화를 듣고, 영화에 대한 여자의 의견으로 가장 적절한 것을 고르시오.

① 감동적이다.
② 유치하다.
③ 지루하다.
④ 슬프다.
⑤ 웃기다. ✓

M What did you do yesterday?
W I went to the movie theater.
M Really? What movie did you see?
W It was called *The Amazing Family*.
M Did you enjoy it?
W Oh, yes. I laughed from beginning to end.

남 넌 어제 뭐 했니?
여 영화관에 갔어.
남 정말? 무슨 영화 봤어?
여 '굉장한 가족'이었어.
남 재미있었니?
여 어, 응. 난 처음부터 끝까지 웃었어.

••
movie theater 영화관 **from beginning to end** 처음부터 끝까지

---

09 대화를 듣고, 남자가 가게에 갈 수 <u>없는</u> 이유로 가장 적절한 것을 고르시오.

① 너무 아파서 ✓
② 청소하고 있어서
③ 약속이 있어서
④ 과제를 마무리해야 해서
⑤ 저녁 식사를 준비하고 있어서

M Alice, are you going to the store?
W Yes, I am. Do you want something there, too?
M Yes. Some milk and bread.
W No problem.
M Thank you. I am too sick to go outside.

남 Alice, 너 가게에 가는 거니?
여 응. 너도 거기에 뭐 필요한 거 있어?
남 응. 우유랑 빵 좀 부탁해.
여 문제 없어.
남 고마워. 너무 아파서 밖에 못 나가겠어.

---

10 대화를 듣고, 여자가 남자에게 부탁한 일로 가장 적절한 것을 고르시오.

① 세차하기
② 거실 청소하기 ✓
③ 친구들 마중 가기
④ 음식 같이 만들기
⑤ 청소기 수리 맡기기

W Henry, please help me before my friends come home.
M What should I do?
W I'm busy preparing the food. So can you clean up the living room?
M Okay. Where is the vacuum cleaner?
W It's in the kitchen.

여 Henry, 내 친구들이 오기 전에 나 좀 도와줘.
남 나는 뭘 해야 해?
여 난 음식 준비하느라 바빠. 그래서 거실 청소 좀 해줄래?
남 알았어. 청소기가 어디에 있지?
여 주방에 있어.

••
prepare 준비하다

---

11 대화를 듣고, 남자가 다룰 수 있는 악기가 <u>아닌</u> 것을 고르시오.

① 피아노
② 바이올린 ✓
③ 기타
④ 드럼
⑤ 하모니카

M Jessica, can you play the piano?
W No, I can't. But I can play the violin.
M I can't play the violin, but I can play the piano. I have played it for seven years.
W Can you play any other instruments?
M I can play the guitar, the drums, and the harmonica.

남 Jessica, 피아노 연주할 수 있어요?
여 아니요, 못해요. 하지만 바이올린은 연주할 수 있어요.
남 전 바이올린은 연주 못하지만, 피아노는 칠 수 있어요. 7년간 쳤어요.
여 다른 악기들도 연주할 수 있나요?
남 기타, 드럼, 그리고 하모니카를 연주할 수 있어요.

••
instrument 악기 **harmonica** 하모니카

12 대화를 듣고, 두 사람이 월요일에 할 일로 가장 적절한 것을 고르시오.

① 도서관에 가기
② 서점에 가기
③ 쇼핑하러 가기
④ 중국인 친구를 만나러 가기
⑤ 중국어를 배우러 학원에 가기

M Can you do me a favor?
W Of course. What is it?
M I'm thinking of learning Chinese. Can you help me?
W Okay. Did you buy a book?
M Not yet. I tried to buy some books, but I didn't know what to buy.
W Well, then let's go to a bookstore next Monday.
M Okay. Thank you for your help.

남 부탁 하나 드려도 될까요?
여 물론이죠. 뭔가요?
남 저는 중국어를 배워 볼 생각이에요. 도와주실 수 있나요?
여 물론이죠. 책은 사셨어요?
남 아직이요. 책을 좀 사려고 했는데 뭘 사야 할지 모르겠어요.
여 자, 그럼 다음 주 월요일에 서점에 함께 가요.
남 좋아요. 도와주셔서 감사해요.

---

13 대화를 듣고, 대화 내용과 일치하지 않는 것을 고르시오.

① 두 사람은 여자의 가족 사진을 보고 있다.
② 여자의 언니는 수학 선생님이다.
③ 여자의 오빠는 작년에 대학교를 졸업했다.
④ 여자의 오빠는 엔지니어이다.
⑤ 여자는 엔지니어가 되고 싶어 한다.

W Look at this picture. They are my brother and sister.
M Was that your brother's graduation ceremony?
W Yes. My brother graduated from university last year. He is an engineer now.
M What does your sister do?
W She teaches math at a high school. I want to be a teacher like her.

여 이 사진을 봐. 우리 오빠와 언니야.
남 오빠 졸업식이었니?
여 맞아. 오빠는 작년에 대학교를 졸업했어. 그는 지금 엔지니어야.
남 언니는 무슨 일을 해?
여 언니는 고등학교에서 수학을 가르쳐. 나도 언니처럼 선생님이 되고 싶어.

••
graduation ceremony 졸업식 **graduate** 졸업하다 **engineer** 기술자, 엔지니어

---

14 대화를 듣고, 남자의 마지막 말에 이어질 여자의 말로 가장 적절한 것을 고르시오.

① Thank you for your help.
② Did you order it medium?
③ Certainly. Here it is.
④ You didn't make a reservation.
⑤ This isn't what I ordered.

W Would you like to order now?
M Not just yet. I'm expecting someone.
W Can I bring you something while you're waiting?
M A cup of coffee would be nice. And could you bring me a menu?
W Certainly. Here it is.

여 지금 주문하시겠어요?
남 아직이요. 사람을 기다리고 있거든요.
여 기다리시는 동안 뭘 좀 가져다 드릴까요?
남 커피 한 잔이 좋겠군요. 그리고 메뉴판 좀 가져다 주시겠어요?
여 그럼요. 여기 있습니다.

① 도와주셔서 감사합니다.
② 미디움으로 주문하셨나요?
④ 예약을 안하셨네요.
⑤ 이건 제가 주문한 게 아니에요.

••
medium (고기를) 중간쯤 익힌 **certainly** 그럼요., 물론이지요.

15 대화를 듣고, 여자의 마지막 말에 이어질 남자의 말로 가장 적절한 것을 고르시오.

① Sure. Thanks a lot.
② Just let it go.
③ Not this time.
④ That's too bad.
⑤ No, it's not difficult.

M Hi. I'm here to see Mr. Park.
W Do you <u>have an appointment</u>?
M No, I don't. Do I have to make an appointment?
W Of course.
M I didn't know that. I'm sorry, but I <u>must see him</u> now. It's very <u>important</u>.
W Well, I have to ask him first. Would you wait here <u>for a while</u>?
M <u>Sure. Thanks a lot.</u>

남 안녕하세요. 박 선생님을 뵈러 왔는데요.
여 약속을 하셨나요?
남 아니요, 안 했어요. 약속을 해야 하나요?
여 물론이죠.
남 몰랐어요. 죄송하지만, 그를 지금 꼭 봐야 해서요. 이건 아주 중요해요.
여 그럼, 먼저 그분께 여쭤 볼게요. 여기서 잠시 기다리시겠어요?
남 <u>그러죠. 정말 감사합니다.</u>

② 그냥 두세요.
③ 이번에는 아니에요.
④ 너무 안됐어요.
⑤ 아니요, 그건 어렵지 않아요.

REVIEW TEST p. 109

A
① bridge, 다리　② excellent, 훌륭한　③ culture, 문화　④ ground, (고기·채소를) 간
⑤ language, 언어　⑥ half price, 반값　⑦ belong to, ~에 속하다　⑧ savings account, 예금 계좌
⑨ prepare, 준비하다　⑩ belly, 배　⑪ cross, 건너다　⑫ toe, 발가락

B
① any other instruments　② wrong with, foot　③ too sick, go
④ want to be, teacher　⑤ graduated from university　⑥ fill out, form
⑦ by bus, on foot　⑧ main gate, across from

문제 및 정답	받아쓰기 및 녹음내용	해석

01 대화를 듣고, 여자의 할머니가 누구인지 고르시오.

① ②

③ ④

⑤

M Do you <u>have</u> <u>any</u> <u>plans</u> for the weekend?

W I'm visiting my grandmother. It's been a while since I last <u>saw</u> her.

M Cool. How old is she?

W She's 74 years old, but she <u>looks</u> <u>young</u> for her <u>age</u>.

M What does she look like?

W Well, she has short brown hair, and she <u>doesn't</u> wear <u>glasses</u>. She usually wears a <u>pearl</u> <u>necklace</u>.

남 주말에 무슨 계획 있어?

여 할머니 댁에 갈 거야. 할머니를 마지막으로 본 지 꽤 오래되었어.

남 좋겠다. 할머니는 연세가 어떻게 되셔?

여 74세지만 연세에 비해 젊어 보이셔.

남 어떻게 생기셨니?

여 음, 할머니는 짧은 갈색 머리고, 안경은 안 쓰셨어. 보통 진주 목걸이를 하고 계셔.

●●
age 나이 **pearl necklace** 진주 목걸이

---

02 대화를 듣고, 두 사람이 대화하는 장소로 가장 적절한 곳을 고르시오.

① 도서관
② 사무실
③ 병원
④ 비행기 안
⑤ 극장

M What time is it now? Did you <u>turn</u> <u>off</u> your cellphone?

W Shh! We'd better not talk because the play is <u>about</u> <u>to</u> <u>begin</u>. We may disturb other people.

M I am sorry. I <u>didn't</u> <u>realize</u> that.

W That's okay. Let's wait for the play to start.

남 지금 몇 시야? 휴대폰 전원은 껐니?

여 쉿! 연극이 곧 시작하니까 말을 하지 않는 게 좋을 것 같아. 다른 사람들에게 방해가 될 수 있잖아.

남 미안해. 그걸 미처 생각하지 못했어.

여 괜찮아. 연극이 시작하길 기다리자.

●●
be about to 막 ~하려는 참이다 **disturb** 방해하다 **realize** 깨닫다

---

03 대화를 듣고, 레스토랑의 위치로 가장 알맞은 곳을 고르시오.

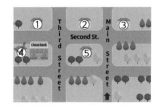

W How about <u>having</u> <u>dinner</u> at Napoli Restaurant?

M Is it good?

W Yes. It's <u>one</u> <u>of</u> the <u>best</u> places in this <u>area</u>.

M Where is it?

W Go straight <u>along</u> Main Street and turn <u>left</u> on Second Street. Then, you'll be able to <u>see</u> a <u>bank</u>.

M Do you mean Chess Bank?

W Yes. It's <u>right</u> <u>next</u> <u>to</u> Chess Bank.

M Okay. Let's have <u>supper</u> there.

여 Napoli 식당에서 저녁 먹는 게 어때?

남 그곳 음식 맛있니?

여 그럼. 이 지역에서 가장 맛있는 곳 중 하나야.

남 어디에 있는데?

여 Main 거리를 따라서 직진해서 Second 거리에서 왼쪽으로 돌아. 그럼 은행을 볼 수 있을 거야.

남 Chess 은행을 말하는 거니?

여 응. Chess 은행 바로 옆에 있어.

남 알았어. 우리 거기서 저녁 먹자.

●●
supper 저녁 식사

04 대화를 듣고, 두 사람의 관계로 가장 적절한 것을 고르시오.

① 경찰관 – 운전자
② 주차 단속원 – 운전자
③ 판사 – 피고인
④ 세차장 직원 – 손님
⑤ 소방관 – 신고자

M Excuse me, ma'am. May I see your driver's license and registration?

W Why? What did I do wrong?

M Do you know that you've been driving over the speed limit?

W Really? That's impossible!

M You've been driving 20 miles per hour over the speed limit. I have to give you a speeding ticket.

W Oh, my! I'm so sorry. Please forgive me this time.

남 실례합니다, 부인. 운전면허증과 차량 등록증을 좀 보여주시겠습니까?

여 왜요? 제가 뭘 잘못했나요?

남 속도 위반을 하신 걸 아십니까?

여 정말요? 말도 안돼요!

남 제한 속도 이상으로 시속 20마일로 운전하셨어요. 속도 위반 딱지를 발급해야 합니다.

여 아, 저런! 정말 죄송합니다. 이번만 봐주세요.

●●
driver's license 운전면허증 **registration** 차량 등록증 **speed limit** 제한 속도 **impossible** 불가능한 **speeding ticket** 속도 위반 딱지

---

05 대화를 듣고, Matthew가 하고 있는 것을 고르시오.

①   ②

③   ④

⑤

M Is Matthew playing computer games again? How long has he been playing?

W He's not playing. He is doing his homework on the computer.

M Has he eaten dinner yet?

W Not yet. Dinner will be ready in 20 minutes.

M Okay. Then I'll clean the house.

남 Matthew가 또 컴퓨터 게임을 하고 있어요? 얼마 동안 게임을 하고 있는 거죠?

여 게임하고 있지 않아요. 컴퓨터로 숙제하고 있어요.

남 Matthew가 저녁은 먹었나요?

여 아직이요. 20분 지나면 저녁이 준비가 돼요.

남 알겠어요. 그럼 난 집 청소를 할게요.

---

06 대화를 듣고, 치킨을 배달하는 데 걸리는 시간을 고르시오.

① 약 14분
② 약 20분
③ 약 30분
④ 약 40분
⑤ 약 50분

W Good afternoon. Tasty Chicken. Can I help you?

M Yes, I'd like some fried chicken, please. How long will that take?

W About 30 minutes. What's your address?

M 1014 Wellington Street.

W Oh, your house is far from here. It will take an extra 10 minutes. Is that okay?

M Sure.

여 안녕하세요. Tasty 치킨입니다. 도와드릴까요?

남 네, 프라이드 치킨 좀 주세요. 얼마나 걸릴까요?

여 약 30분 정도요. 주소가 어떻게 되시죠?

남 Wellington 거리 1014입니다.

여 아, 댁이 이곳에서 머네요. 10분 정도 시간이 더 걸릴 것 같네요. 괜찮으시겠어요?

남 그럼요.

07	대화를 듣고, 두 사람이 할 일로 가장 적절한 것을 고르시오. ① 나무 베기 ②✓ 불 피우기 ③ 텐트 치기 ④ 저녁 준비하기 ⑤ 캠핑 가기	M I love camping. Let's <u>make a fire</u>. W How do we do that? M We need some paper and small <u>pieces of wood</u>. W This is so exciting. I've <u>never made</u> a fire <u>before</u>.	남 난 정말 캠핑이 좋아. 불을 피우자. 여 어떻게 하는 거지? 남 종이와 작은 나무 조각들이 필요해. 여 정말 신난다. 난 전에 한 번도 불을 피워 본 적이 없거든. ●● **make a fire** 불을 피우다 **wood** 나무
08	대화를 듣고, 남자의 심정으로 가장 적절한 것을 고르시오. ①✓ 기쁨 ② 걱정 ③ 당황 ④ 실망 ⑤ 긴장	W Who were you <u>talking</u> to <u>on the phone</u>? M I was talking to my uncle. He <u>says</u> he and his wife are going to <u>have a baby</u> this month. W That's exciting news. M Yes, it is. I hope I can <u>see</u> the <u>baby soon</u>.	여 누구랑 통화하고 있었니? 남 우리 삼촌이랑 통화하고 있었어. 삼촌이 말씀하는데 숙모가 이번 달에 아기를 낳으실 거래. 여 그거 신나는 소식이구나. 남 응, 그래. 곧 아기를 봤으면 좋겠어.
09	대화를 듣고, 여자가 해변에 가고 싶어 하지 <u>않는</u> 이유로 가장 적절한 것을 고르시오. ①✓ 수영을 못해서 ② 햇빛에 탈까 봐 ③ 바깥이 더워서 ④ 사람들로 붐벼서 ⑤ 지난번에 다녀와서	M Do you want to go to the <u>beach</u>? W No, thank you. I <u>don't</u> <u>swim</u> very well. M Come on. I'll <u>teach you</u>. It's easy. W Okay, but let's not go in the <u>deep water</u>.	남 해변에 가고 싶니? 여 아니, 괜찮아. 난 수영을 잘 못하거든. 남 가자. 내가 가르쳐 줄게. 쉬워. 여 그래, 그렇지만 깊은 물에는 들어가지 말자. ●● **deep water** 깊은 물

10	다음을 듣고, 두 사람의 대화가 <u>어색한</u> 것을 고르시오.
	
	①　②　③　④　⑤✓
		① M I'd like to <u>invite you</u> to <u>dinner</u>.
		  W That's very kind of you.
		② W Kimchi is made of cabbage.
		  M Right. It's <u>spicy</u> but <u>tasty</u>.
		③ M Please make me a sandwich.
		  W <u>What</u> do you <u>want on</u> it?
		④ W Relax. <u>Everything</u> will be <u>fine</u>.
		  M Do you really think so?
		⑤ M <u>Eating fish</u> makes you <u>healthy</u>.
		  W What is that fish eating?
			① 남 너를 저녁에 초대하고 싶어.
			　여 고마워.
			② 여 김치는 배추로 만들어.
			　남 맞아. 맵지만 맛있어.
			③ 남 샌드위치 좀 만들어줘.
			　여 뭘 넣어 줄까?
			④ 여 진정해. 다 괜찮을 거야.
			　남 정말로 그렇게 생각해?
			⑤ 남 생선을 먹으면 건강해져.
			　여 저 물고기가 뭘 먹고 있지?
			
			●●
			spicy 양념 맛이 강한, 매운

11 대화를 듣고, 남자의 물건이 <u>아닌</u> 것을 고르시오.

① 책
② 연필
③ 장갑
④ 물병
⑤ 모자

W Are <u>these</u> <u>your</u> <u>things</u>?
M Yes, the gloves, the books, and the pencils are <u>mine</u>.
W Is this your <u>water</u> <u>bottle</u>?
M Yes, that is mine, too.
W Is this your <u>hat</u>?
M No, that is not my hat.

여 이 물건들 네 거니?
남 응, 장갑, 책, 연필은 내 거야.
여 이건 네 물병이니?
남 응, 그것도 내 거야.
여 이거 네 모자야?
남 아니, 그건 내 모자가 아니야.

●●
water bottle 물병

---

12 대화를 듣고, 남자가 지난 일요일에 한 일로 가장 적절한 것을 고르시오.

① 등산하기
② 나무 심기
③ 자전거 타기
④ 농촌 체험하기
⑤ 삼촌 농장에서 일하기

W John, what did you do last Sunday?
M I visited my uncle. He <u>lives</u> <u>in</u> the <u>country</u>.
W Oh, did you? What did you do there?
M I <u>worked</u> <u>on</u> the <u>farm</u>. What about you, Sara?
W I <u>planted</u> <u>trees</u> with my dad in the yard.

여 John, 지난 일요일에 뭐 했니?
남 삼촌 댁을 방문했어. 삼촌은 시골에 사셔.
여 오, 그랬니? 거기서 뭐 했어?
남 농장에서 일했어. 넌 어땠어, Sara?
여 나는 아빠와 뜰에 나무를 심었어.

●●
country 시골 **farm** 농장 **plant** 심다
yard 정원; 뜰

---

13 대화를 듣고, 대화 내용과 일치하지 <u>않는</u> 것을 고르시오.

① 오늘 날씨가 맑다.
② 남자는 여자를 아침에 자주 봤다.
③ 여자는 아침 6시에 출근한다.
④ 여자는 아침마다 2km를 달린다.
⑤ 남자는 개를 산책시키는 중이다.

M It's a nice day today, <u>isn't</u> <u>it</u>?
W Yes, it's a good day.
M I <u>often</u> see you here <u>early</u>. Do you always run in the morning?
W Yes, I get up at 6 <u>to</u> <u>run</u> 2 kilometers <u>before</u> <u>work</u>. What are you doing?
M I'm <u>walking</u> <u>my</u> <u>dog</u>.

남 오늘 날씨가 좋네요, 그렇지 않나요?
여 네, 좋은 날씨네요.
남 저는 여기서 일찍 당신을 자주 봤어요. 항상 아침에 달리기 하세요?
여 네, 출근 전에 2km를 달리려고 6시에 일어나요. 당신은 뭐 하고 있으신가요?
남 개를 산책시키고 있어요.

●●
walk (동물을) 산책시키다

---

14 대화를 듣고, 남자의 마지막 말에 이어질 여자의 말로 가장 적절한 것을 고르시오.

① I feel tired, too.
② Okay. I give up.
③ I'm afraid I can't agree with you.
④ My father said you are very kind.
⑤ Exercise regularly and get plenty of sleep.

M I feel <u>so</u> <u>tired</u> all the time.
W You should do something for your health.
M You are always <u>in</u> <u>great</u> <u>shape</u>. What's your secret?
W Can I <u>give</u> you some <u>advice</u>?
M Go ahead.
W <u>Exercise regularly and get plenty of sleep.</u>

남 난 늘 너무 피곤해.
여 건강을 위해 넌 뭔가 해야 해.
남 너는 항상 건강해 보여. 비결이 뭐니?
여 조언 좀 해도 될까?
남 어서 해줘.
여 <u>규칙적으로 운동하고 잠을 충분히 자는 거야.</u>

① 나도 피곤해.
② 알겠어. 포기할게.
③ 미안하지만 네게 동의할 수 없어.
④ 아빠가 네가 아주 착하다고 하셨어.

●●
all the time 매번, 항상 **be in good shape** 건강이 좋다 **regularly** 규칙적으로 **plenty of** 많은

15 대화를 듣고, 여자의 마지막 말에 이어질 남자의 말로 가장 적절한 것을 고르시오.

① Sure, I'd love to.
② Merry Christmas!
③ We had a nice party.
④ I can't wait!
⑤ I'm going to go skiing.

W How's it going?
M Quite well. Thank you. By the way, what are you planning to do during the Christmas holidays?
W I'm planning to go to see a musical with my sister on Christmas Eve. What are you going to do?
M I'm going to go skiing.

여 어떻게 지내니?
남 아주 잘 지내. 고마워. 그런데 크리스마스 휴가 기간에 뭘 할 계획이야?
여 크리스마스 이브에 언니와 뮤지컬을 보러 갈 계획이야. 넌 뭐 할거야?
남 난 스키 타러 갈 거야.

① 물론, 하고 싶어.
② 메리 크리스마스!
③ 우리는 멋진 파티를 했어.
④ 너무 기대돼!

••
holiday 휴가; 방학

REVIEW TEST p. 115

A ① age, 나이 ② supper, 저녁 식사 ③ driver's license, 운전면허증 ④ regularly, 규칙적으로

⑤ wood, 나무 ⑥ plant, 심다 ⑦ spicy, 양념 맛이 강한, 매운 ⑧ holiday, 휴가; 방학

⑨ all the time, 매번, 항상 ⑩ farm, 농장 ⑪ impossible, 불가능한 ⑫ realize, 깨닫다

B ① give, some advice ② always run, morning ③ may disturb other

④ never made, fire ⑤ should do, health ⑥ been, while since, saw

⑦ driving, speed limit ⑧ not talk, about

문제 및 정답	받아쓰기 및 녹음내용	해석

01

대화를 듣고, 여자가 구입할 케이크로 가장 적절한 것을 고르시오.

① ②

③ ④

⑤

M Hello. May I help you?

W Yes, I'd like to <u>order</u> a <u>cake</u>.

M We have <u>strawberry</u> cake and <u>chocolate</u> cake. Which one do you want?

W Strawberry cake, please.

M Would you like <u>anything written</u> on the cake?

W Yes. Please write "I Love You" on it.

M Okay.

남 안녕하세요. 도와드릴까요?

여 네, 케이크를 주문하고 싶어요.

남 딸기 케이크와 초콜릿 케이크가 있어요. 어느 것을 원하시나요?

여 딸기 케이크로 주세요.

남 케이크 위에 글씨 넣으시겠어요?

여 네. "사랑해요"라고 써주세요.

남 네.

02

대화를 듣고, 두 사람이 대화하는 장소로 가장 적절한 곳을 고르시오.

① 정육점
② 와인 가게
③ 레스토랑
④ 패스트푸드점
⑤ 백화점

W Good evening, sir. Would you <u>care for</u> something to <u>eat</u>?

M Yes. I'd like the <u>steak</u> and <u>salad</u>. What kind of wine do you serve?

W <u>Just a moment</u>. I'll be right back with a <u>wine list</u>.

M Okay. Could I have a <u>glass of water</u>, too?

W Certainly. Right away.

여 안녕하세요, 손님. 뭐 좀 드시겠습니까?

남 네. 스테이크와 샐러드 주세요. 어떤 종류의 와인이 있지요?

여 잠시만 기다려 주세요. 바로 와인 목록을 가져다 드리겠습니다.

남 알겠습니다. 물 한 잔도 주시겠어요?

여 그럼요. 바로 가지고 오겠습니다.

●●
care for ~하고 싶다 **serve** 제공하다

03

대화를 듣고, 남자가 찾는 안경의 위치로 가장 알맞은 곳을 고르시오.

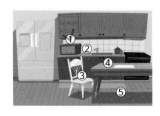

M Mom, did you <u>see</u> my <u>glasses</u>? I can't find them.

W You put them <u>on</u> the <u>table</u> when you <u>had</u> <u>breakfast</u>.

M Oh, I'll check.

W Did you find them?

M No. They're not on the table. Ah, they are <u>on the microwave</u>!

남 엄마, 제 안경 보셨어요? 못 찾겠어요.

여 아침 먹을 때 식탁 위에 올려 뒀잖니.

남 아, 확인해 볼게요.

여 찾았니?

남 아니요. 식탁 위에 없어요. 아, 전자레인지 위에 있네요!

●●
microwave 전자레인지

04

대화를 듣고, 두 사람의 관계로 가장 적절한 것을 고르시오.

① 사진작가 – 모델
② 매표소 직원 – 관람객
③ 호텔 종업원 – 투숙객 ✓
④ 식당 종업원 – 손님
⑤ 부동산 중개사 – 손님

W How can I help you?
M My name is John Roberts. I have a reservation for two nights.
W Oh, yes, Mr. Roberts. Room 606. It's a double on the oceanfront.
M A double? I asked for a single.
W Yes. But you can have it for the price of a single. Is that all right?
M Yes, of course. Thank you.

여 무엇을 도와드릴까요?
남 제 이름은 John Roberts입니다. 2박 예약했습니다.
여 아, 네, Roberts 씨. 606호입니다. 바다 전망의 2인실입니다.
남 2인실이요? 저는 1인실을 요청했었는데요.
여 네. 그렇지만 1인실 가격으로 사용하실 수 있습니다. 괜찮으시겠습니까?
남 네, 물론이지요. 고맙습니다.

•• **double** 2인실 **oceanfront** 바다가 보이는 전망 **single** 1인실

05

대화를 듣고, 상민이가 누구인지 고르시오.

W This game is very exciting.
M Yes, I think so. My friend Sangmin is playing on the home team.
W Oh? Where is he?
M In the middle of the court around the centerline. He plays guard.
W There are five players in that area.
M He is the one passing the ball forward.

여 이 경기 정말 흥미진진하다.
남 응, 나도 그렇게 생각해. 내 친구 상민이가 홈팀에서 경기를 하고 있거든.
여 어? 그가 어디에 있는데?
남 경기장 가운데에 중앙선 근처에. 그는 가드를 하고 있어.
여 그 구역에는 선수가 다섯 명이 있어.
남 그는 공을 앞으로 패스하고 있는 선수야.

•• **court** (테니스 등의) 코트, 경기장 **centerline** 중앙선 **forward** 앞으로

06

대화를 듣고, 남자가 중국에 갔던 연도를 고르시오.

① 2017년
② 2018년 ✓
③ 2019년
④ 2020년
⑤ 간 적이 없다.

W Have you ever been to the Great Wall of China?
M Yes, I have. It was impressive. What about you?
W No, I haven't. When were you there?
M I went there in 2019. Oh, sorry. It was a year before that.

여 너는 중국의 만리장성에 가본 적 있니?
남 응, 있어. 그건 인상적이었어. 너는 어때?
여 아니, 나는 못 가봤어. 너는 언제 거기에 갔었니?
남 나는 2019년에 거기에 갔어. 아, 미안. 그때보다 1년 전이었어.

•• **the Great Wall of China** 만리장성 **impressive** 인상적인

07

대화를 듣고, 여자가 대화 직후에 할 일로 가장 적절한 것을 고르시오.

① 프린터 고치기
② 인쇄하기 ✓
③ 복사하기
④ 잉크 교체하기
⑤ 컴퓨터 구입하기

W Can I print something from your computer?
M I'm afraid you can't. It's running out of ink.
W Really? It's only two pages. Can I try?
M Sure. Let's hope it works.

여 네 컴퓨터에서 인쇄 좀 해도 될까?
남 미안하지만 안 될 거야. 잉크가 다 떨어져 가고 있어.
여 정말? 두 장 밖에 안 돼서. 한번 해볼까?
남 그래. 작동이 됐으면 좋겠다.

•• **run out of** 떨어지다, 바닥나다

08

대화를 듣고, 남자의 심정으로 가장 적절한 것을 고르시오.

✓① 조급함
② 외로움
③ 기쁨
④ 실망스러움
⑤ 만족함

M Mom, I <u>forgot</u> that today is Harry's birthday. I <u>need</u> <u>to</u> <u>buy</u> something for him.

W How much do you need?

M Twenty dollars will be fine. Can you give me the money <u>quickly</u>? I'm <u>in</u> <u>a</u> <u>rush</u>.

W What will you buy for him?

M I don't know yet. I'll <u>decide</u> when I <u>arrive</u> at the store.

남 엄마, 오늘이 Harry의 생일인 걸 잊었어요. 그를 위해 뭘 좀 사야 하는데요.

여 얼마나 필요하니?

남 20달러면 될 거예요. 돈을 빨리 주실 수 있으세요? 급해요.

여 뭘 살 건데?

남 아직 모르겠어요. 가게에 가서 결정할 거예요.

●●
quickly 빨리, 곧   be in a rush 급하다, 서두르다

09

대화를 듣고, Justin이 어제 결석한 이유로 가장 적절한 것을 고르시오.

① 늦잠을 자서
② 제주도에 여행을 가서
✓③ 감기에 걸려서
④ 가족 행사가 있어서
⑤ 제주도에서 비행기를 놓쳐서

W Justin, why <u>were</u> you <u>absent</u> yesterday? What happened?

M I <u>went</u> <u>on</u> a <u>trip</u> to Jeju with my family on the weekend.

W Did you come back yesterday?

M No, I came back on Sunday. But I <u>caught</u> a <u>bad</u> <u>cold</u> during the trip. So I stayed in bed all day yesterday.

W That's too bad. I hope you <u>get</u> <u>well</u> <u>soon</u>.

여 Justin, 어제 왜 결석했어? 무슨 일 있었어?

남 주말에 가족과 함께 제주도로 여행을 갔었어.

여 어제 돌아왔니?

남 아니, 일요일에 돌아왔어. 그런데 여행 중에 심한 감기에 걸려버렸어. 그래서 어제 하루 종일 누워 있었어.

여 안됐다. 곧 낫길 바랄게.

●●
absent 결석한   a bad cold 심한 감기

10

다음을 듣고, 두 사람의 대화가 <u>어색한</u> 것을 고르시오.

①　✓②　③　④　⑤

① W Are you ready?
　M No, I'm not.

② W Can I <u>go</u> <u>with</u> you?
　M No, it's not mine.

③ W Andy, how <u>have</u> you <u>been</u>?
　M I'm sorry, but do I know you?

④ M Where are you going now?
　W I'm <u>going</u> to <u>class</u>.

⑤ M Can you help me <u>clean</u> <u>up</u> this <u>mess</u>?
　W Sorry, but I'm too busy with my homework.

① 여 준비됐니?
　남 아니.

② 여 너와 함께 가도 되니?
　남 아니, 그건 내 것이 아니야.

③ 여 Andy, 어떻게 지냈니?
　남 죄송하지만, 저를 아세요?

④ 남 지금 너는 어디 가는 중이야?
　여 수업에 가는 길이야.

⑤ 남 이 지저분한 것 치우는 것 좀 도와줄래?
　여 죄송하지만, 전 숙제 때문에 너무 바빠요.

| 11 | 다음을 듣고, 사람들이 휴가를 보내는 방법으로 언급되지 <u>않은</u> 것을 고르시오. | People spend their <u>vacations</u> in <u>different</u> <u>ways</u>. Some people enjoy going to the <u>beach</u> or going to the <u>mountains</u>. Some people like to go on <u>picnics</u> with their families. Others like to stay at home and <u>get</u> <u>some</u> <u>rest</u>. | 사람들은 자신들의 휴가를 여러 가지 방법으로 보낸다. 어떤 사람들은 해변에 가거나 산에 가는 것을 즐긴다. 어떤 사람들은 가족들과 함께 소풍을 간다. 다른 사람들은 집에 머물면서 휴식을 취하는 것을 좋아한다. |

① 해외 여행하기
② 등산하기
③ 해변에 가기
④ 가족들과 소풍 가기
⑤ 집에서 휴식하기

| 12 | 대화를 듣고, 여자의 마지막 말의 의도로 가장 적절한 것을 고르시오. | W Hello, Mr. Baker. May I ask you for a favor?
M Of course. What do you need?
W Could you <u>give</u> <u>me</u> a <u>ride</u> to school?
M No problem. I'm going that way, too.
W <u>How</u> <u>kind</u> of you! | 여 안녕하세요, Baker 씨. 부탁을 좀 드려도 될까요?
남 물론이죠. 무엇을 도와드릴까요?
여 학교에 저를 데려다 주실 수 있나요?
남 그럼요. 저도 역시 그쪽으로 가는 길이에요.
여 친절하기도 하셔라! |

① 감사
② 불평
③ 축하
④ 거절
⑤ 제안

●●
give ... a ride ~를 태워주다

| 13 | 대화를 듣고, 대화 내용과 일치하지 <u>않는</u> 것을 고르시오. | M I'm <u>going</u> to the <u>party</u> tomorrow night. Are you coming?
W I'm not sure. <u>My</u> <u>friend</u> is <u>visiting</u> me tomorrow. I'm going to call her tonight.
M Then I <u>will</u> <u>give</u> you a <u>call</u> tomorrow morning.
W Okay. Are you taking your car?
M No, I'm not. I'm going to <u>take</u> <u>a</u> <u>taxi</u>. | 남 난 내일 밤에 파티에 갈 거야. 너도 가니?
여 확실하지 않아. 내 친구가 내일 오기로 했거든. 오늘 밤에 친구한테 전화해 보려고.
남 그럼 내가 내일 아침에 네게 전화할게.
여 좋아. 너는 차를 가지고 갈 거니?
남 아니, 안 가지고 가. 택시를 타고 갈 거야. |

① 남자는 내일 파티에 갈 것이다.
② 여자의 집에 친구가 방문할 예정이다.
③ 여자는 남자와 파티에 같이 가기로 약속했다.
④ 남자는 여자에게 내일 아침에 전화할 것이다.
⑤ 남자는 택시를 타고 파티에 갈 것이다.

| 14 | 대화를 듣고, 남자의 마지막 말에 이어질 여자의 말로 가장 적절한 것을 고르시오. | M Did you <u>enjoy</u> <u>your</u> <u>meal</u> at the restaurant?
W I <u>won't</u> <u>go</u> there again.
M What happened?
W There was a <u>hair</u> <u>in</u> my <u>soup</u>. And the fish <u>tasted</u> strange.
M So what did you do with your food?
W I left most of the soup. | 남 그 식당에서 식사 맛있게 했어요?
여 거기는 다신 가지 않겠어요.
남 무슨 일 있었나요?
여 제 수프에 머리카락이 있었어요. 그리고 생선은 맛이 이상했어요.
남 그래서 음식을 어떻게 했어요?
여 <u>수프 대부분을 남겼어요.</u> |

① That's great!
② I made the soup.
③ It's my turn to pay.
④ I like it very much.
⑤ I left most of the soup.

① 아주 좋아요!
② 제가 수프를 만들었어요.
③ 제가 낼 차례예요.
④ 전 그것이 아주 마음에 들어요.

●●
turn 차례

15 대화를 듣고, 여자의 마지막 말에 이어질 남자의 말로 가장 적절한 것을 고르시오.

① I want to go there.
② I don't know why.
③ I'll be there.
④ For here.
⑤ Never mind.

W What can I do for you?
M I'll have one tuna sandwich and a lemonade, please.
W Anything else?
M That's all.
W For here or to go?
M For here.

여 무엇을 도와드릴까요?
남 참치 샌드위치 한 개와 레모네이드 한 잔 주세요.
여 다른 것은요?
남 그게 다예요.
여 여기서 드실 건가요, 가지고 가실 건가요?
남 여기서 먹을 거예요.

① 전 거기에 가고 싶어요.
② 전 이유를 모르겠어요.
③ 거기로 갈게요.
⑤ 신경 쓰지 마세요.

● ●
tuna sandwich 참치 샌드위치

▶ REVIEW TEST p. 121

A ① serve, 제공하다 ② microwave, 전자레인지 ③ double, 2인실 ④ forward, 앞으로
⑤ impressive, 인상적인 ⑥ turn, 차례 ⑦ absent, 결석한 ⑧ be in a rush, 급하다, 서두르다
⑨ care for, ~하고 싶다 ⑩ court, 코트, 경기장 ⑪ quickly, 빨리, 곧 ⑫ tuna sandwich, 참치 샌드위치

B ① running out of ink ② stayed in bed ③ care, to eat
④ print, from, computer ⑤ reservation for two nights ⑥ too busy with
⑦ vacations in different ways ⑧ went on, trip

문제 및 정답	받아쓰기 및 녹음내용	해석

01

다음을 듣고, 'this'가 가리키는 것으로 가장 적절한 것을 고르시오.

This is an <u>electronic</u> <u>device</u> and looks like a rectangular metal box. You can <u>easily</u> <u>see</u> this in the <u>kitchen</u>. This is often used to <u>heat</u> or cook food quickly. When you don't have time to cook, you just <u>put</u> <u>frozen</u> <u>food</u> in it. What is this?

이것은 전자 기기이고 직사각형 금속 상자처럼 생겼다. 여러분은 이것을 부엌에서 쉽게 볼 수 있다. 이것은 흔히 음식을 빨리 데우거나 요리하는 데 사용된다. 요리할 시간이 없을 때 여러분은 그저 냉동 식품을 그 안에 넣는다. 이것은 무엇일까?

● ●
electronic device 전자 기기 **rectangular** 직사각형의 **metal** 금속 **easily** 쉽게 **frozen food** 냉동 식품

02

대화를 듣고, 두 사람이 대화하는 장소로 가장 적절한 곳을 고르시오.

① 교무실
② 사무실
③ 집
④ 매점
⑤ 도서관

W Here is my <u>assignment</u>, Mr. Miller.
M Thank you. Just <u>leave it</u> on my desk. By the way, would you do me a favor?
W Sure. What is it?
M Can you <u>ask</u> the <u>class</u> <u>if</u> there is anyone else who would like to <u>turn in</u> their <u>homework</u>?
W Okay, Mr. Miller.

여 여기 과제입니다, Miller 선생님.
남 고맙다. 그냥 책상 위에 두어라. 그런데 부탁 하나만 들어 줄래?
여 그럼요. 무엇인데요?
남 반 아이들에게 숙제를 제출할 사람이 더 있는지 물어봐 주겠니?
여 알겠습니다, Miller 선생님.

● ●
assignment 과제, 숙제 **turn in** 제출하다

03

대화를 듣고, 자동차 정비소의 위치로 가장 알맞은 곳을 고르시오.

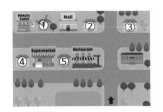

M Excuse me. I'm looking for an <u>auto</u> <u>repair</u> <u>shop</u> near here.
W Go straight along this street and turn <u>left</u> at the <u>second</u> <u>intersection</u>.
M Turn left at the second intersection?
W Yes. It's <u>between</u> the <u>beauty</u> <u>salon</u> and the <u>mall</u>.

남 실례합니다. 이 근처에 자동차 정비소를 찾고 있어요.
여 이 길을 따라 직진하다가 두 번째 교차로에서 왼쪽으로 도세요.
남 두 번째 교차로에서 왼쪽으로 돌라고요?
여 네. 그건 미용실과 쇼핑몰 사이에 있어요.

● ●
auto repair shop 자동차 정비소

04 대화를 듣고, 두 사람의 관계로 가장 적절한 것을 고르시오.

① 영화관 직원 – 관객
② 관광 안내원 – 관광객
③ 비행기 승무원 – 탑승객
④ 여행사 직원 – 손님 ✓
⑤ 서점 직원 – 손님

W How can I help you?
M Hello. I'm calling about a ticket to Hawaii.
W Yes, sir. One way or return?
M Return in economy class.
W When do you want to leave?
M I'd like to leave on May 12.

여 무엇을 도와드릴까요?
남 안녕하세요. 하와이로 가는 항공권 때문에 전화했어요.
여 네, 손님. 편도입니까, 아니면 왕복입니까?
남 이코노미석으로 왕복입니다.
여 언제 출발하고 싶으신가요?
남 5월 12일에 출발하고 싶어요.

●●
one way 편도 **return** 왕복
economy class 2등석, 보통석

---

05 대화를 듣고, 여자의 직업으로 가장 적절한 것을 고르시오.

① 경찰관
② 과학자
③ 수리 기사
④ 건축가
⑤ 관리 사무소 직원 ✓

W Hello. This is the management office. How may I help you?
M Hello. This is Mike from unit 501, block 101.
W Yes? What can I do for you?
M My water pipe is blocked up again.
W All right. I'll send someone over right away.
M Thanks.

여 안녕하세요. 관리 사무소입니다. 무엇을 도와드릴까요?
남 안녕하세요. 저는 101동 501호에 사는 Mike입니다.
여 네, 무엇을 도와드릴까요?
남 수도관이 또 막혔어요.
여 알겠습니다, 바로 사람을 보내 드릴게요.
남 감사합니다.

●●
management office 관리 사무소
water pipe 수도관 **be blocked up** 막히다

---

06 대화를 듣고, 오늘 Luna가 학교에 도착한 시각을 고르시오.

① 7시
② 8시
③ 9시 ✓
④ 10시
⑤ 11시

M Luna, what time do you usually arrive at school?
W I usually arrive at 8 a.m., but this morning, I slept in. So I was an hour late.
M It's good to arrive at school early, isn't it?
W Yes, it is. It gives you time to do unfinished homework.

남 Luna, 너 학교에 보통 몇 시에 도착하니?
여 보통 8시에 도착하는데, 오늘 아침에 늦잠을 잤어. 그래서 한 시간 늦었어.
남 학교에 일찍 도착하니까 좋지, 그렇지 않니?
여 응, 맞아. 못다한 숙제를 할 시간도 있으니까.

●●
sleep in 늦잠을 자다 **unfinished** 끝나지 않은

---

07 다음을 듣고, 무엇에 관한 내용인지 가장 적절한 것을 고르시오.

① 설날
② 밸런타인데이
③ 추석
④ 핼러윈
⑤ 크리스마스 ✓

It is an international Christian holiday. On this day, children receive gifts and don't go to school. Families get together and enjoy turkey and cake. This day falls near the end of December.

이날은 세계적인 기독교 휴일이다. 이날에 아이들은 선물을 받고 학교에 가지 않는다. 가족들은 모여서 칠면조 고기와 케이크를 즐긴다. 이날은 12월 말쯤이다.

●●
international 국제적인 **Christian** 기독교의
turkey 칠면조 (고기) **fall** (날짜가) ~이다

08 대화를 듣고, 여자의 심정으로 가장 적절한 것을 고르시오.

① scared
② bored
③ disappointed
④ nervous
⑤ pleased

W Next week is Chuseok. I think it's my <u>favorite</u> <u>time</u> of the <u>year</u>.
M Why is that?
W My entire family <u>gets</u> <u>together</u>, and we have so much food and <u>good</u> <u>times</u>.
M I can see you are very excited.

여 다음 주가 추석이야. 일년 중 내가 가장 좋아하는 때인 것 같아.
남 왜 좋아하는데?
여 온 가족이 함께 모이고, 먹을 것도 많고 즐겁잖아.
남 네가 정말 신나 하는 것을 보니 알겠어.

●●
entire family 온 가족 **pleased** 기쁜

---

09 대화를 듣고, 남자가 지금 재활용품을 버리지 <u>못하는</u> 이유로 가장 적절한 것을 고르시오.

① 다른 일로 바빠서
② 쓰레기 수거 날이 아니라서
③ 재활용품 버리는 시간이 아니라서
④ 밖에 날씨가 좋지 않아서
⑤ 쓰레기 분리 수거를 안해서

W What are you doing, Gary?
M I'm <u>taking out</u> the <u>cans</u> and the <u>bottles</u>.
W Don't forget you can only take out the <u>recyclable</u> <u>materials</u> after 8 p.m.
M Oh, that's right. I guess I have to <u>wait</u> <u>until</u> <u>tonight</u>.

여 Gary, 뭐 하고 있니?
남 캔과 병을 버리려고 해.
여 재활용품은 오후 8시 이후에만 버릴 수 있다는 거 잊지 마.
남 아, 맞다. 그럼 오늘 밤까지 기다려야겠네.

●●
take out 버리다 **recyclable material** 재활용품

---

10 대화를 듣고, 남자가 이용할 교통수단으로 가장 적절한 것을 고르시오.

① 자동차
② 비행기
③ 고속열차
④ 지하철
⑤ 고속버스

M I'm going to Seoul this weekend.
W <u>How</u> are you <u>getting</u> <u>here</u> from Busan? Are you coming <u>by</u> <u>plane</u>?
M No, I'll take the <u>high-speed</u> <u>train</u> from Busan to Seoul.
W How long does it take?
M It takes about <u>two</u> <u>and</u> <u>a</u> <u>half</u> hours.

남 나 이번 주말에 서울에 가.
여 부산에서 여기에 어떻게 올 거니? 비행기로 올 거니?
남 아니, 부산에서 서울로 가는 고속열차를 탈 거야.
여 얼마나 걸려?
남 2시간 30분 정도 걸려.

●●
high-speed train 고속열차

---

11 대화를 듣고, 여자의 남자 형제가 몇 살인지 고르시오.

① 15세
② 25세
③ 30세
④ 35세
⑤ 45세

M How old are you?
W I'm <u>thirty</u>-five years old.
M Really? You <u>look</u> so <u>young</u>. Do you have any brothers or sisters?
W Yes, I do. I have <u>one</u> <u>brother</u>.
M How old is he?
W He is <u>as old as</u> I am.
M So you and he are <u>twins</u>?
W That's right.

남 나이가 어떻게 되시나요?
여 전 35살이에요.
남 정말이요? 아주 어려 보이시네요. 형제자매가 있으신가요?
여 네, 있어요. 남자 형제가 한 명 있어요.
남 그는 몇 살인가요?
여 그는 저와 나이가 같아요.
남 그럼 당신과 그는 쌍둥이인가요?
여 맞아요.

12 대화를 듣고, 남자가 대화 직후에 할 일로 가장 적절한 것을 고르시오.

① 집에 가기
② 병원에 가기
③ 도서관에 가기
④ 수업 들어가기
⑤ 식당에 가기

W You look like you're in a hurry.
M I am. Have you seen Martin?
W I haven't seen him since this morning.
M Could you do me a favor?
W Sure. What?
M It's an easy one. If you see Martin, tell him I went home.
W No problem.

여 너 급해 보여.
남 응. 너 Martin 봤니?
여 아침 이후로는 보지 못했어.
남 부탁 좀 들어 줄래?
여 물론. 뭔데?
남 쉬운 거야. 혹시 Martin 보면 나 집에 갔다고 전해줘.
여 문제 없지.

---

13 대화를 듣고, 대화 내용과 일치하지 않는 것을 고르시오.

① Jenny는 집에 늦게 들어 왔다.
② Jenny는 마지막 지하철을 놓쳤다.
③ Jenny는 Mary와 함께 걸어 왔다.
④ 아빠는 Jenny를 걱정했다.
⑤ Jenny는 아빠에게 연락하지 않았다.

W Daddy, I'm home.
M Why are you home so late, Jenny?
W I missed the last bus, so I walked home with Mary.
M The next time, give me a call. I was starting to get really worried.
W I'm sorry. I promise I will.

여 아빠, 저 집에 왔어요.
남 왜 이렇게 늦었니, Jenny?
여 마지막 버스를 놓쳐서 Mary와 같이 집에 걸어왔어요.
남 다음 번에는 전화를 주렴. 정말 걱정하기 시작했었어.
여 죄송해요. 그러겠다고 약속할게요.

●●
start to ~하기 시작하다 **promise** 약속하다

---

14 대화를 듣고, 남자의 마지막 말에 이어질 여자의 말로 가장 적절한 것을 고르시오.

① It was so expensive.
② No, I like summer.
③ Yes, it was rainy all day.
④ It'll be sunny tomorrow.
⑤ There were so many people.

M Did you have a nice weekend?
W It was not very good.
M Really? What did you do?
W I went camping with my family.
M Was the weather bad?
W Yes, it was rainy all day.

남 주말 잘 보냈니?
여 좋지 않았어.
남 정말? 뭐 했는데?
여 가족과 함께 캠핑을 갔어.
남 날씨가 나빴어?
여 응, 하루 종일 비가 왔어.

① 그건 아주 비쌌어.
② 아니, 난 여름을 좋아해.
④ 내일은 화창할 거야.
⑤ 사람이 정말 많았어.

---

15 대화를 듣고, 여자의 마지막 말에 이어질 남자의 말로 가장 적절한 것을 고르시오.

① Sure, I'll take care of it.
② Yes, but it's not working.
③ I'm sorry to hear that.
④ I guess I made a mistake.
⑤ No, I took some medicine this morning.

W You look terrible. Are you okay?
M I have a headache.
W Oh, you poor thing! How did you get it?
M I stayed up all night yesterday to finish my homework.
W Did you take some medicine?
M Yes, but it's not working.

여 너 안 좋아 보여. 괜찮아?
남 두통이 있어.
여 오, 안됐어! 어쩌다 아프게 된 거야?
남 숙제를 끝내느라 어제 밤을 꼬박 새웠어.
여 약은 좀 먹었니?
남 응, 그런데 효과가 없어.

① 물론이야, 내가 그걸 처리할게.
③ 그런 말을 듣게 되어 유감이야.
④ 내가 실수를 한 것 같아.
⑤ 아니, 난 오늘 아침에 약을 좀 먹었어.

●●
stay up all night 밤을 새다
work 효과가 있다 **mistake** 실수

A
① promise, 약속하다　② assignment, 과제, 숙제　③ international, 국제적인　④ one way, 편도
⑤ rectangular, 직사각형의　⑥ unfinished, 끝나지 않은　⑦ turn in, 제출하다　⑧ frozen food, 냉동 식품
⑨ mistake, 실수　⑩ electronic device, 전자 기기　⑪ turkey, 칠면조 (고기)　⑫ pleased, 기쁜

B
① as old as　② take some medicine　③ calling, ticket to
④ water pipe, blocked up　⑤ stayed up all night　⑥ used, heat, cook
⑦ arrive, slept in　⑧ take out, recyclable

영어듣기 모의고사
CooL
LISTENING 1

- 중학생을 위한 3단계 리스닝 프로그램
- 의사소통에 필요한 **다양한 주제들로 구성**
- 시·도 교육청 영어듣기평가 문제 유형을 반영한 **모의고사 20회**
- 실전 TEST → 받아쓰기 → 중요 어휘·문장 복습의 단계별 청취 훈련
- 0.8배속 / 1.0배속 / 1.2배속의 3가지 MP3 파일 제공
- 본문 QR코드 삽입으로 편리한 음원 재생

부가자료 다운로드 **www.darakwon.co.kr**
- MP3 파일 (문항별 / 3가지 배속 포함)
- 어휘 리스트 / 어휘 테스트

CooL LISTENING 시리즈